유엔에서 바라본 개발협력

부모님과 아내에게

Practical Guide to New Development Paradigm

유엔에서 바라본
개발협력

김태형 지음

W미디어

경영학의 대가 피터 드러커(Peter F. Drucker)가 "역사에 기록된 것 가운데 6·25전쟁 후 40년 동안 한국이 이룩한 경제 성장에 필적할 만한 것은 없다"고 극찬한 바와 같이 우리나라는 제2차 세계대전 이후 세계에서 경제발전에 성공한 거의 유일한 자랑스러운 나라이다. 현재 세계 10위권을 자랑하는 우리나라 경제는 전 국민의 피땀 어린 노력과 함께, 우리가 가난했을 때 미국을 중심으로 한 여러 선진국들로부터 약 127억 달러에 이르는 개발원조와 기술지원을 받았고, 이러한 경제적, 기술적 지원이 우리 경제의 성장에 큰 힘이 되었다.

선진국이 된 우리나라는 함께 잘사는 지구촌을 만들기 위해 1991년 한국국제협력단(KOICA)을 설립하고 본격적으로 개발도상국에게 무상개발원조(ODA)를 제공해왔으며, 2009년에는 경제협력개발기구(OECD) 공여국 모임인 원조개발위원회(DAC)에도 가입했다. 우리나라의 개발원조 예산은 1991년 5,700만 달러에서 2013년 17억 달러로 약 30배 확대되었으며, 개발원조 지원 분야도 직업훈련과 같은 기술협력은 물론 기후변화, 수자원, 교육, 친환경적 성장 분야, 봉사단 파견, 민관협력(NGO)사업, 재난 복구 등으로 다양화 되었다.

하지만 개발협력의 이러한 질적, 양적 성장에도 불구하고 우리나라의 개발협력은 도전과 기회를 동시에 맞고 있다. 빈곤 퇴치와 같은 전통적 개발과제의 해결과, 친환경적 경제성장, 기술사회로의 전환, 노령화로 인한 사회 구조변화, 기후변화와 재난의 증가 등 해결해야 할 새로운 개발협력 과제들이 늘어나고 있기 때문이다.

개발협력이란 통합적 분석과 추진력을 요구하는 고차원적 협력 행위이다. 특히 개발도상국을 대상으로 할 경우에는 더욱 그러하다. 이러한 다양한 도전에 효과적으로 대처하기 위해서는 국민들이 참여하는 참여적 개발협력체제를 강화하고, 더 많은 훌륭한 개발협력 인재들을 양성해서 개발협력의 질과 효율성을 계속 제고해 나가야 한다. 다행인 것은 많은 국민들이 개발협력의 의미와 중요성을 인지하고 개발협력을 지지해주고 있으며, 개발협력 분야에서 일하기를 희망하는 젊은이들도 늘어나고 있다는 점이다.

저자가 12년간의 한국국제협력단에서 현장경험과, 8년간의 유엔에서의 근무 경험을 바탕으로 개발협력 전반에 대한 실용적인 입문서를 내놓게 된 것은 우리나라의 개발협력 발전을 위해 매우 고무적인 일이다. 개발에 관심 있는 국민, 개발협력을 공부하는 학생, 개발협력을 직업으로 꿈꾸는 젊은이들에게 훌륭한 입문서라 생각하여 이 책을 추천하는 바이다.

2015년 7월 20일
김 인(한국국제협력단 전략기획이사)

Contents

01

개발 개념을 다시 생각한다

이 책에서 다루고자 하는 주제는 "개발(또는 발전, development)[1]" 개념에 대한 것이다. 개발 개념의 명확한 이해 없이는 개발을 계획하고 집행하는 과정에서 개발의 목적과 수단이, 그리고 개발 주제들의 원인과 결과가 서로 모호해져서 개발도상국들을 위한 많은 개발협력 지원과 노력에도 불구하고 성과가 상대적으로 낮을 수밖에 없기 때문이다.

개발은 사회적, 경제적, 문화적, 환경적 그리고 정치적 요소 등을 포괄하는 광범위한 내용이며, 장기간 더 나은 상태로 나아가는 과정을 의미한다. 개발은 그 동안 경제개발과 동의어로 사용되어 왔으며, 또한 경제개발 용어는 경제성장(economic growth)이나 경제발전(economic development), 사회경제적 발전(socio-economic development) 등과 유사한 의미로 혼용되어 사용되고 있다.

그런데 엄격한 의미에서 경제성장과 경제발전은 서로 다른 차원의 것으로, 최소한 개념상으로는 구별해서 이해하고 있어야 한다. 즉 경제성장이란 생산량(production) 증가를 내용으로 하는 양적인 확대를 의미하며, 국민총생산(gross domestic production: GDP) 같은 자료를 통해서 대략적인 측정이 가능하다. 반면에 경제발전이란 사회경제적 품질(quality)의 향상으로, 국가 전체의 생산 및 조직 능력의 확대로 본다. 따라서 경제발전을 경제성장보다 더 광범위한 개념으로 보는 것이 일반적이다. 경제학자 슘페터(Joseph A. Schumpeter)도 양적 성장을 의미하는 경제성장과 질적 성장을 의미하는 경제발전을 분명히 다른 것으로 인식했다. 그는 경제성장이란 경제발전의 원인 이후에 오는 부차적인 것으로, 그 동력은 시간이 지날수록 사그라지는 것이며, 심지어 질적인 변화가 없는 양적 성장은 거품이고 퇴행이라고 보았다.

영미 사전은 개발 개념을 "개발이란 일정 기간 동안 더 발전하고 완성되어 가는 것"이라 정의하고 있고, 스웨덴 경제학자 뮈르달(Karl G. Myrdal)[2]은 "개발이란 전체 사회 시스템(entire social system)의 더 나은 방향으로의 이동"이라고 정의했다(뮈르달, Myrdal, 1974). 이 때 사회 시스템이란 경제성장을 포함하는 개념으로 사회적, 경제적, 정치적 시스템을 아우르는 포괄적 사회 시스템을 의미한다.

여기서 우리가 살펴볼 것은 '전체 사회 시스템의 더 나은 방향으로의 이동'이라는 설명이 개발협력 분야에서 일을 하는 사람들에게는 다소 추상적인 의미로 다가온다는 점이다. 예를 들어, "더 나은 방향"으로 나아간 것을 무엇을 보고 알 수 있으며, 그 측정은 어떻게 할 수 있을까? 또 어떤 수준일 때 우리는 사회 시스템이 더 나은 방향으로 나아갔다고 말할 수 있을까 등의 의문이 있을 수 있다.

따라서 효과적인 개발협력 연구나 사업계획 수립을 위해서 개발 개념을 보다 구체적으로 재정립할 필요가 있다. 개발과 관련된 다양한 자료들을 살펴보면 개발 여부를 평가하는 내용이나 지표들이 연구되어 있는데, 이를 바탕으로 개발 개념을 재정립해보면, 개발이란

(1) 혁신적 기술개발로 인한 생산성(productivity)의 증가 및 국가의 부(national wealth or GDP)가 발생해야 한다. 여기서 중요한 점은 증대된 생산성 및 국가의 부가 어디로부터 왔는지 여부인데, 즉 원유, 광석 등 원자재의 생산 및 수출로 인한 것이 아닌, 혁신 또는 기술의 발전, 국가의 생산 및 조직능력 향상과 같은 부가가치적 생산 활동에 의해 창출된 부이어야 한다.

일례로, 1995~2010년 동안 연평균 9.1%의 높은 경제성장률을 보여 슈퍼스타로 등극한 중국보다 훨씬 높은 경제성장률을 보인 나라가 있는데, 매년 18.6%의 성장으로 1인당 국민소득이 20,703달러(2010년 기준)인 아프리카의 적도 기니로서, 세계에서 가장 빠른 경제성장률을 보인 국가이다.

그런데 왜 적도 기니의 세계 최고 경제성장률이 중국보다 널리 알려지지 않았을까? 그 이유는 적도 기니의 성장이 유전 발견이라는 천연자원의 발견으로 인한 것이며, 적도 기니는 원유 말고는 다른 깃을 거의 생산하지 못하고, 심지어 원유마저도 스스로 생산해낼 능력이 없어서 미국의 정유회사들이 채굴을 하고 있는 실정이기 때문이

다. 즉 적도 기니의 사례는 단순히 국민총생산량(GDP)이나 국가소득 또는 부(national wealth)가 증대되는 것 자체가 경제개발을 의미하지 않는다는 것을 극명히 보여준다(장하준, 〈경제학강의〉, 2014).

중동 산유국의 경우도 마찬가지로 국가 자체의 부는 높지만, 이러한 부가 혁신이나 기술발전에 의한 결과라기보다는 석유라는 원자재 생산 및 수출에 의한 것이므로 석유가 없어지면 경제발전이 더 이상 지속되지 않는다고 보고, 이들 국가를 선진국으로 분류하지 않는다.

(2) 새로운 혁신적 기술이 한 공장이나 사무실에서 그치는 것이 아닌, 국가 전체 생산성 향상 및 국가 전체의 부의 창출로 연결되어야 한다. 이를 위해서 혁신적 기술이 그 잠재적 생산력을 발휘할 수 있도록, 이에 맞는 국가 생산 시스템(national production system), 조직능력(organizational capabilities) 및 사회제도(social institutions) 등이 개선되어야 하며, 이를 통해 국민소득과 국가의 부가 추가적으로 창출되어야 이를 경제개발이라 할 수 있다.

혁신적 기술은 경제발전을 위한 주요한 요소 중 하나이지만, 기술개발 자체만으로는 경제발전 전부를 설명할 수는 없다. 실험실의 혁신적 신기술이 자동적으로 폭발적인 생산성 증대 및 경제발전을 가져오는 것은 아니며, 신기술이 만능도 아니다. 국가 생산량 및 생산능력이 증대되기 위해서는 기술 발전과 함께 신기술을 생산 조직 및 프로세스(production organization and process)에 적합하게 연결하는 경영 노하우, 조직능력 및 제도개선 등이 병행되어야 한다.

예를 들어, 자동차 관련 신기술과 지식을 가진 박사 10명이 모여도 생산 라인 없이는 자동차를 1대도 생산하지 못하듯이, 신기술이 생산성 향상으로 연결되기 위해서는 산업생산 라인의 재조직화, 기계 및 설비의 재배치가 필요하고, 또한 누구를 얼마만큼 고용하며, 누구에게 작업을 맡기며, 부품과 반제품을 어떻게 관리하며, 디자인은 어떻게 하고, 수출-수입 제도는 어떻게 하는 등의 다양한 요소들이 유기적으로 결합되어야 비로소 신기술 적용으로 인한 폭발적 국가 생산성 및 국가의 부가 새롭게 창출된다.

이는 과거 18~19세기에 개인의 영감 및 창의적인 아이디어를 바탕으로 개인 혼자서 신기술 개발 등을 전담하던 작업환경과는 달리, 20~21세기에 와서는 생산기업 안팎에서 진행되는 조직적이고 집단적인 혁신화의 노력으로 신기술 및 혁신이 발생한다는 점에서 조직능력은 더욱 더 중요해지고 있다. 현대에 와서 신기술에 발명가의 개인 이름이 붙은 특허 사례가 점점 사라지고 있다는 것만 봐도 혁신과정의 집단화. 조직화를 짐작할 수 있다.

(3) 위의 과정을 통해 창출된 국가의 부가 누진적 조세정책 및 사회보장제도 등을 통해 사회 전체적으로 골고루 재분배되어 사회 다수가 중산층화(중간소득계층) 되느냐의 여부가 경제개발의 또 하나의 중요 결정 요소이다. 즉 경제발전이 이루어졌다고 하기 위해서는 국가의 부가 창출되어야 할 뿐만 아니라, 소수가 부를 독점하는 상태가 아닌, 국가의 부가 사회 내부 시스템을 통해 석설히 새분배되어 어느 일정 소득 수준을 가진 사회중산층이 지속적으로 형성되어야 한다.

그 이유는, 지속가능 경제개발을 위해서는 우수한 인력이 사회 내에서 지속적으로 공급되어야 하는데, 이를 위해서는 임대주택 확대, 영아 및 아동 사망률과 질병 치료 등을 위한 건전한 의료제도, 교육 훈련 및 직업의 창출 등 사회안전망 확대를 통해 사회적 비용을 공동 부담할 필요가 있다. 아울러 중산층이 없으면 구매력 있는 수요층이 없어 지속가능한 생산 및 소비가 어렵게 되어 개발이 멈추게 되며, 아울러 빈곤층의 지속 및 확대는 돈이 없기 때문에 필요 물품의 수요 충족을 위해 자연자원을 더 심하게 수탈하게 됨으로써 환경 악화를 가져오고, 보이지 않는 사회복구 비용을 증대시키며, 결국 지속가능 발전을 어렵게 만든다. 따라서 누진적 세금제도 및 사회보장제도 등의 사회 재분배 기능을 통해 건전한 다수의 사회중산층이 지속적으로 형성·확대되어야 지속가능한 개발이 가능하게 된다.

(4) 개발이란 삶의 질 개선을 목표로 지속적으로 나아가는 일련의 과정이다. 개발은 끝이 보이는 행위가 아니다. 개발은 현재의 개발뿐만 아니라 후대의 개발까지 고려하는 지속가능한 개발(sustainable development: SD)이어야 한다. 현재와 미래의 자원 및 능력을 모두 소진하면, 부가 일시적으로 성장한다 하더라도 장기적으로 경제개발이 지속적으로 이루어지기 어렵기 때문에 이를 지속가능한 개발이라 받아들이기 어렵다.

위에서 경제개발 개념의 주요 구성요소에 대해 설명했다. 이를 재요약하면, 개발이란 "혁신적 기술발전과 그 기술을 활용하는 생산조직 개선을 통해 국가 전체의 부를 창출하고, 그 창출된 부를 사회 재분배 제도를 통해 사회 다수가 중산층인 민주주의 사회로 나아가는 과정이다"라고 정의할 수 있겠다.

02

개발협력의 목적과 한국의 역할

1. 개발협력의 목적

개발협력(development cooperation)이란 일반적으로 "개발도상국의 사회경제적 발전을 지원할 목적으로 추진되는 국가 간(주로 정부간) 협력 과정, 협력 상태, 협력 목적이다"라고 정의되어 있다. 개발협력은 국제개발협력(international development cooperation), 개발원조(development aid), 공적원조(official development aid: ODA) 등의 다양한 용어로 혼용되어 쓰이고 있는데, 최근 들어 개발협력이라는 용어를 많이 사용하고 있다. 전통적으로 정부 간 개발원조(ODA)를 의미했던 개발협력은 현대에 와서 민간 부문에 의한 개발협력도 포함하는 개념으로 사용되고 있다. 이 책에서는 주로 정부 간 공공 개발협력을 중심으로 설명하고자 한다.

앞장에서 정의한 개발 개념을 기초로 전통적 개발협력 개념을 좀 더 확대하면, "개발협력이란 개발도상국의 혁신적 기술발전과 국가 생산 및 조직능력 배양을 통해 개발도상국의 부를 창출하고, 그 창출된 부를 사회 재분배 제도를 통해 사회 다수가 중산층인 시민사회로 나아가도록 지원하는 국가 간 지원 행위"라고 정의할 수 있다. 쉽게 말해 가난한 나라를 부자나라로 나아갈 수 있도록 지원해주는 것이 개발협력 본래의 가장 중요한 목적이다.

이러한 전통적인 개발협력의 목적 외에도 20세기 후반에 들어오면서 개발협력의 목적이 다양하게 확대되었다. 두 번째로, 개발협력의 목적은 한 국가의 범위를 넘어선 범지구적 공동의 도전과제 해결을 위해 함께 협력하는 것이다. 교통 및 통신발전 등을 기반으로 한 지구적 연결성(connectivity)과 통합성(integration)이 강화되면서 환경, 기후변화, 테러, 대륙 간 도로 및 철도 연결, 통신 등 공동 인프라 구축, 국가 간 이주, 국제통상 등의 지구 공동의 개발 이슈는 한 국가의 범위를 넘어 다수의 국가에 동시적으로 영향을 미치기 때문에 이를 해결하기 위해서는 국제적·지역적으로 국가 간 협력이 더욱 중요해졌다는 인식이 확산된 것이다.

세 번째로, 지구촌 공동의 경제발전을 위해 개발협력이 새로운 혁신적 기술 및 지식의 공공재로의 전환을 위해 적극적인 역할을 해야 한다는 것이다. 본래 혁신(innovation)이란 "별개의 무관한 2개의 것이 서로 유기적으로 결합함으로써 새로운 가치를 창출해내는 것"을 의미하는데, 혁신을 확대하기 위해서는 지구촌에 흩어져 있는 지식 간의 결합과 지식의 공공재화 노력이 필요하다. 따라서 지리적, 공간적으로 분리된 2개 또는 다수 국가가 개발협력사업 등을 통해 전 세계에 유익한 혁신적 기술을 지원하고, 이러한 신기술을 공유하여 지구촌 전체의 사회경제적 발전을 지원하는 역할이 새롭게 주목받고 있다.

네 번째로, 기술변화와 지리적 연결성, 경제 위기나 재난 등 새로운 국제적·지역적 환경변화 및 지구촌 공동의 도전과제에 적극적으로 대응하기 위해서는 능동적인 국제협력체제(international development cooperation system)의 구축이 절실한데 이를 위해서 개발협력이 기여해야 한다는 목적도 새롭게 강조되고 있다.

2. 한국의 개발협력의 역할

위에서 설명한 전통적 그리고 새롭게 중요하게 인식된 개발협력의 역할들을 성공적으로 추진하기 위해서 한국은 어떠한 구체적인 개발협력을 추구해야 할까?

한국인 대부분은 자신들이 가난했던 시절에 외국으로부터 많은 도움을 받았기 때문에 이제는 다른 가난한 나라를 도와줌으로써 갚아야 할 때라는 선한 마음을 가지고 있다. 여기서 중요한 것은 "도와주더라도 개발도상국이 필요로 하는 것을 잘 도와주어야 한다는 점"이다. 한국이 무엇을 더 잘 도와줄 수 있을까? 다른 원조 국가들이 할 수 없는, 한국의 차별성 또는 다른 부가적 가치는 무엇일까 등에 대한 명확한 정리가 필요하다. 그래야 한국이 잘하는 것을 통해 개발협력을 더 효과적으로 수행할 수 있기 때문이다.

이러한 맥락에서 두 가지 기본 방향에 대해 설명하면, 첫 번째로, 한국이 가장 잘 할 수 있는 것 중 하나가 가난한 나라에서 부유한 국가로 전환한 한국의 급속한 경제개발 경험과 노하우를 개발도상국에 전달해주는 것이다. 즉 이렇게 했더니 성공했고, 이런 실패가 있었으며, 어떤 정책을 추진하기 전에 우리는 어떠한 고민을 했으며, 장애 요인은 무엇이었는지 등의 생생한 경험과 노하우를 전수해주는 것이 다른 개발원조국과 차별되는 한국의 고유한 개발협력 방향이 될 것이다.

먼저, 한국이 얼마나 성공적인 경제발전을 이룩했는지를 살펴보면, 한국은행이 발표한 '국민계정(1953~99년) 개편 결과'에 따르면 우리나라의 명목 국민총소득(Growth National Income: GNI) 규모는 1953년 483억원에서 2013년 1천441조원으로 60년 사이에 약 3만 배 늘어났고, 1인당 GNI도 약 400배로 증대되었다(2014. 12. 15). 이렇듯 지난 100여 년간 수원국(recipient country)에서 원조국(donor country)으로 경제성장을 이룩한 국가는 지구상에서 한국이 거의 유일하며, 이러한 한국의 급속한 경제발전 노하우를 배우고자 하는 개발도상국의 열망은 매우 크다.

그런데 문제는 1970~90년대 실질적인 경제발전의 토대를 마련했던 세대는 나이가 들어 은퇴하고, 이 시대에 우리 선배들이 어떠한 개발정책 및 전략을 추진했는지에 대한 당시의 치열한 내부 토론과 고민 등이 체계적인 문서로 거의 남아 있지 않다는 점이다. 특히 개발도상국이 필요로 하는 것은, 한국이 경제개발에 성공한 후의 신진국형 정책이 아닌, 1960~90년대 1인당 국민소득 5천~1만 달러 사이의 개발도상국이었을 때 한국은 어떤 고민을 했고, 어떠한 내부적 토론을 거쳤으며, 어떤 정책과 전략을 사용했느냐에 대한 지식이나 노하우를 필요로 하고 있기 때문이다. 안타깝게도 우리 현 세대는 우리의 과거 소중한 개발경험이나 개발기록을 잃어가고 있다.

두 번째로, 가난한 개발도상국이 사회경제적으로 발전할 수 있도록 도와주기 위해서는 단순한 시혜적 온정만으로는 부족하다. 우리가 정말로 잘 할 수 있는 것을 치밀하게 집행해야 하는데, 우리는 기초기술이나 기초과학 개발보다는 이들의 실생활에의 응용에 탁월한 능력과 효과를 발휘해 왔다. 한국은 외국에서 개발된 원천기술을 알맞게 응용해 수익을 만들어 왔는데, 예를 들어, 인터넷(world wide web, www) 플랫폼을 처음 개발한 이는 스위스에 있는 유럽 핵물리연구소(European Organization for Nuclear Research, CERN)이지만, 인터넷 플랫폼을 상업적으로 활용하여 새로운 비지니스를 창출하거나, 기존 산업에의 적용을 통해 생산성 향상 및 고부가가치 창출에 활용하고 있는 것은 한국 등 다른 국가들이다.

이러한 예에서 보듯이 개발도상국도 한국 사례처럼 기초기술이나 기초과학 개발에 한정된 자원을 모두 투자하기보다는 우선 외국에서 개발된 원천기술을 응용하여 제조업의 생산성을 증대하고, 이를 통한 일자리 확대에 집중하는 것이 바람직하다. 이런 맥락에서 선진국들의 틈새에서 응용기술을 통해 새로운 산업과 부가가치 제고, 그리고 생산성 향상의 방법을 개발도상국에 전수해주는 것이 한국의 개발협력의 큰 방향이 될 수 있을 것이다. 그 외 다른 구체적인 내용들은 다음 장들에서 설명하려 한다.

03

개발협력의 성공 모델, 마샬 플랜

현대적 의미의 개발협력 또는 개발원조는 제2차 세계대전과 냉전에 뿌리를 두고 있다. 1948년 미국은 전쟁으로 피폐화된 서유럽을 지원하고자 당시 국무장관 조지 마샬(George C. Marshall, Jr)[3]의 이름을 딴 마샬 플랜(Marshall Plan, 정식 명칭은 유럽부흥개발계획 European Recovery Program)을 시행했다. 마샬 플랜은 유럽의 경제적 부흥과 소련 공산주의의 유럽에 대한 영향력 확대를 차단하려는 정치적 목적[4] 하에서 추진되었는데, 이는 역사상 가장 성공적인 개발원조 프로그램의 모델로 알려져 있다. 따라서 마샬 플랜에 대한 이해는 향후 개발협력을 어떤 방향으로 설계해야 하는지에 도움이 될 것으로 생각해서 마샬 플랜의 중요한 점들을 소개하고자 한다.

우선 마샬 플랜의 간단한 전개 과정을 살펴보자. 조지 마샬은 1947년 6월 5일 하버드대학에서 행한 연설을 통해 "유럽의 부흥계획에 미국이 지원을 할 의사가 있음"을 처음으로 밝혔다. 이후 마샬 플랜을 효과적으로 집행하기 위해 '경제협력국(Economic Cooperation Administration: ECA)'을 설립했고, 폴 호프만(Paul Hoffman)의 지휘 아래 서유럽 경제 재건에 4년간 약 120억 달러에 달하는 경제 원조를 제공했다. 이 프로그램에 참여한 국가는 16개국인데, 미국의 경제 지원을 효과적으로 활용하기 위해 영국과 프랑스를 중심으로 '유럽 경제협력위원회(Committee of European Economic Cooperation: CEEC)'를 설립했고, 이 위원회는 이후 상설기구인 '유럽경제협력기구(Organization for European Economic Cooperation: OEEC)'로 발전했다.

다시 유럽경제협력기구(OEEC)로부터 1950~52년에 '유럽결제동맹(European Payment Union: EPU)' 및 '유럽석탄철강공동체(European Coal and Steel Community: ECSC)'가, 1958~59년에는 '유럽자유무역연합(European Free Trade Association: EFTA)'이 생겨났다. 유럽경제협력기구(OEEC) 자체는 1961년 9월 기존 18개국에 미국과 캐나다가 가입해 20개 회원국으로 구성된 '경제협력개발기구(Organization for Economic Cooperation and Development: OECD)'로 발전했다. 우리나라는 1996년 12월 12일 경제협력개발기구(OECD)에 가입했다.

마샬 플랜의 구체적인 내용을 살펴보기 전에 역사의 기록에서 잊혀졌던 모겐소 플랜(Morgenthau Plan)을 먼저 알아보자. 1947년 여름부터 시작된 마샬 플랜에 앞서, 독일이 항복한 1945년 5월부터 약 2년 동안 '미군 합참명령(JCS) 1067호'로 행해진 대 독일 미국 점령정책이 있었는데, 그 집행을 맡은 미국의 재무장관 헨리 모겐소(Henry Morgenthau)의 이름을 따서 일명 모겐소 플랜이라고 불렀다.

모겐소 정책 입안에는 루스벨트 대통령의 도덕관이 큰 작용을 한 것으로 알려져 있다. 종전을 앞두고 산업화 재건을 기반으로 독일의 조속한 부흥과 정상회복을 목표로 하는 점령정책을 건의했는데, 루스벨트 대통령은 "많은 사람들이 제2차 세계대전의 책임이 독일인 전체가 아니라 소수의 나치에게 있다고 생각하고 있습니다. 유감스럽게도 그것은 사실이 아닙니다. 현대 문명의 원리를 침해한 불법의 음모에 독일 전 민족이 참여했다는 사실을 전 세계에 확실하게 알려줘야 합니다"라고 답하며, 건의한 내용과 정반대의 모겐소 플랜의 집행을 지시했다고 한다. 이는 독일에 매우 가혹한 점령정책으로서 모겐소 플랜을 입안할 때, 심지어 모겐소 장관 본인이 "이 정책이 내 이름과 얽혀서 알려지지 않기를 바란다"고 했을 만큼 독일에 가혹한 정책이었다고 한다. 그렇다면 어떤 점이 그렇게 독일에 가혹한 것이었을까?

모겐소 플랜의 핵심 내용은 독일의 팽창주의적 야심에 종지부를 찍기 위해 '독일을 탈산업화(deindustrialization)'해서 농업국가로 만드는 데 있었다. 파괴된 산업시설을 재건하기는커녕 남아있는 공장까지 제거해서 독일을 농업사회로 되돌려 놓는다는 정책이었다. 이는 독일의 선진 기계류 탈취 및 독일의 200만 명에 가까운 우수노동력을 수입하려는 소련의 욕심과 맞물려 독일 경제를 파괴하는데 커다란 영향을 미쳤다. 모겐소 플랜 결과 1945~47년간 독일은 탈산업화가 진행되고, 그로 인해 농업생산성은 곤두박질치고, 생산과 무역이 멈추고, 실업자가 거리에 나서는 등 약 2천만 명의 독일 빈곤층을 양산했다(앤소니 쿠벡, Anthony Kubek).

이 모겐소 플랜에서 우리가 배워야 할 교훈은 루스벨트 대통령, 모겐소 장관 그리고 많은 미국 정부 정책자들이 "탈산업화를 하면 경제발전이 후퇴한다는 것"을 명확히 이해하고 있었고, 거꾸로 "산업화가 경제발전의 기초"임을 또한 이해하고 있었다는 점이다. 이것이 모겐소 플랜이 우리에게 주는 교훈이다.

해리 트루먼(Harry S. Truman) 대통령이 취임하면서 미국의 대 독일 정책은 모겐소 플랜(탈산업화 정책)에서 마샬 플랜(산업화 정책)으로 급선회한다. 당시 국무장관이었던 조지 마샬은 1947년 6월 하버드대학에서 행한 연설에서, 후일 마샬 플랜의 중심 내용이 되는 경제발전의 기본원리들에 대해 언급한다.

그 첫 번째로 도시기반의 산업화와 노동 및 직업의 분업, 특히 도시-농촌 간 분업 및 협업을 통한 산업화를 제시했다. 그는 연설문에서 "농민은 늘 도시주민과 다른 생필품을 교환할 목적으로 식량을 생산했다. 이와 같은 노동(직업) 분업이 근대 문명의 토대이다"라고 강조했다. 이 연설문들의 내용은 중요하다고 생각되어 원문을 짧게 소개한다. "The farmer has always produced the foodstuffs to exchange with the city dweller for the other necessities of life. This division of labor is the basis of modern civilization. ⋯ The town and city industries are not producing adequate goods to exchange with the food producing farmers ⋯ The modern system of the division of labor upon which the exchange of products is based in danger of breaking down."

두 번째로, 마샬 장관이 강조한 것은 주인의식인데 "산업화는 유럽인 자신의 과업이며" 유럽 스스로 경제적으로 성장해야 하고, 미국은 마샬 플랜을 수립하고 얼마간의 재정적 지원을 하는 것임을 강조함으로써 수원국(受援國)들의 산업 조직화와 주인의식을 성공의 주요 요소 중 하나라고 보았다. 원문은 다음과 같다. "This is the business of the Europeans. The initiative must come from Europe. The role of this country should consist of friendly aid in the drafting of a European program and of later support of such a program so far as it may be practical for us to do so."

세 번째로, 마샬 장관은 개발원조는 "저개발의 증상만을 어루만지는 것이 아닌 원인을 치유하는 방식으로 접근해야" 함을 강조했다. 정확한 이해를 돕기 위해 원문을 소개한다. "Any assistance that this Government may render in the future should provide a cure rather than a mere palliative."

빈곤을 예로 들어 설명하면, 빈곤이란 경제발전의 낮은 상태로 나타나는 증상(symptom)이며 원인(cause)이 아니다. 따라서 보조 형태로 쌀을 제공하는 것은 빈곤의 증상을 어루만지는 정도이며, 진정한 빈곤 퇴치를 위해서는 왜 쌀 부족이 항상 발생하는지에 대한 원인을 찾아 개선하는 쪽으로 개발원조를 설계 집행해야 한다는 점을 강조하고 있다.

위에서 설명했던 것들을 요약하면, 마샬 장관은 경제발전을 위해서는 (1) 노동(또는 직업)의 분업 및 협업의 중요성, (2) 농촌과 도시와의 협업의 상호작용을 통한 도시-농촌 모두의 소득증대 메카니즘, (3) 도시화 및 도시기반의 산업화 중요성, (4) 주인의식이 중요한 경제발전 원리이며, (5) 개발원조는 저개발의 증상이 아닌 원인을 치유하는 방식으로 접근해야 함을 강조했다.

마샬 플랜의 중요한 의의는 단순히 유럽의 산업재건에 성공했다는 데 있는 것이 아니다. 마샬 플랜은 미국이 과거의 적국(독일 및 이탈리아)까지 포함한 타국의 경제발전 및 번영이 자국의 이익에 부합하는 것으로 이해하기 시작한 정책의 커다란 변화였다. 이후 미국은 다른 선진국들을 설득해 가난한 나라들이 민족주의적 정책을 통해 경제를 발전시키는 것을 돕거나 아니면 최소한 허용이라도 하도록 이끌었으며, 이것은 기존 선진국들이 19세기에 식민주의와 불평등조약을 통해 개발도상국들을 억지로 자유무역에 끌어들이던 정책과는 크게 대조되는 현상이었다. 예를 들어, 미국과 다른 선진국들은 1947년에 제정된 '관세무역일반협정(General Agreement on Tariffs and Trade: GATT)'을 통해 개발도상국들이 부자나라들보다 훨씬 더 적극적인 방법으로 자국의 생산자들을 보호하고 보조하는 것을 허용했고, 한국도 경제발전 과정에서 많은 혜택을 받았다.

한편 마샬 플랜은 미국의 경제발전에도 큰 도움이 되었다. 요즘 식으로 표현하자면 마샬 플랜은 전형적인 윈-윈 전략(win-win strategy)이었는데, 미국은 유럽에 제공된 미국의 원조예산으로 외국 상품을 구입할 경우에는 반드시 미국 상품을 구입하게 하는 이른바

바이 아메리칸(Buy-American) 정책도 추진했고, 이에 따라 원조액의 약 70%는 유럽 국가들이 미국의 잉여농산물과 그 생산품을 수입하는데 쓰여졌다. 그 결과 미국의 수출시장을 확대시켰고, 유럽 국가들에 대한 미국의 영향력을 증가시키는데 일조를 했다.

마샬 플랜의 또 하나의 중요한 결과는 경제부흥에 성공한 유럽 및 개발도상국과의 무역확대 등으로 인한 세계 및 미국 경제가 이른 바 '자본주의 황금기(1950~73)'라 불릴 만한 경제적 번영을 이룩했다는 점이다. 유럽의 1인당 소득증가율은 산업혁명 1세대(1870~1913)의 1.3%에서 4.1%로 치솟았으며, 미국은 1.8%에서 2.5%로 올랐고, 일본은 1.5%에서 8.1%로 급등했다. 즉 엄청난 경제성장의 달성, 새로운 직업의 창출, 그로 인한 개인소득 증가와 소득불평등 완화로 경제번영과 경제안정이 함께 이루어졌다(토마 피케티, Thomas Piketty, 2014).

더욱 중요한 사실은 이 시기 동안에 개발도상국들 역시 좋은 성과를 거두었다는 점이다. 1960년대와 1970년대에 개발도상국들은 관용적인 국제통상 시스템(GATT) 속에서 국가 주도의 혼합경제정책(시장경제와 정부 주도 혼합정책)을 활용한 결과, 1인당 소득이 연평균 3%씩 성장했다. 이것은 개발도상국들이 첫 번째 세계화(1870~1913) 시기의 자유주의적 경제정책 하에서 거둔 성장률보다 엄청나게 높은 것이며, 1980년대 이후 신자유주의적 정책 하에서 거눈 성상률의 2배에 해당하는 것이다(장하준, 〈나쁜 사마리아인들〉, 2007).

마샬 플랜의 성공은 대외개발원조 본격화의 신호탄이 되었다. 마샬 플랜에 의한 경제원조가 크게 성공하자, 이에 고무된 트루먼 대통령은 마샬 플랜을 확대해 1949년부터 '포인트 포 프로그램(Point Four Program)'을 세우고 전 세계에 걸쳐 저개발국들을 원조하기 시작했다. 아울러 다른 선진국들도 개발원조기관을 설립하고, 자국의 식민지였던 개발도상국을 중심으로 지원함으로써 본격적인 국제개발원조 시대가 열리게 되었다.

04
부자나라가 되는 주요 원리들

  이 장에서는 개발(발전) 및 개발협력과 관련된 가장 중요한 주제를 다루려 한다. 즉 무엇이 가난한 나라를 부자나라로 만들어 주는가와 경제개발(경제발전)을 가능케 하는 핵심동력이나 원리들이 무엇인가라는 개발의 핵심 주제에 관한 것이다.

  이에 대해서는 시대 흐름에 따라 다양한 이론과 설명들이 있어 왔다. 때로는 이러한 설명들이 서로 상충되어 어느 방법이 옳은 것인가에 대해 격론이 벌어지기도 했다. 예를 들어, 최근 각광받고 있는 수학적 경제 모델 중심의 경제발전이론은 주요 경제현상을 간단하고 깔끔하게, 그러나 유용하지 않거나 현실적이지 않은 방법으로 설명해준다. 사실 현실의 경제현상은 경제주체 간 너무나 복잡한 상호작용과 각 국가 간 환경, 문화, 역사 등에 의해 달라지는, 결국 아무도 정확히 알 수 없는 블랙박스와 같아서 1997년과 2007년 세계적인 경제위기 예측 실패에서 보듯이 과거 주목받던 수학적 경제 모델이 한계를 드러내기도 했다.

이러한 복잡하고 불규칙적인 경제주체 간의 상호작용의 현실 하에서 성공적 경제발전의 기본원리나 전략을 올바르게 파악하기는 쉽지 않다. 그러나 이러한 현실적 한계에도 불구하고, 우리가 취할 바람직한 접근 방법은 "현재의 선진국들이 개발도상국일 때 어떠한 기본 정책 툴 및 정책조합(a set of prototype policy tools and mix)을 사용해 경제개발에 성공했는지를 이해하는" 소위 역사 실증적 접근방법이다. 왜냐하면 이러한 접근 방법이 가장 경험적이며 실증적으로 검증된 방법이기 때문이다. 이제 역사 실증적으로 현재의 선진국들이 과거 그들이 개발도상국일 때 어떻게 경제발전에 성공했는지 구체적으로 살펴보자.

먼저, 장기적 관점에서 경제발전을 살펴보자. 근대 산업혁명이 태동한 1485년 영국의 헨리 7세 시기부터 프랑스와 독일 등 유럽 국가의 경제발전, 미국의 경제발전, 뒤이은 20세기 초 일본의 경제발전, 그리고 1970년대 이후의 한국의 경제발전과 20세기 후반 중국의 급속한 경제성장에 이르기까지의 약 500여 년의 장기 역사적 관점 하에서 다양한 선진국들과 개발도상국들이 어떤 공통의 정책들과 전략들을 사용해 경제성장을 이루었는지에 대해 명확히 이해함으로써 우리의 경제발전과 개발협력에 필요한 경제개발 원리와 정책조합들을 발견할 수 있다.

중단기적 관점에서 살펴보면, 제2차 세계대전이 끝난 1945년부터 제1차 오일쇼크가 발생한 1973년까지 기간을 흔히들 '자본주의의 황금기'라고 부르는데, 이는 인류 역사상 가장 높은 경제성장률을 이루어낸 시기이다. 1950~73년의 중단기 경제발전 과정에서 서유럽의 1인당 소득은 연평균 4.1%씩, 미국은 2.5%씩 증가했다. 서독은 연평균 5.0%의 1인당 소득증가율을 달성해서 소위 '라인 강의 기적'을 만들었고, 일본은 연평균 8.1%라는 역사적 성장률을 기록했다. 성장률뿐만 아니라 국가의 큰 걱정거리인 실업률도 매우 낮은 수준으로 유지되었으며, 금융 안정성도 매우 높았다. 이에 영국의 해럴드 맥밀런 총리가 '이렇게 좋았던 적은 여태껏 없었다'라고 발언할 정도였다(장하준, 〈경제학강의〉, 2014). 20여 년 동안 무엇이 이러한 '자본주의의 황금기'를 가져왔는지, 그 필수정책과 전략들을 이해하는 것은 첫 번째 언급한 장기 역사적 관점과 더불어 성공적인 경제발전과 개발협력으로 가는 올바른 길이다.

위에 언급한 두 가지, 즉 500여 년의 장기적 관점과 20~30년의 중·단기적 경제발전 단계에서 선진국들은 어떤 공통의 정책과 전략을 사용했을까? 이에 대해서 많은 문헌과 연구자료들은 서로 다양하면서 혼동되게, 때로는 상충되게 그 원리들을 설명하고 있다. 다음에 기술한 경제성장 원리들은 필자가 옳다고 판단된 것들을 정리한 것이다. 물론 이 원리들은 각각 분리된 것이 아니라 서로 상호작용하면서 선순환 형태로 경제발전을 가져온다. 그 구체적인 내용은 아래와 같다.

1. 수확체증 생산 패러다임 선택

개발에 성공한 선진국들은 모두 수확체증(increasing returns of production patterns)형 경제 패러다임에 집중(특화)했었다. "수확체증이란 기술변화가 없더라도 생산이 확대될 때 규모의 경제(economies of scale)[5]가 자동적으로 이루어져 생산의 효율성 증대 및 생산 비용이 줄어드는 원리"를 말한다. 즉 수확체증 생산 패턴은 규모의 경제를 형성해 경제발전에 기여한다.

수확체증과 규모의 경제가 중요한 또 하나의 이유는 규모가 커짐에 따라 노동분업(직무분업)과 이에 따른 직무 전문화가 가능해지기 때문이다. 이는 생산비 절감 외에도 직업 전문화에 의한 추가적인 생산성 향상을 가져온다. 또한 생산 투자 초기에 높은 고정비용이 발생하는 산업(예를 들어, 반도체 생산)의 경우에는 규모의 경제로 인하여 시장 진입장벽이 형성되어 일정 기간 동안 독점적 이윤과 부를 확보할 수 있게 된다.

영국 경제학의 아버지라 불리는 아담 스미스(Adam Smith)는 노동분업 및 규모의 경제가 다음과 같은 사유에서 생산성 증가를 가져온다고 했다. (1) 한 가지 임무를 반복함으로써 숙련에 의한 생산성 증가, (2) 물리적, 정신적으로 서로 다른 임무들 사이를 이동하지 않음으로써 시간 및 에너지 비용 감소, (3) 공정을 더 세세히 분할하면 각 공정을 전문화, 자동화, 기계화에 의한 생산성 증가[6]가 가능하다고 보았다(아담 스미스, 〈국부론〉, 1776).

수확체증 분야에 특화하는 것이 경제성장에 중요하다는 것은 고

대부터 17세기 유럽에 이르기까지 널리 일반적 원리로 인식되었다. 노르웨이의 경제학자 에릭 라이너트(Erik Reinert)에 따르면, 경제학 이름의 기원이 된 '오이코노미쿠스(Oeconomicus)'를 쓴 크세노폰(Xenophon)은 수확체증에 대해 묘사했고, 이탈리아 경제학자 안토니오 세라(Antonio Serra)[7]는 1613년 "국가들의 부와 빈곤의 원인에 관한 짧은 소고"에서 풍부한 천연자원을 보유한 나폴리가 계속 가난한 상태인 반면, 17세기에 해안에 위태롭게 건설된 베네치아가 막대한 부를 축적한 이유를 베네치아의 제조업에 의존한 수확체증 분야에의 집중과 전문화된 다양한 경제활동에서 찾았다. 1750년대 이탈리아 경제학자인 안토니오 제노베시(Antonio Genovesi)와, 1840~1850년대 독일의 두 경제학자 프리드리히 리스트(Friedrich List)와 빌헬름 로서(Wilhelm Roscher)도 수확체증의 중요성을 강조했었다.

즉 17세기에 이미 많은 학자들은 선진국은 수확체증 분야(예를 들어, 제조업)에 집중 투자했고, 가난한 개발도상국은 수확체감 분야(예를 들어, 농업)에 집중 투자했기 때문에 시간이 흐르면서 생산성 증대 및 생산비 절감에 있어서 큰 차이가 발생하고, 경제성장에도 격차가 발생했다고 보았다. 이는 경제발전을 위해서는 개인적 능력도 중요하지만, 국가 정책적으로 수확체증 분야인 2차 제조업에 집중화된 사회 생산 시스템이 구축되어야 한다는 점을 알려준다.

이와 반대로 1차 원자재 생산이 주를 이루는 수확체감 분야에 집중할 경우에는 장기 경제발전을 이루기 어렵다. 그 이유는, 아무리 높은 생산성을 가진 개개의 우수인력이 존재한다 하더라도 어떤 국가가 전반적으로 생산성이 낮은 수확체감 분야에 특화하고 있다면 장기적으로 국가 전체 생산성과 부가가치는 낮아질 수밖에 없다. 예를 들어, 아이티와 온두라스에서 주로 생산하는 노동 집약 상품인 야구공은 이들 국민들이 세계에서 가장 효율적으로 생산하지만, 야구공이 손으로 만드는 노동집약적 수확체감 상품이다 보니 당연히 낮은 이익만을 창출하게 되고, 국가 전체 부가가치 및 국민소득은 낮은 수준에 머물게 될 수밖에 없게 된다. 참고로 기술집약적이며 고부가가치 상품인 골프공은 대부분 미국에서 첨단기계로 생산된다(장하준, 〈그들이 말해주지 않는 23가지〉, 2010).

2. 신기술과 수확체증 분야의 결합

기술이 중요함은 더 이상 부연 설명할 필요가 없다. 그러나 실험실에서 개발된 신기술 자체가 자동적으로 국가 생산성 증대나 국가의 부를 가져오는 것은 아니라는 점을 충분히 이해하는 것이 매우 중요하다.

폭발적인 국가 생산성 확대를 가져오기 위해서는 신기술이 반드시 수확체증 생산 시스템과 결합되어야 한다. 즉 국가 전체의 생산성을 결정하는 것은 개인의 능력과 생산성 또는 실험실에서의 신기술 그 자체가 아니라, 수확체증 생산 분야에 혁신적 기술이 결합됨으로써 고부가가치 제품 및 서비스 생산, 단위별 생산성 향상, 생산비 절감 및 분업화와 전문화 등의 시너지 발생, 국가 전체 생산성 향상으로 이어지는 경제 선순환 구조 형성이다. 선진국들은 신기술을 수확체증형 생산시설에 적용함으로써 생산성 증대, 생산비 절감 및 업무 전문화가 발생함으로써 급속한 경제성장을 이루게 된다.

한편, 신기술과 수확체증 생산시설과의 결합으로 개인 및 국가 생산성이 증가되면 새로운 수요와 직업의 다양화로 인하여 새로운 일자리와 산업이 창출되는데, 이러한 선순환 경제구조 하에서는 인구 증가가 더 이상 경제성장의 장애요인이 아닌 경제성장의 촉진요인으로 작용한다는 점을 이해하는 것도 매우 중요하다. 예를 들어, 중국의 경우 농업시대에는 많은 인구가 국가 발전의 큰 부담이었다. 그러나 중국 경제의 발전과정에서 제조업이 성장하기 시작하자 많은 인구는 경제의 장애요인이라기보다 제조업 기반의 농업생산성 개선, 국내 소비시장의 확대, 큰 국내시장을 바탕으로 한 투자유치 증대, 경제 활성화 등의 긍정적 요인으로 작용했다.

이렇게 확대되고 다양화된 규모의 경제는 더 많은 다양한 직업과 산업 분야에서 다양한 생산물품을 자체 국내적으로 생산하는 것이 가능하기 때문에 대외 무역 의존도를 낮추고, 환율 등 대외변수의 변화에 따른 경제적 변화의 충격을 최소화함으로써 경제의 안정적 성장도 확보하는 순기능적 역할을 수행한다.

마지막으로, 한 가지 첨언하자면 경제성장의 핵심인 수확체증의 법칙, 규모의 경제의 발현, 그리고 기술변화의 결합을 위와 같이 이론적으로 분리 설명했지만, 현실에서는 이를 분리해 설명하기 쉽지 않다는 것이다. 예를 들어, 전자제품 공장에서의 생산성 향상이 어디까지가 기술변화 때문이고, 어느 정도가 수확체증 분야에 의한 규모의 경제 효과인지를 분리하기란 쉽지 않기 때문이다. 그럼에도 수확체증의 생산 패턴인 제조업과 신기술의 결합이 규모의 경제를 형성하면서 폭발적 생산성 증대와 생산비 절감을 통해 경제발전의 원동력이 되었음은 틀림없어 보인다.

3. 국가 조직능력의 중요성

혁신적 신기술이 매우 중요한 경제성장의 동력이지만, 항상 그리고 자동적으로 폭발적 경제성장을 보장해 주었던 것은 아니다. 예를 들어, 증기기관과 전기 및 컴퓨터 같은 혁신적 범용기술(general purpose technology)[8]은 사회경제구조 전반의 혁신적 변화를 가져왔지만, 이 기술들 자체가 자동적으로 생산성 증가를 가져왔던 것은 아니다. 에릭 비욘욜프슨(Erik Brynjolfsson) 교수의 연구에 따르면, 실제로 1900년대 초반에 경영자들은 '전기'라는 혁신적 기술 개발에도 불구하고 거의 1세대 동안 극적인 생산성 증대를 가져오지 못했다. 30여 년 동안 공장을 재조직하고 새로운 연관시설을 도입하는 등 생산 시스템을 개선한 후 다음 세대에 와서야 이러한 신기술이 생산성 증가로 이어졌다.

따라서 혁신적 신기술이 국가 생산성 증대 및 경제발전을 가져오기 위해서는 이러한 기술들이 적극적으로 활용될 수 있는 환경이 마련되어야 한다. 즉 혁신적 기술이 활용될 관련 생산 시스템 및 생산 시설의 개선과 재조직화, 그리고 생산성이 높은 노동인력들이 조직적으로 그 생산에 참여할 수 있는 국가(사회)의 조직능력 및 동원능력이 수반되어야 한다. 생산성 높은 신기술과 수확체증형 제조업과의 결합 이외에도, 관련 생산시설 및 시스템의 재조직화와 재설계, 그리고 이러한 생산시설에 우수 노동력을 조직적으로 참여시킬 수 있는 국가의 생산 및 조직능력이 결합될 때 비로소 경제발전이 본격적으로 일어난다. 미국경제학회 회장을 역임했던 아브라모비츠(Moses Abramovitz)는 이것을 '국가의 조직능력(organizational capabilities)'이라고 불렀다.

한편, 신기술을 이용할 생산시설 및 생산 시스템을 어떤 방향으로 재조직화하고 재설계할 것인지도 매우 중요하다. 간단히 결론을 말하자면, 신기술 활용을 위한 국가 및 생산시설 시스템의 재설계 방향이 신규 직업창출과 실질노동소득 증가로 이어지도록 설계되어야 한다. 정부 정책 등을 통해 이러한 방향으로 생산과 사회 시스템 등이 재설계 되지 않으면 신기술 발전은 자동화 및 로봇화를 통해 생산성을 증대하려는 경향을 보이게 되고, 이는 일자리를 없애는 방향으로 작동하게 된다. 따라서 비록 생산성은 증가된다 하더라도 일자리가 없어짐으로써 장기적으로는 오히려 개인소득 및 노동소득을 감소시키고, 전체 중산층을 붕괴시키며, 장기 지속가능 경제발전에 악영향을 미칠 수도 있기 때문이다.

이미 많은 학자들과 지식인들은 책과 여러 여론 매체 등을 통해 자동화 및 로봇화가 생산성 증대에 크게 기여하고 있지만, 그와 동시에 많은 노동집약적 일자리와 심지어 주식 중개인, 기자 등의 지식형 일자리마저 빠르게 대체하고 있다고 경고하고 있다. 이에 대해서는

제7장에서 자세히 설명하고자 한다.

4. 제조업의 중요성과 유치전략산업의 보호

앞에서 설명한 수확체증 생산 패턴, 혁신적 신기술의 결합, 생산 시설의 재설계 등으로 인한 폭발적 생산성 증대, 전문화, 시너지 발생 및 일자리 창출, 그리고 임금소득 증대로 이어지는 선순환적 경제순환구조가 가장 잘 실현되는 곳은 '제조업'이다. 물론 농업 중 기계화가 가능한 일부 분야[9]에서도 이러한 원리가 적용된다.

제조업의 중요성은 이미 15세기부터 강조되기 시작했다. 15세기 후반에 영국의 산업발전의 토대를 마련한 헨리 7세, 뒤이은 엘리자베스 1세, 1720년대 영국 최초의 수상 로버트 월폴(Robert Walpole), 독일 경제학 및 산업 기초이론을 형성한 루드비히 폰 제켄도르프(Ludwig von Sechendorff)[10], 미국 산업의 근간을 마련한 초대 재무장관 알렉산더 해밀턴(Alexander Hamilton), 그리고 마샬 장관에 이르기까지 오래 전부터 "제조업이 국가발전의 기반이며, 수확체증형 제조업의 보호와 육성, 그리고 신기술과의 융합을 통해서만이 국가발전이 가능하다"는 것을 역설했었다.

16세기 이탈리아 철학자였던 지오반니 보테로(Giovanni Botero)는 1589년 그의 저작 〈국가의 근거(The Reason of State)〉에서 "산업의 힘이란 신대륙 발견이나 페루의 어떤 금광도 당해낼 수 없는 그런 것이다"라고 했고, 18세기 유럽의 많은 학자들은[11] 제조업을 금광에 비유하면서 제조업이 국가 경제성장의 기초임을 간파했었다(에릭 라이너트, Erik Reinert).

미국경제학회 회장을 지낸 존 케네스 갤브레이스(John Kenneth Galbraith)도 여러 저서를 통해 "부유한 국가는 대기업, 노동조합, 적극적인 정부 간의 협력 하에 제조업을 육성하여 국제시장에서 우월한 지위를 유지하면서 부유한 국가가 된다"고 강조했다. 즉 자원, 농산물, 어류 등의 원자재를 생산 및 수출하는 1차 산업에 집중하는 것보다는 2차 산업인 제조업 중심으로 혁신적 기술적용을 통해 원자재를 가공한 부가가치 높은 2차 생산물을 만들어내는 것이 경제발전의 핵심이라고 보았다.

제조업 육성의 중요성은 미국 화폐의 예에서도 잘 나타나고 있다. 미국 화폐에는 미국의 건국과 번영에 기여한 대통령의 얼굴을 새기고 있다. 그런데 미국 화폐 중 대통령이 아닌 사람이 2명 있는데, 10달러 지폐에 새겨진 초대 재무장관 알렉산더 해밀턴과 100달러 지폐의 벤자민 프랭클린이다. 해밀턴은 1791년 〈미국 제조업에 관한 보고서(Report on The Manufactures of the United States)〉라는 의회 제출 문서를 통해 제조업 육성과 유치전략산업 보호[12]의 필요성을 강조했으며, 이를 위해 보호무역주의를 실시해야 한다고 역설한 바 있다. 당시 미국 국민들과 정치인들은 해밀턴 재무장관을 미국 화폐의 상징적 인물에 포함시켰을 정도로 그의 '제조업 육성정책'을 통한 미국 경제발전 업적을 높이 평가했으며, 당시의 미국 정치인과 일반인들은 제조업이 경제발전의 핵심임을 당연한 원리로 받아들이고 있었다.

〈미국 화폐와 화폐 인물〉

■ George Washington	(US$1)	
■ Thomas Jefferson	(US$2)	
■ Abraham Lincoln	(US$5)	
■ Alexander Hamilton	(US$10)	
■ Andrew Jackson	(US$20)	
■ Ulysses Grant	(US$50)	
■ Benjamin Franklin	(US$100)	

한편, 유엔무역개발회의(United Nations Conference on Trade and Development: UNCTAD)는 2006년 역량강화 보고서를 통해 "제조업의 생산 능력이 국가 경제발전과 빈곤 퇴치를 위한 핵심적 요소"라고 강조하고, 개발도상국은 제조업을 통해 경제발전과 실업을 해결해야 한다고 주장한 바 있다(UNCTAD 2006).

위에서 선진국들이 어떻게 경제발전에 성공했는지를 설명했다. 이러한 역사적 경험에서 우리가 배울 점은, 현재의 개발도상국이 지속가능한 경제발전을 이룩하기 위해서는 수확체증 생산 분야이면서 국가 전략적 가치가 높은 제조업 중심 산업에 집중(특화)하고, 전략산업이 유치산업일 경우 이를 세금, 보조금 및 보호무역 등을 통해 경쟁력이 생길 때까지 일정 기간 동안 보호 육성하고, 제조업에 혁신적 기술을 적용하여 국가 생산성과 고부가가치 상품을 생산하고, 제조업 기반의 새로운 직업 창출과 고용을 늘리는 국가정책을 추진해야 한다는 점이다.

5. 수확체감 분야와 신기술의 적용

위에서 혁신적 신기술은 경제발전에 중요한 역할을 한다고 설명했다. 그러나 어떤 조건 하에서는 기술이 오히려 장기 경제발전을 저해할 가능성도 있음을 이해하는 것이 중요하다. 기술에 대해 반드시 이해해야 할 점은 기술이 가치중립적인 것으로 모든 분야에서 항상 그리고 자동적으로 부가가치를 향상시키는 방향으로 작동하지는 않는다는 점이다. 오히려 혁신적 기술이라 할지라도 수확체감 생산(decreasing returns of production patterns, 수확체증 분야의 반대 개념) 분야[13]에 적용하면 장기적 경제성장에 부정적인 효과를 가져올 수도 있다는 점에 유의해야 한다.

광업, 어업, 농업과 같은 1차 원자재 생산 분야에서는 장기적으로 더 많이 생산하면 할수록 단위별 생산단가는 더 높아지고, 생산량은 점점 더 줄어들며, 자원의 품질은 더 나빠지게 된다. 예를 들어, 광업의 경우, 품질이 높은 그리고 손쉽게 채굴할 수 있는 광물부터 우선 생산하기 시작해서, 점점 더 깊은 그리고 품질이 떨어지는 광물 채굴로 옮겨가게 되어 단위 생산량은 줄어들고, 품질은 떨어지며, 생산비는 증가하는 부정적 경제현상이 나타나게 된다. 이러한 현상이 발생하는 분야를 '수확체감 생산 분야'라고 한다.

그런데 이러한 수확체감 생산 분야에 혁신적 기술이 적용되면 광물 채굴 속도를 더욱 빠르게 함으로써 단기적으로는 소득이나 생산성이 증가될 수 있어도, 장기적으로는 자원 약탈을 더 빠르게 함으로써 장기적 지속가능 경제발전을 저해할 우려가 있다.

농업의 경우도 마찬가지로, 가장 수확량이 높은 품질 좋은 땅부터 개간해 사용하기 시작하지만, 생산량을 늘리려면 더 품질이 낮은 땅으로 옮겨가게 되며, 그리고 기존 땅에서도 점점 더 수확량이 적어지게 되어 결국 단위 생산량은 하락하고, 생산비는 증가하게 되는 반(反)경제발전 현상이 나타나게 된다.

어업의 경우도 신기술에 의한 어류의 남획은 결국 더 어려운 곳에서 어류를 잡을 수밖에 없게 됨으로써 생산성 하락과 생산비 증가를 가져오게 된다.

한마디로 원자재, 농업, 어업과 같이 1차 원자재 생산이 주를 이루는 수확체감 생산 분야에서는 신기술이 더 많이 사용될수록 단기적으로는 수익이 증가될 수 있어도, 장기적으로는 더 쉽고 빠르게 자원의 고갈을 가져오고 환경의 악화로 이어지며, 오히려 지속가능한 장기 경제발전을 저해할 수도 있다. 따라서 같은 어업 분야라 하더라도 어류의 남획보다는 멸종해 가는 어종의 수정란 배합 같은 제조업 기반의 어업산업이 육성되도록, 즉 어류 종이 확대되는 수확체증 생산 패턴이 되도록 신기술 활용 분야를 결합시키는 정책이 이루어져야 한다.[14]

수확체감 분야에의 집중에 대한 문제점도 이미 오래 전 역사적으로 많은 학자들에 의해 널리 받아들여진 원리이다. 18세기 말 존 스튜어트 밀(John Stuart Mill)은 영국 경제학을 지배했던 〈정치경제학 원리(Principles of Political Economy)〉라는 저서에서 "수확체감이 … 정치경제학의 모든 영역에서 나타나는 … 가장 심각한 문제임을 우려한다. 거기에는 빈곤의 원인이라는 주제 전체가 들어 있다"라고 수확체감의 결정적 폐해를 강조한 바 있다.

또한 신고전경제학의 아버지라 불리는 알프레드 마샬(Alfred Marshall)도 그의 저서 〈경제학 원리(Principles of Economics)〉에서 역사상 가장 중요한 이주는 모두 수확체감으로 인해 일어났고, 더 나아가 경제발전을 위해서는 수확체감에 속한 경제활동(원자재 생산)에는 세금을 부과하고, 수확체증에 속하는 경제활동(제조업 등)에는 보조금을 지급하는 경제정책을 추진해야 한다고 주장했다(에릭 라이너트, Erik Reinert).

슘페터의 제자인 영국의 경제학자 한스 싱거(Hans Singer)는 1950년 〈투자와 투자유치국 사이의 소득 배분(The Distribution of Gains between Investing and Borrowing Countries)〉[15]에서 "수확체증 분야인 제조업 분야에서의 생산성 증가는 실질소득 및 임금소득의 증가를 가져오지만, 이와 반대로 수확체감 분야인 농업 같은 분야에서의 생산성 증가는 오히려 실질소득 및 임금 감소를 가져온다"고 밝힌 바 있다.

위에서 어떤 원리를 통해 개발도상국이 부자국가로 나아가는지를 설명했다. 이들 정책들의 조합을 다시 요약하면 (1) 개인이 좋은 직장이나 직업을 구하듯이 국가도 장기간 수익이나 생산성 증대가 확실한 수확체증형 생산 분야를 선택해 자원과 인력을 집중 특화하고, (2) 신기술을 수확체증 생산 분야인 제조업에 결합해 생산성을 증대하는 한편, 1차 원자재 생산인 수확체감 분야는 세금 등으로 억제하고, (3) 신기술이 생산성 증대에 연결되도록 생산시설 및 생산 시스템을 재조직화 및 재설계하는 한편, 이러한 생산시설 및 생산 시스템에 우수 인력자원이 조직적으로 참여할 수 있도록 하는 국가 조직능력(organizational capability)을 강화하고, (4) 신기술 결합 및 수확체증 생산 분야인 제조업과 전략산업을 보호 육성하고, 이러한 전략산업이 아직 미성숙 단계에 있을 때는 세금, 보조금, 보호무역정책 등을 통해 경쟁력이 생길 때까지 일정 기간 보호 육성함으로써 국가 경제 발전을 이루고 선진국으로 발전해왔다. 따라서 개발도상국도 자국의 경제발전을 위하여 이러한 역사적으로 증명된 일련의 정책들의 적용을 적극적으로 고려해야 한다

05
혁신은 어디에서 오는가?

1. 혁신의 개념

모든 국가들이 혁신만이 살 길이라고 외치고 있다. 혁신 (innovation)의 중요성은 미국연방준비제도이사회(Federal Reserve Board: FRB) 의장이었던 벤 버냉키(Ben Bernanke)가 혁신을 "평균생활 수준을 결정하는 단 하나의 가장 중요한 결정요소"라고 묘사한 것에 잘 표현되어 있다. 이는 혁신이 생산성 향상을 통해 경제발전을 성취 하는 가장 중요한 요소 중 하나이기 때문이다.

이전에도 많은 정치인, 기업가, 전문가, 학자들이 혁신의 중요성 을 강조했었다. 슘페터도 이미 오래 전에 "우편마차를 아무리 늘린 다고 해도 기차의 시대가 오지는 않는다"라는 말로 경제의 질적 성 장을 위한 혁신의 중요성을 단적으로 표현한 바 있다. 슘페터는 경제 발전의 단초를 제공하는 것은 '혁신'이라 보았고, 그 혁신은 "재화의 새로운 조합, 새로운 생산방법, 새로운 시장, 새로운 원자재 공급원,

산업구조의 개편 등"으로 이루어진다고 보았다. 그리고 이 같이 혁신을 통한 경제발전을 도모하는 것을 '기업가 정신'이라 불렀다.

한편, 노벨 경제학상 수상자인 로버트 솔로(Robert Solow) 교수는 1900년부터 1950년까지 미국의 총생산성 및 경제성장의 동력요인을 연구했는데, 그 결과 경제성장의 기여분(증가분)의 35~40%는 혁신적 아이디어에서 왔다고 결론지은 바 있다.

이렇게 혁신이 경제발전에 있어 중요함은 두말할 나위가 없다. 우리가 이 장에서 혁신에 대해 고민해야 할 점은 "혁신은 어디에서 오느냐", 즉 "혁신을 어떻게 만들어 낼 수 있는가"이다.

혁신의 사전적 정의는 "전에 없던 새로운 것"이라 되어 있다. 좀 더 실용적으로 풀어 설명하면, 혁신이란 "전혀 무관했던 두 가지 이상이 결합하면서 새로운 폭발적 생산성 증가를 가져오는 새로운 제품 및 생산 시스템의 구축"이라고 설명할 수 있다. 예를 들어보자. 유리(돋보기 렌즈)[16]는 원래 의과용으로 사용되던 것인데, 1600년대 네덜란드 델프트 시의 중심 산업이었던 직물산업 및 제품의 품질관리를 위해 응용함으로써 직물제품의 품질을 제고하고, 도시의 부를 축적하는 주요 수단이 되었다. 또한 이 돋보기 렌즈가 해군의 전쟁용 쌍안경과 망원경으로 발전하고, 망원경은 장거리 해양활동을 가능케 했으며, 신대륙으로의 진출로 인해 유럽은 급격한 경제성장을 하게 된다. 즉 예전에는 서로 무관하던 의과용 돋보기가 직물산업 및 장거리 항해 산업과 결합됨으로써 새로운 고부가가치 제품 및 서비스를 만들어냈고, 신대륙과의 신산업 및 일자리를 일으키는 혁신을 가져왔다.

2. 혁신의 창출

그런데 얼핏 보기에 무관했던 두 가지 이상의 요소들이 쉽게 결합해 혁신적 제품, 서비스 및 기술로 탈바꿈하려면 어떻게 해야 가능할까? 다양한 요인들이 혁신적 아이디어나 기술 창출에 작용할 것이다. 예를 들어, 혁신적 기술에 대한 투자를 증가하면 당연히 혁신적 기술을 만들어낼 가능성이 높아진다. 그러나 혁신적 기술에 대한 투자 증대가 항상 그리고 반드시 혁신적 기술을 만들어내거나 사회 전반의 혁신 자체를 가져오지는 않는다. 그렇다면 혁신을 유발할 수 있는 보다 근본적인 동력이나 환경은 무엇이 있을까?

결론부터 말하자면, 대부분의 혁신은 공공재적인 지식의 결합 및 활용이 보다 수월한 '도시적 환경'에서 온다. 도시적 환경이란 "서로 가까운 거리에 위치하고, 직업의 다양성 및 직무분업(분화)이 이루어져 있고, 그래서 서로 다른 분야의 시너지 있는 결합을 가능하게 해주는 공간적 장소"를 의미하는데, 도시가 이러한 조건들을 가장 잘 반영하므로 이를 '도시적 환경'이라고 표현했다. 혁신 창출은 다양성과 통합성이 핵심 요소인데, 도시가 혁신을 불러일으키는 가장 적합한 환경이며 공간이다.

도시에서 혁신이 일어나는 이유는, 직업이 다양하고 전문성이 강하며, 다양한 직업 간 상호작용의 시너지 결합이 수월하며, 근거리에서의 아이디어 교환이 쉽고, 다양한 경험이 가능하며, 혁신적 아이디어가 손쉽게 제품 생산으로 연결될 수 있기 때문이다. 즉 도시는 다양성, 직업 분화, 모방[17], 경쟁 및 시너지가 활발한 곳이며, 도시에서의 직업 분화 및 다양성은 새로운 지식이 한 부문에서 다른 부문으로 도약하거나 다른 부문과 결합해 혁신적 제품 및 서비스를 창출할 수 있게 해준다.

미국의 실리콘벨리가 창의적이고 혁신적인 것은 이러한 다양성, 분화, 그리고 저녁에 바에서 우연히 옆자리에서 만난 창의적인 사람들 간의 의견교환을 통한 새로운 아이디어가 만들어지기 때문이다. 이에 반해서 동종 물품과 서비스를 생산하는 농촌은 서로 거래할 것이 없으며, 자연히 혁신적 아이디어가 나오기 어렵다. 결론적으로 도시적 환경의 조성이 비록 우회적인 것처럼 보이지만, 사회 전체의 혁신을 가져오는 가장 확실한 방법이다.

도시화를 통한 혁신이 경제발전의 핵심이라는 것은 17세기 때부터 많은 지식인들이 일반적 원리로서 인식하고 있었다. 이탈리아의 경제학자 안토니오 세라는 1613년 전면적인 직업 분업과 수확체증 원리를 구성 요소로 해서 부자나라(wealth country)로 가는 비법을 공식화했는데, 쉽게 설명하면 "도시에서 행해지는 직업과 경제활동의 가짓수를 최대한 많게 함"으로써 혁신이 일어나고, 생산성 증가와 경제성장을 가져온다고 보았다. 지오반니 보테로도 1588년 그의 저작 〈도시의 위대함에 관해서(On the Greatness of Cities)〉에서 경제발전을 위한 도시의 중요성을 강조했고, 독일 경제학의 기초를 닦은 루드비히 폰 제켄도르프(Ludwig von Seckendorff)도 1656년 그의 저서 〈독일

공국(The German Principality)〉에서 '부를 창출하는데 도시와 산업이 중요하다'는 점을 강조했다(에릭 라이너트, Erik Reinert).

17세기 초반에 프랜시스 베이컨도 그의 저서 〈혁신에 관한 논문 (An Essay on Innovation)〉에서 도시에서의 상이한 경제활동이 상호 결합함으로써 시너지를 발생하고, 질적으로 다른 경제발전을 이루는 수단이 된다고 보았다. 20세기 중반에 와서 슘페터 또한 '역사적 수확체증'이라는 표현을 통해 직업의 다양화, 전문화, 분업화에서 이루어지는 시너지와 혁신의 역동적 결합이 경제성장을 가져온다고 보았다.

피터 드러커(Peter Drucker)는 〈혁신과 기업가 정신(Innovation and Entrepreneurship, 1985)〉에서 많은 사람들이 "혁신은 천재들이 행하는 기적 같은 것이라고 오해하고 있다"면서, 현실에서의 혁신은 "도시적인 밀접한 상호작용 하에서 평범한 직원들의 체계적인 관심과 노력이 축적되면서 이루어지는 것"이라 했다.

현대의 많은 기업가들도 직감적으로 혁신은 도시에서 나온다는 것을 알고 있었다. 필 리빈(Phil Libin) 에버노트 사장은 〈월스트리트저널, WSJ〉과의 인터뷰에서 "미래에 나올 수십 억짜리 아이디어가 목가적인 팔로알토 같은 곳에서 나올 가능성은 매우 낮다고 생각한다. 샌프란시스코마저도 싱가포르나 상파울루, 자카르타, 서울, 도쿄에 비하면 한가로운 편이다. 앞으로 나올 거대한 아이디어는 매우 복잡한 도시에서 나올 것이며, 그런 환경에서 살고 있는 이들이 우리들이 직면한 문제들을 해결해줄 것이다"라고 강조한 바 있다(월스트리트저널, 2014. 11. 18).

요약하면, 경제발전 과정의 핵심에 있는 것은 혁신에 의한 사회 전반의 폭발적 생산력 증가 및 생산 시스템의 개선인데, 이러한 혁신적 기술이나 생산 시스템 및 제도의 개선은 도시같이 직업의 전문화, 다양한 직업 분업과 협업, 근거리에서의 아이디어의 교환, 근거리에 생산시설의 존재 등이 시너지 결합 가능한 도시와 같은 공간에서 이루어진다는 것이다.

3. 혁신과 국가 조직능력

이제 다음 주제로 넘어가 보자. 이는 우리가 혁신을 이야기할 때 어떠한 형태 또는 어떤 수준의 혁신을 의미하고 있는가 하는 주제이다. 혁신은 한 실험실이나 생산공장을 넘어서서, 사회 전반적인 생산구조의 변화가 중요하다. 사회 전반에 걸쳐 시스템적 혁신이 중요한 이유는 실험실에서의 몇 개의 혁신적 기술개발 자체가 곧바로 폭발적 국가생산성 증가와 국가의 부를 당연히 가져오는 것은 아니기 때문이다. 혁신적 기술 자체도 어느 정도 생산성 증가를 가져오지만, 더 중요한 것은 이러한 혁신적 기술을 응용해 새로운 상품 및 서비스를 만들어 시장에 제공할 수 있는 생산 시스템 및 생산시설의 개선과 재조직화, 그리고 생산성이 높은 노동인력들이 조직적으로 그 생산에 참여할 수 있는 국가(사회)의 조직능력 및 동원능력과 운영능력이 수반되어야만 한다는 점이다.

위에서 설명했던 내용들을 결론으로 요약하면 혁신은 직업의 전문성, 다양한 직업 간 상호작용의 시너지 결합, 근거리에서의 아이디어 교환의 높은 가능성, 다양한 경험 가능성, 혁신적 기술의 생산으로 전환 실현성 등이 보다 수월한 도시적 환경에서 발생한다. 가난한 국가들에서 혁신이 잘 발생하지 않는 이유는 가난한 국가의 정부가 의도적인 노력을 하지 않아서라기보다는 그들 간 서로 결합할 이종의 직업이 상대적으로 적기 때문이라고 보는 것이 타당하다.

아울러 몇 개의 혁신적 기술이 사회 전반의 생산성 증대를 곧바로 가져오는 것은 아니며, 이를 위해서는 관련 생산 시스템 및 생산시설의 개선과 재조직화, 그리고 생산성이 높은 노동인력들이 조직적으로 그 생산에 참여할 수 있는 국가(사회)의 조직능력 및 동원능력과 운영능력이 동반되어야 한다. 따라서 혁신적 기술 개발의 중요성만큼 이러한 혁신적 기술을 다양한 분야에 활용하는 응용기술, 공정기술 및 생산 시스템 개선에 대한 투자가 중요하다.

특히 재정이 상대적으로 부족한 가난한 개발도상국의 경우 혁신적 원천기술의 개발 및 보호에 많은 예산을 쓰는 것보다는, 도시화에 의한 자연적인 혁신 발생 환경의 조성과, 이미 존재하는 외부의 혁신적 기술 및 아이디어를 부가가치 높은 신제품 및 서비스 개발과 그로 인한 사회 전체의 생산성 향상에 어떻게 활용하느냐에 노력을 집중할 필요가 있다. 이에 대해서는 기술에 관해 기술한 다음 상에서 좀 더 설명하고자 한다.

06

신기술을 어떻게 확보할 수 있는가?

　혁신적인 신기술이 국가 경제발전에 중요한 역할을 해왔다는 데에 이견이 없다. 혁신적 신기술은 생산성을 제고하고 생산비를 절감토록 해줄 뿐만 아니라, 국제 및 국내시장에서 진입장벽을 만들어 일정 기간 독점적 이익을 향유하는 것이 가능하며, 결과적으로 국가의 부를 향상시키고 국가 경제성장에 기여해왔다.

　영국의 철학자이자 법률가인 프랜시스 베이컨(Francis Bacon)은 1620년경에 벌써 기술의 중요성을 간파하고 다음과 같이 언급했다. "문화가 발달한 유럽 사람들의 삶과 신대륙의 거칠고 야만적인 지역에 사는 사람들의 삶에는 놀랄 만한 큰 차이가 있다 … 이 차이는 흙이나 기후, 인종이 아니라 바로 기술에서 나온다 … 또한 기술을 기반으로 한 생산양식이 제도를 결정한다."

　미국의 물리학자 프리먼 다이슨(Freeman Dyson)도 "기술은 신의 선물이며 문명, 예술 및 과학의 어머니이다"라는 말로 기술의 중요성을 강조한 바 있다(에릭 라이너트, Erik Reinert).

현대에 올수록 기술의 중요성이 더욱 강조됨에 따라 기술이 경제, 사회 전반과 인간에게 미치는 영향과 그 작용 프로세스(메카니즘)에 대해서도 더 많은 지식과 이해가 요구된다. 왜냐하면 이러한 기술변화가 가져오는 원리와 영향에 대한 이해 없이는 급격히 변화하는 기술기반 사회에 적합한 개발협력을 효과적으로 수립하여 집행하는 것이 쉽지 않기 때문이다.

이 장에서는 기술이 경제발전에 미치는 영향과 어떻게 신기술을 확보할 수 있는가에 대해 설명하고자 한다. 다음 장에서는 우리가 신기술을 잘못 적용할 경우, 기술발전이 오히려 경제성장 및 인간개발을 저해하고, 사회통합에 부정적 영향을 미칠 수도 있음을 설명하고, 긍정적인 기술 활용과 지속가능개발을 추진하기 위해서 사회개발 및 교육훈련 패러다임이 변화해야 함을 설명하고자 한다. 이는 기술진보가 지속가능한 경제성장의 만트라(만능 주문)처럼 받아들여지는 일반적 인식에 좀 더 균형이 필요하다고 생각하기 때문이다.

1. 기술의 경제발전에의 기여

신기술은 왜 중요한가? 신기술이 중요한 이유는 (1) 생산성을 높여주고(생산단가를 낮추어 주고), (2) 그 분야에서 독점적 지위로 기술적 진입장벽을 형성하여 높은 이익을 창출할 수 있고, (3) 시장에서의 제품이나 서비스의 국제 기준을 지배할 수 있으며, (4) 결국 기업에는 이익을, 국가에는 부를 창출할 수 있게 해주기 때문이다.

일례로, 삼성을 경쟁자로 경원시하는 애플이 그래도 삼성에게 계속 반도체 칩을 사는 이유는 삼성이 예뻐서가 아니라 전 세계에서 반도체 기술의 독보적 1인자이기 때문이다.

현대에 와서 많은 사람들이 기술발전이 경제성장 및 경제발전에 미치는 결정적 역할에 대해서 잘 이해하고 있지만, 19세기까지만 해도 기술이 경제성장 및 사회발전에 미치는 큰 영향에 대해 깊이 이해한 학자는 많지 않았던 것 같다. 이는 아마도 기술이 실제 경제활동에 깊이 결합되지 않았다는 것을 보여주는 반증이기도 할 것이다.

18~19세기의 위대한 사상가 및 경제가들이 미래에 대해 통찰력 있는 예측을 했다. 하지만 사회 및 경제현상에 대한 그들의 깊은 통찰력에도 불구하고 기술이 가져다주는 폭발적 생산성의 증가 및 문제해결 능력을 감안하지 못했기 때문에 그 예측이 틀린 경우가 종종 있었다. 토마스 맬서스(Thomas Malthus)는 1798년 〈인구론(Essay on the Principle of Population)〉에서 인구 증가가 농업 증가보다 빨라서 광범위한 빈곤과 정치적 격변을 가져올 것이라 예측했고, 데이비드 리카르도(David Ricardo)는 1817년 〈정치경제학과 조세의 원리(Principle of Political Economy and Taxation)〉를 통해 토지의 희소성으로 인한 지대 상승과 지주에게로 소득 집중으로 사회적 혼란이 일어날 것이라 보았다. 칼 막스(Karl Marx)는 1867년 〈자본론 (The Capital)〉에서 자본주의 속성상 산업자본과 부가 소수 자본가에로 집중되고, 그에 따른 사회적 불안과 자본주의의 붕괴를 예측했다.

하지만 이러한 예측들은 기술 진보가 가져오는 생산성의 증가와 문제 해결 능력, 그리고 이를 통한 실질임금 상승[18] 및 경제발전으로 이어지는 경제발전 메카니즘을 충분히 이해하지 못한 불완전한 예측이었다.

실제로 1800~1850년대에는 임금이 매우 낮은 수준에 있었지만, 19세기 후반부에 와서는 기술발전으로 토지 및 농업의 생산성 증가를 가져오고, 제조업 부문에서도 급격한 생산성 증가로 상당한 정도의 실질임금과 경제성장이 이루어졌다[19].

이러한 경제성장 및 임금 상승의 배경에는 기술의 기여가 있었다. 특히 1800년대의 증기기관, 1900년대의 전기, 그리고 2000년대 컴퓨터와 같은 범용기술의 발전은 모든 산업에서의 가치사슬을 변화시키고, 수요-공급 패턴과 국가 생산 시스템 및 산업 자체를 변화시키기도 했다. 이러한 사회 전반의 거대한 혁신의 물결을 1980년대 카를로타 페레스(Carlota Perez)와 크리스토퍼 프리먼(Christopher Freeman)은 '기술경제 패러다임의 변화(Techno-economic paradigm shifts)'라 불렀다.

2. 신기술을 어떻게 확보할 것인가?

혁신적 신기술이 경제발전에 중요함은 두말할 나위가 없는데, 그렇다면 우리가 관심을 가져야 할 사항은 "어떻게 혁신적 신기술을 획득 또는 창출해낼 수 있을까" 하는 문제와 "어떤 신기술을 우선순위로 확보할 것이냐"의 문제이다.

통상적으로 기술발전은 기술 및 지적 소유권의 구입, 무역, 투자

유치 등의 시장 메카니즘을 통해서도 이루어지지만, 근본적으로는 탁월한 공공재인 지식의 확산과 공유의 과정으로부터 발생한다고 보는 것이 보다 타당할 듯하다. 선진국의 높은 기술을 모방하여 새로운 응용기술을 만들어내거나, 또는 이러한 외부의 혁신적 원천기술을 다양한 분야의 효율적인 생산 시스템과 연결시켜 높은 생산성을 만들어내려면 사회 내부 구성원 간의 기술에 대한 지식의 공유와 창조적 변형을 위한 내부 협력 및 순환 메카니즘이 매우 중요하기 때문이다.

어떻게 신기술을 확보할 수 있느냐에 대해 많은 설명이 있는데, 여기에서는 3가지의 기본적인 신기술 확보 방향에 대해 설명하려 한다. 그 3가지 방법이란 선진국으로부터 모방에 의한 신기술 개발, 국내기관 간 또는 기업 간 협력(협업)에 의한 신기술 개발, 그리고 정부 및 기업의 투자에 의한 신기술 개발이다. 물론 이러한 여러 가지 기술 획득 및 응용 방안들이 현실에서는 복합적으로 통합되어 실현된다.

(1) 혁신적 신기술 확보의 대부분은 이웃 선진국으로부터의 모방 형태(emulation or catch up)로 이루어진다. 하늘에서 갑자기 뚝 떨어지는 기술이란 없다. 영국, 프랑스, 미국, 일본, 한국 등 대부분의 선진들은 그들이 개발도상국일 때, 이웃 선진국이었던 국가들의 기술을 모방, 발전시킴으로써 생산성을 증가시키고, 경제성장을 이루었다. 모방의 방식에는 혁신적 제품의 역공정(reverse engineering), 교육생 파견, 연구단 파견, 해외 기술자 및 전문가 유치, 현지 고급인

력 채용, 직접투자 유치 등의 다양한 방법이 있다.

먼저 '모방(emulation)'의 개념을 명확히 이해하고 넘어가자. 모방은 모조(imitation) 또는 복사(copy)와는 다른 개념이다. 번역이 쉽지 않지만, 옥스퍼드 사전에 따르면 "어떤 성취나 자질 면에서 다른 사람들과 동등해지거나 능가하려는 시도, 또는 동등해지거나 우월해지려는 욕망이나 노력"을 의미한다. 따라서 단순 복제(copy)와는 달리 모방은 외부의 우수한 기술이나 제도의 시행착오를 거치면서 자기 것으로 만들려는 적극적인 노력이며, 혁신적 기술 및 시스템 확보를 위한 첫걸음이다.

영국의 구체적인 예를 살펴보자. 영국은 이러한 모방을 제일 먼저 체계적으로 실시한 국가이다. 영국은 헨리 7세(1485~1509)가 즉위할 때에는 양모(원자재)를 값싸게 수출하고, 양모로 만들어진 모직물(제조업 제품)을 비싸게 수입하는 낮은 기술의 변방 국가였다. 헨리 7세와 엘리자베스 1세(1558~1603)는 기존 정책과는 반대로 "원자재인 양모를 수입하고, 산업제품인 양모로 만든 모직물을 수출한다"라는 제조업 중심 정책을 100여 년에 걸쳐 추진했고, 그 결과 양모 원자재 수출국에서 양모직 제품을 수출하는 기술력 있는 국가로 탈바꿈한다.

이를 위해 다양한 산업정책을 시행했는데, 구체적으로는 1) 왕립 조사단을 보내 향후 양모직 제조기술 및 공장 설립에 적합한 생산단지 지역을 파악하고, 2) 선진기술 모방을 위해 당시 인근 선진기술 지역인 지금의 벨기에 브뤼헤(Bruges), 겐트(Ghent), 이프르(Ypres) 지방과 네덜란드 및 이탈리아 등에서 많은 숙련 기술자를 유치하고, 3) 양모 원자재 수출에 수출관세를 물리거나 아예 수출 자체를 점차적으로 금지시켜 국내적으로 원자재 부족이 일어나지 않도록 하고, 4) 당시 전략산업이던 양모직 산업을 보조금을 주어 지원하고, 동 산업을 위해 일정 기간 보호무역을 실시했고, 5) 영국 제품의 명성을 높이기 위해 품질 낮은 반제품의 수출을 금지시키는 조치들을 취했다.

영국 사례에서 배울 점은 영국과 다른 선진국들이 모두가 다양한 정책조합을 통해 인근 선진국의 고급기술을 모방하고, 모방을 통해 확보된 신기술이 초기 유치산업에 활용될 수 있도록 적극적으로 보호했다는 사실이다. 이러한 모방과 정부의 장기간에 걸친 적극적 지원이 지금의 선진국들이 그들이 개발도상국일 때 외부에서 개발된 신기술을 모방해 더 나은 기술 또는 응용기술로 발전시키기 위해 가장 널리 그리고 효과적으로 사용한 방법이다.

(2) 상기의 모방을 통한 신기술 획득 이외에, 현대로 오면서 혁신적 기술의 확보는 정부연구기관 간 또는 기업 간 협력에 의해 자주 발생한다. 과거에는 기술에 대한 연구 투자가 중요하다고 생각을 해서 '연구개발(Research and Development, R&D)'이라는 용어가 유행했었지만, 현재에는 관련 기업 간이나 기관 간의 협력 및 융합에 의한 신기술 개발이 더 중요하다는 뜻에서 '협력개발(Connect and Development, C&D)'이라는 용어가 새롭게 사용되고 있다.

이는 사회가 복잡 다양해지고 국가 간, 기업 간 경쟁이 격화됨에 따라 기술 개발비의 규모는 점점 늘어가고, 개발에 따른 성공 확률은 오히려 줄어들고 있는 상황에서, 기술 협업이나 이종 기술들 간의 결합을 통해 적은 비용으로 새로운 기술이나 부가가치 높은 상품을 만들어내려는 '협력개발(C&D)'이 대안으로 등장하고 있는 것이다.

협업에 의한 새로운 기술이나 혁신적 제품을 만들어낸 성공적인 사례는 점점 더 증가하고 있다. 세계 모든 자동차 회사는 가볍고 충격에 강한 강판을 사용함으로써 에너지 효율성을 증대하고 차의 안정성을 높이기를 원한다. 한국의 자동차 회사인 쌍용자동차와 철강전문회사인 포스코는 자동차 디자인 단계부터 협업을 했는데, 쌍용자동차의 자동차 설계기술과 포스코의 고장력 강판기술이 결합하여 더 가볍고, 더 안전하고, 더 부가가치가 높은 자동차를 만들어서 수익을 창출하고 있다. 비슷한 사례로 '이오랩(EOLAB)'으로 명명된 르노의 신형 콘셉트 카는 가벼우면서도 내구성이 강한 고장력 강판이 결합하여 l당 100km의 연료 효율을 시현한 것도 이종 간 기술의 결합에 의한 '협력개발(C&D)' 결과였다. 일본 파나소닉은 테슬라 전기자동차와 배터리 부문에서 협업하기로 하고, 테슬라 전기차를 위한 더 가볍고, 더 효율성이 높고, 더 안전한 배터리 개발을 위해 양사가 기술협력을 시도하고 있는데, 파나소닉은 아예 미국 테슬라 자동차 공장 옆에 배터리 공장을 설립하기도 했다.

이러한 협력개발(C&D)을 활성화하기 위해서는 서로 다른 이종기관 간, 그리고 기업 간 상호 협력에 의해 혁신적 기술이 자발적으로 발생할 수 있는 환경을 조성해주는 것이 매우 중요하다. 이러한 환경이란 앞에서 설명한 바와 같이 "직업 분야가 다양하고, 각 직업의 실질적인 전문성이 어느 정도 확보되고, 근거리에서 자주 만나 아이디어를 결합하고 정보를 교환할 수 있으며, 서로 다른 분야의 결합을 통해 시너지 결합이 가능하고, 창의적 아이디어가 생산까지 이어질 수 있도록 인근에 제조업이 어느 정도 갖추어져 있는 도시적 환경"을 의미한다. 우리나라가 대전 일부지역에 대덕연구단지를 세워 거의 모든 과학 연구원들이 한 지역에서 연구토록 한 것도 이들이 근거리에서 자주 만나 협력할 수 있도록 하기 위함이다.

결론적으로 복잡하고 경쟁이 극심한 현대 기술사회에서는 자체적인 신기술의 개발보다는, 이미 존재하는 이종 기술 및 분야 간 결합을 통해 시너지를 높이는 협력개발(C&D)이 새로운 신기술 개발 방안으로 각광 받고 있다. 이를 위해서 정부는 이종 간의 기술 및 분야가 쉽게 결합하여 시너지를 발생할 수 있도록 제도적 환경을 개선해주어야 한다.

(3) 국가가 공공연구기관 등을 통해 기술개발에 투자를 확대하면 신기술을 개발할 가능성은 당연히 높아진다. 미국, 유럽, 일본, 한국 및 싱가포르 등 선진국 정부들은 기술개발에 집중 투자하고 있는데, 투자를 통해 개발된 신기술을 민간기관에 전파하여 부가가치가 높은 제품의 생산으로 연결하는 정책을 사용하고 있다.

아이폰(iphone)이 대표적인 사례 중 하나인데, 아이폰에 사용된 인터넷, 지리정보시스템(GPS), 음성인식 시리, 메시지 송수신 기술, 터치 스크린, 지문인식 등과 같은 핵심 기술들은 미국 국방부에 의해 군사 및 우주 탐색 목적 등으로 개발되었지만, 애플이 이러한 기술을 아이폰에 응용해 상품화함으로써 스마트폰 시장을 열었고, 국가 이익에도 크게 기여하고 있다.

〈아이폰에 적용된 공공개발 기술들〉

개발도상국도 신기술 개발에 대한 투자를 지속적으로 추진해야 함은 이론의 여지가 없다. 하지만 선진국과 달리 재정이 취약한 개발도상국은 신기술 개발과 관련하여 어떤 기술을 우선순위로 개발에 나서야 하는지에 대한 전략을 잘 수립하여야 한다.

이와 관련해서 큰 전략적 방향은 2가지이다.

첫 번째 전략으로, 오랜 시간과 많은 예산을 들여 실험실에서 1가지 훌륭한 원천기술(source technology)을 개발하는 것보다는, 해외에서 개발된 혁신적 원천기술을 가져와서 다양한 응용 및 공정기술 (application and engineering technology)로 발전시켜 여러 분야의 고부가가치 제품 및 서비스 생산이 이루어지도록 재정을 사용하는 것이 더 바람직할 수도 있다.

이는 새로운 직업이나 소득 증대가 비즈니스 및 생활 부문에서의 응용기술 적용을 통해 크게 창출될 수 있기 때문이다. 예를 들어, 1980~2010년대 혁신적 IT의 하드웨어와 소프트웨어 인프라에 대한 유럽과 미국의 투자 규모는 비슷했지만 지적 재산권 보호, 경쟁체제 강화, 외국 투자유치 강화, 우수 고급인력 양성, 투자자 보호 등 사회 전반에 기술을 활용할 시스템을 구축한 미국이 유럽보다 생산성이 더 높았던 사례를 연구해볼 필요가 있다.[20]

다른 전략은 위 '협력개발' 부분에서 설명한 바와 같이, 재정이 부족한 개발도상국은 새로운 기술개발도 중요하지만, 기존 기술 간의 결합을 보다 쉽게 하여 새로운 형태의 기술이나 부가가치가 높은 제품을 만들어내는 것이 가능하도록 관련 협력제도 및 환경조성에 개발도상국 정부가 적극 나서야 한다. 물론 경제가 어느 정도 성장하여 재정이 풍부해지면 다양한 자체 기술개발에도 투자를 확대해야 함은 당연하다.

위에서 신기술을 확보할 수 있는 3가지 큰 방향과, 개발도상국이 신기술개발을 위해 어떻게 접근해야 하는지를 설명했다. 이 설명들이 개발도상국 기술개발과 관련된 개발협력 프로그램 등을 수립할 때 참고가 되었으면 한다.

정부 기술개발 프로세스

정부가 예산을 들여서 새로운 기술을 국내적으로 개발하려 할 때의 일반 적인 프로세스에 대한 설명을 덧붙이고자 한다.

(a) 우선순위 기술투자(priority investment in technology development)를 위 해 어느 분야의 어떤 기술이 새로운 전략적 신기술이 되어야 하는 지를 내부 토론을 거쳐 구체적으로 확정한다(identify potential strategic technology). 이러한 우선순위 기술은 그 나라의 발전 단계에 따라 다를 수 있다.

(b) 선정된 신기술 개발을 위한 추진팀(task force)을 조직하고 예산배정, 주 도기관 선정, 새롭게 개발될 신기술을 시험할 테스트 베드(test bed)의 구성 등의 전략을 수립한다. 이때 신기술 개발에 관련 기업, 관련 정부 부처, 민간기관이 함께 참여하는 것이 바람직하다.

(c) 선진국 신기술을 모방 또는 응용하는 과정을 통해 더 나은 신기술 (source technology) 또는 변형기술을 개발하고, 산업에의 적용가능성을 평가한다.

(d) 개발된 자체 신기술(source technology)에 대해 산업 및 기업, 그리고 관 련 기관들에게 원리와 내용을 설명하는 프로세스를 거친다.

(e) 동 기술을 제품생산에 응용하기를 희망하는 기업과 산업 부문에 기술 전수(technology transfer)와 인력양성 훈련(capacity building)을 제공한다.

(f) 신기술의 응용기술로의 전환(transformation from source technology towards application/engineering technology)과 기업에의 자금지원 시스템(funding system) 구축, 그리고 기업과 자금기관 간 연결 프로세스를 구축한다.

(g) 이선해준 신기술이 어떻게 응용기술로 변화하고, 어떠한 제품에 사용 되어 효과를 발휘하는지 등을 모니터링과 피드백 함으로써 오류를 줄 여나간다.

상기의 프로세스를 도표로 작성하면 아래와 같다.

우선순위 기술투자를 위한 새로운 전략	신기술 개발을 위한 추진팀 조직, 예산배정, 주도기관 선정, 신기술 시험을 위한 테스트 베드 구성	선진국 조사를 통한 신기술의 모방 또는 응용을 통해 변형기술 개발 및 적용 가능성 판단	신기술에 대해 산업 및 기업과 관련 기관들에게 원리 및 내용을 설명	제품생산에 응용을 원하는 기업과 산업에 기술전수와 인력 양성훈련 제공	응용기술로의 전환과 기업에의 자금지원 시스템 구축·연결 프로세스 구축

07
기술시대에 맞는 새로운 개발 패러다임의 필요성

　지난 100여 년 동안 기술발전은 다른 생산요소들과 결합해 생산성 증대와 새로운 일자리 및 신산업의 창출을 통해 경제성장에 기여해왔다. 그러나 최근에는 새로운 기술발전에 의한 노동생산성 증가에도 불구하고 오히려 고용이 줄어들며, 따라서 전반적인 실질임금도 줄어드는 새로운 경제 패턴이 전개되고 있다. 더 나아가 새로운 기술이 환경과 인간 자체에 악영향을 미칠 수 있다는 우려도 새롭게 인식되고 있다. 따라서 새로운 기술 기반의 시대가 미칠 기술의 부정적 영향 가능성을 이해하고, 이에 대해 대처하는 것이 필요하다. 이는 기술발전을 하지 말자는 의미는 아니며, 기술발전이 가져올 수 있는 부정적 효과를 긍정적 기회로 바꾸는 새로운 경제 패러다임으로의 변화 필요성을 같이 고민해야 한다는 뜻이다.

1. 신기술은 적합한 생산 시스템과 결합해야 경제성장에 기여한다

앞장에서 설명한 바와 같이 혁신적 기술은 경제발전에 큰 기여를 한다. 그러나 기술 자체가 자동적으로 생산성 향상이나 경제발전을 가져왔던 것은 아니다. 신기술이 효과를 발휘하기 위해서는 신기술에 적합한 생산시설에 결합되고, 수십 년의 현장 경험이 축적된 공정 기술력, 관련된 우수인력이 이러한 생산 프로세스에 적절히 참여할 수 있도록 하는 국가 조직능력이 결합될 때 경제발전이 선순환 구조로 나타나게 된다.

사회에 광범위한 변화와 경제발전을 가져왔던 전기, 컴퓨터, 인터넷 같은 혁신적 범용기술도 곧바로 그리고 자동적으로 생산성 증가 및 경제발전을 가져왔던 것은 아니다. 1900년대 초반에 사업가들은 전기라는 혁신적 기술의 출현에도 불구하고 즉각적인 생산성을 증대하지 못했는데, 그로부터 거의 1세대가 지난 후에 공장 및 생산 시스템을 재조직(redesign)하면서 생산성이 증가하기 시작했다.

미국경제학회 회장을 지낸 아브라모비츠는 1870~1950년까지 노동, 자본 등 경제성장 필수요소들이 경제성장 과정에 어느 정도 기여했는지를 분석했는데, 전통적 생산요소라 불리는 노동 및 자본 등은 고작 15% 정도만 기여했음을 알아냈다. 그는 노동 및 자본 같은 전통적 생산요소 외에 경제발전에 매우 중요하게 기여하는 근원적인 성장 동력이 있음을 인식하고, 이를 '국가의 조직능력(organizational capabilities)'이라 불렀다.

2. 기술진보가 개인소득 및 일자리에 미치는 부정적 영향

1980년대 이후에도 기술발달로 사회 전체의 생산성은 크게 증가했다. 그러나 이러한 생산성의 증가가 개인소득 및 직업 창출에는 동일 비율로 기여하지는 않았다. 전통적 경제학에서 말하는 것과는 달리, 미국의 경우 최근 몇 년 사이에 생산성은 증대되는데 고용은 그에 비례해서 늘어나지 않는 생산-고용 간의 분리현상(디커플링 현상, decoupling trend)이 확연히 나타나고 있다. MIT 에릭 비욘욜프슨 교수는 1947~2010년간 노동생산성과 고용과의 관계를 연구했는데, 거의 2000년까지는 기술에 의한 노동생산성이 증가하면 고용도 함께 증가하는 동조화(coupling trend) 추세를 보였다. 그러나 2000년 이후에는 기술발전에 의해 노동생산성이 크게 증가됨에도 불구하고 자동화 등으로 인해 고용은 감소하는 분리현상이 나타나는 새로운 사실을 밝혀냈다.

〈노동생산성과 고용 간의 관계, 1947~2010년〉

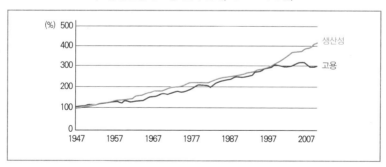

출처: 에릭 비욘욜프슨 발표자료

'월가를 점령하라'는 상징적 사건에서 보듯이 많은 미국인들이 소득 불평등 및 부의 양극화 현상에 대해 크게 분노하고 있다. 이에 올바른 정책을 수립하기 위해 우리는 이러한 현상이 심화되고 있는 구조적 원인에 대해서 더 깊이 이해할 필요가 있다. 일자리가 사라지고 실질임금이 하락하는 현상이 월가의 탐욕에서 기인한 것일 수도 있지만, 더욱 근본적으로는 자동화로 귀결되는 기술발전과 금융·산업 자본의 집중으로 인한 구조적인 문제일 수도 있기 때문이다.

〈월가를 점령하라〉

첫 번째로 이해해야 할 사항은 기술과 노동소득(임금)과의 관계이다. 많은 사람들이 한 노동자의 임금소득은 장기적으로 그 노동자의 생산성에 일치한다고 생각한다. 그러나 좀 더 엄밀하게 살펴보면 노동소득은 노동의 수요와 공급에 대한 사회·정치적 가격에 의해 결정된다. 노동의 공급은 교육제도 및 훈련받은 기술에 달려 있다. 즉 얼마나 많은 사람들이 이런 저런 교육훈련 과정을 밟았는지, 교육훈련의 질은 어떠한지, 어떤 기술훈련 분야인지 등에 달려 있다. 반면에 노동의 수요는 당시의 사회가 소비하는 상품과 서비스 및 사회적

가치에 달려 있다. 이러한 수요와 공급의 균형 하에서 서로 다른 정치·사회적 집단의 상대적 힘의 영향에 의해 노동임금이 결정되는 것이다.

예를 들어, 생산성이 매우 높아도 사회가 많이 필요로 하지 않는 저부가가치의 상품에는 수익이나 임금이 낮을 수밖에 없다. 또한 기술 수준의 향상으로 높은 기술 인력 공급이 가능해도 사회적으로 그러한 기술 인력에 대한 수요가 낮으면, 높은 개인 생산성에도 불구하고 노동임금은 낮을 수밖에 없어 생산성과 노동임금 간 괴리가 발생한다.

또한 수요 공급의 두 요소도 많은 다른 힘에 의해 좌우된다. 예를 들어, 교육훈련제도는 공공정책, 교육훈련 과정의 선택, 정부의 지원, 학생 및 가족의 부담 등에 의해 결정되며, 반면에 기술은 혁신이 얼마나 빠르게 어떠한 방향으로 이루어지는지와 이를 통한 새로운 수요 및 직업을 어떻게 창출해내는지에 달려 있다. 한마디로 기술과 노동임금은 기술과 생산성에 기반한 문제이면서도 사회적 가치를 함유하는 정치적 문제이다.

두 번째로, 중요하다고 생각하는 구조적 원인은 자본의 집적과 자동화 기술에 대한 투자 집중 현상이다. 역사적으로 자본은 연평균 5% 정도 수익률을 발생시켜 왔다. 노동임금 증가율은 물론 그보다는 항상 낮은 상태였다(약 2~3%). 그런데 노동이든 자본이든 그 수익의 잔여 소득은 부동산이나 금융산업자본(저축, 내구재 구입, 주식 및 펀드 투자) 형태로 나타난다. 이렇게 집적된 자본은 다시 수익률 증가를 위해 기업 및 산업에 투자되는데, 이때 생산성 및 수익 증가를 위해 노동자의 능력 향상보다는 산업 자동화 및 고도화(로봇화)에 대한 투자가 더 집중적으로 이루어진다. 자본주의의 고도화 속성이다. 따라서 로봇으로 대표되는 생산시설 자동화는 구조적으로 노동자의 일자리를 급격히 기계로 대체하는 결과를 가져 오게 된다.

2014년 11월, 영국의 회계법인 딜로이트와 옥스퍼드 대학은 로봇과 컴퓨터 기술 발달에 따른 일자리 대체효과에 대한 분석 결과를 발표했다.[21] 이 보고서에 따르면 로봇과 컴퓨터 기술의 발달로 이미 상점 점원을 비롯해 행정, 교통, 건설, 제조 분야 등 단순노동에 의존하는 직종의 일자리가 빠르게 사라지고 있으며, 2001년 이후에는 영국의 도서관 사서직은 65%, 비서직은 50%가 감소하는 등 일자리 감소현상이 가속화하고 있다고 진단했다. 아울러 향후 20년 안에 기존의 일자리 3개 중 1개(약 35%)가 사라질 것이며, 단순업무 노동자뿐만 아니라 약사, 회계사, 변호사, 신문기자 등의 지식노동 분야의 일자리도 없어질 것이라고 예측했다. 실제로 2011년에 〈뉴욕타임스〉를 비롯한 많은 언론매체가 기술발전에도 불구하고 인간의 일자리가 줄어드는 현상을 경고했었다.

지식노동 분야의 대표적 직업 중 하나인 기자 직업도 변화하고 있다. 로봇기자는 1초에 인간인 기자보다 더 정확한 숫자와 사실에 기초한 5천 개의 스포츠 기사를 작성할 수 있다고 한다. 실제로 AP 통신은 2014년 중반부터 오토메이티드 인사이츠(Automated Insights)와 손잡고, 애플의 판매실적과 같은 분기실적 기사를 분기당 3천 건 정

〈뉴욕타임스〉 (2011. 10.23)

도 로봇 알고리즘으로 자동처리하고 있다. 물론 아직은 그 가운데 120건 정도가 기자들의 손을 거쳐 보강되기는 하지만, 이러한 현상은 앞으로 더욱 심화될 것이다.

이 정도에서 그치는 것이 아니다. 로봇으로 대표되는 생산시설 자동화는 인간의 감정에 대응하는 수준으로 진화하고 있다. 인도와 필리핀 등에서 주요 고용산업 클러스터 중 하나인 콜센터 산업(outsourced call center)은 선진국 기업의 인터넷 기반의 콜센터 및 텔레마케팅 사업을 유치해 고용과 임금소득을 증가시켜 왔다. 그러나 2014년 11월 〈월스트리트저널〉은 포춘(Fortune) 100대 기업들이 영국의 정보회사 IP 소프트사가 개발 중인 인공지능 '아멜리아'를 콜센터 안내원 대신 사용하려고 테스트 중이라고 보도했다. 아멜리아의 경우 단순히 정보를 읽어주는 것에 그치지 않고 거의 90% 정도의 문제 해결을 위한 대안을 제시해준다고 한다.

〈아멜리아〉 　　　　　　　　　　　　〈페퍼〉

　　또한 2014년 1월 일본의 몇몇 네스카페 커피 판매점에서는 감정인
식 로봇 '페퍼'가 고객 서비스에 사용되기 시작했다. 소비자에 응대
하는 감정 또는 학습형 로봇의 등장은 인터넷, 클라우드와 연결되면
서 우리가 전혀 상상하지 못한 파괴력을 가져오고 있다. 예를 들어,
아멜리아나 페퍼 같은 감정인식 및 학습 로봇이 첫날 1만 대가 설치
되었다고 한다면 1만 대의 로봇이 각각 1일 동안 경험한 소비자 감정
경험 케이스 100건을 클라우드 서버를 통해 서로 교차 다운로드 되
면서 하루 만에 각 로봇들이 10,000대×100건(총 1백만 건)의 경험 및
사례가 축적된 감정 대응 로봇들로 탈바꿈하고, 다음날에는 보다 숙
련된 고객 서비스를 제공할 수 있게 된다는 점이다. 1만 대의 로봇이
하루에 100건씩 100일 동안 경험한 것을 순식간에 공유하는 상황을
상상해보라(10,000대×100건×100일=1억 건). 콜센터 산업 및 커피 판매
점 아르바이트 자리 같은 단순노동 일자리는 순식간에 수백만 개가
없어질 수도 있다.

　　결론적으로, 2000년 이후 기술발전에 기초한 노동생산성 증가에
도 불구하고, 생산시설의 자동화 및 로봇화로 인한 일자리 감소, 이

에 따른 전반적인 임금소득 감소, 중산층의 붕괴와 신빈곤층 형성, 국가 구매력 감소 및 내수시장 축소, 이로 인한 장기적 경제발전 저하라는 악순환의 사이클이 발생할 우려가 높다. 또한 자동화는 시장의 고도지식직업의 경우 생산성을 더욱 증대하여 소득을 더욱 확대시킬 수도 있지만, 중간 및 낮은 지식의 단순노동의 경우, 작업 자체가 자동화 기계에 대체됨으로써 더 낮은 임금으로 내몰리게 되고, 사회 불평등 및 양극화가 더욱 악화된다.

자동화에 의해 일자리가 대체되는 경향이 더욱 우려스러운 것은 기술발전(자동화 및 로봇화)으로 대규모의 해고(소규모가 아닌)가 발생한다는 점; 이에 대한 뚜렷한 대안이 없다는 것; 앞으로도 나아질 기미가 보이지 않는 등 미래 전망이 암울하다는 점; 자동화 및 로봇화가 악화 중인 소득불평등을 더욱 심화시킨다는 점이다.

이러한 현상에 대한 우려를 잘 보여주는 재미있는 일화를 소개하고자 한다. 미국의 자동차회사 회장인 헨리 포드 2세(Henry Ford Ⅱ)와 노조위원장 월터 루터(Walter Philip Reuther)가 주고받은 대화인데, 우리에게 좋은 시사점을 제시한다.

> 헨리: 월터, 자네는 로봇이 많아지는데 어떻게 로봇에게서 노조회비를 거둘 거야?
>
> 월터: 헨리, 당신은 어떻게 로봇에게 당신의 새 자동차를 팔 거야?

월터 루터의 고민은 노동생산성의 증가에도 불구하고 노동자가 로봇으로 대체되어 일자리가 줄어드는 현상에 대한 고민을, 헨리 포드는 노동자가 실직하고 실질임금이 줄어들면 구매력 감소로 이어지는데 이들에게 어떻게 새로운 자동차를 계속 팔 수 있느냐에 대한 고민이다.

이러한 구조적 원인을 해결하는 것은 쉽지 않다. 원론적인 방법은 정부가 신기술의 적용이 직업 창출의 방향으로 활용되도록 세금 및 보조금 정책 등을 활용한 새로운 산업정책을 수립하는 것이며, 이와 더불어 기계와 협업하는 분야나 기계가 할 수 없는 일을 대상으로 하는 교육·훈련 프로그램을 강화하는 방향으로 교육 시스템 자체를 바꾸고, 아울러 아직까지는 우리가 신기술이 만들어낼 상상하지 못했던 새로운 직업에 대한 예측을 강화하고 이에 대한 지원제도를 확립함으로써 새로운 일자리를 포용할 수 있는 사회 시스템을 구축할 필요가 있다. 물론 매우 어려운 일이다.

세 번째 구조적 요인으로는 기술적 혁신이 제품(product)과 서비스(service)에 적용될 때 똑같이 생산성 증가를 가져오지만, 개인소득 관점에서는 제품에의 적용 효과와 서비스 부문에의 적용 효과가 다르게 나타난다는 점을 이해할 필요가 있다. 예를 들어, 마이크로소프트의 윈도우(windows) 및 아이폰 등 혁신 제품은 시장 선도적 제품으로 시장 진입장벽을 구축해 고수익을 창출한다. 반면에 이러한 혁신 제품 등을 이용한 호텔 및 제품 가격 비교와 같은 서비스 혁신(자동화 프로그램)은 품질 및 가격 비교를 쉽게 하고 관련 정보를 손쉽게 공유할 수 있게 함으로써 기업과 각각의 개인사업자 같은 생산자와 판매자들을 극한 경쟁에 내몰기도 하며, 경우에 따라서는 매출 총량은 늘어나지만 단위당 수익은 줄어드는 결과를 가져오기도 한다.

따라서 기업이 경쟁에서 이기기 위해 더욱 더 자동화 프로그램에 의지하게 되고, 비용절감을 위해 노동인력을 해고하는 방향으로 움직이게 된다. 한국의 경우에도, 가격 비교 및 배달 어플리케이션 프로그램과 같은 자동화 비교 프로그램의 등장으로 소비자는 다양한 정보를 얻어 이익이지만, 생산자나 판매자인 기업과 상점은 경쟁에 노출되어 전체 이익이 크게 증가하기 어렵거나 오히려 감소하게 된다. 즉 같은 기술이라 하더라도 기술이 혁신적 제품에의 적용이냐 또는 프로세스와 같은 서비스에의 적용이냐에 따라 그 효과는 달라질 수 있으며, 기술혁신은 국가 전체적으로는 매출 증가나 생산성 증가를 가져올 수 있어도, 개인 노동자 및 기업을 더욱 경쟁에 내몰리게 함으로써 개인의 임금 및 소득 감소와 심지어 일자리를 잃는 방향으로 작용할 수도 있다는 점을 이해할 필요가 있다.

3. 기술이 수확체감의 생산 시스템에 적용될 때 미치는 부정적 영향

기술 적용과 관련해 또 하나 반드시 이해해야 할 중요한 점은 혁신적 기술이라 할지라도 원자재 채굴과 같이 수확체감 생산 분야(decreasing returns of production patterns)에 적용되면 장기적으로 오히려 지속가능한 경제성장(sustainable economic growth)을 저해하고, 빈곤을 확산시킨다는 점이다.

예를 들어 광물탐지, GPS 및 어군탐지기 같은 혁신적 기술발달은 광물 및 어류 수확량을 단기간에 크게 증가시켜 일시적으로 소득을 증가시키지만, 1차 원자재(primary resources)의 포획과 남용을 불러오고, 환경을 수탈함으로써 결과적으로는 지속가능한 경제성장에 저해요인으로 작용한다.

한스 싱거(Hans Singer)와 프레비쉬(Prebish)에 따르면, 1950~60년대에 구조적으로 혁신적 기술이 가난한 국가의 원자재 생산 분야에 적용되면서 생산성 증가에 의한 공급 증가를 국제 수요가 따라가지 못해 원자재 가격이 낮아지고 소득도 감소하게 된 반면, 선진국에서는 혁신적 기술이 원자재 생산 분야가 아닌 제조업 부문에 적용되면서 기술 축적과 생산성 향상으로 이어져 높은 임금으로 전환되어 왔다고 한다(쿠니버트 래퍼, Kunibert Raffer).

4. 기술이 인간능력 향상에 미치는 부정적 영향

기술발전이 인간개발 및 행복에 미치는 영향에 대해서도 고민할 필요가 있다. 우리는 점점 기술에 의존하고 있는데, 1966년 '하버드 비즈니스 스쿨(HBS)'의 제임스 브라이트(James Bright) 교수는 중공업에서부터 경공업에 이르기까지 다양한 산업에서 자동화가 미치는 영향에 대해 연구했다. 그 중요한 결과 중 하나는 "자동화가 인간을 더 창의적이고 지적인 사람으로 변화시켜 주지는 않으며, 오히려 인간을 시작 버튼만 누르는 단순한 존재로 변모시킨다"고 진단한 점이다. 즉 기술발전에 의한 자동화가 노동자의 지적능력 향상(up-skilled man)을 가져오는 것이 아니라 능력 감퇴(down-skilled man)를 가져올 수 있다는 것이다.

소프트웨어는 점점 더 복잡한 분석과 의사결정을 할 수 있게 되었고, 컴퓨터가 소위 고등교육을 받은 전문가들이 수행하던 지적이고 전문적인 업무를 대행하는 경우가 확대되고 있다. 전문 직업 분야를 보더라도 비행기 조종사는 자동항법장치에, 의사는 컴퓨터 기반 진단장치에, 건축설계사는 컴퓨터 기반(CAD-based)의 건물 디자인 소프트웨어에 의존하고 있다. 컴퓨터가 모든 고등 업무를 대체하는 것은 아니지만 컴퓨터에 의해 일하는 방식이 전면적으로 변하고 있는 것은 분명하다. 20세기 초중반의 자동화가 공장에서 일하던 노동자의 영역을 흡수했던 것처럼, 20세기 중후반부터는 첨단기술 기반의 인공지능이 지식 기반의 전문가 영역을 흡수 대체하고 있다.

하지만 이러한 인공지능에 의한 지식노동 업무의 대체는 많은 문제점도 함께 노출하고 있다. 2007년 영국 크랜필드 대학(Cranfield University's School of Engineering)의 에바슨(Ebbatson) 교수는 비행기 조종사에 대한 실험을 통해, 자동항법장치에 의존하는 조종사의 경우 갑작스러운 위기상황에서는 훈련 부족으로 대처가 늦어진다는 것을 발견했다. 2009년 콘티넨탈 항공 3407편의 버팔로 사고, 에어 프랑스 447편의 대서양 사고, 2013년 아시아나 214편의 샌프란시스코 사고 등 많은 항공 사고가 자동항법장치의 오류로 인해 발생했다고 판단했다. 이에 2014년 미국 연방항공국(Federal Aviation Administration)은 보고서를 통해 조종사가 좀 더 많은 시간을 수동으로 운항할 것을 촉구한 바 있다.

의학 분야에서 2007~08년 미국 뉴욕주립대 알바니 캠퍼스(SUNY Albany)의 티모시 호프(Timothy Hoff) 교수는 실험을 통해 많은 의사들이 질의응답에 의한 진단이나 약 조제보다는 소프트웨어에 의한 진단과 약 조제 방식에 의지하고 있다는 것을 발견했다. 2012년 하버드 메디컬스쿨의 베스 로운(Beth Lown) 교수는 의사들이 점점 더 스크린 방식의 의료에 의지함으로써 오류를 일으킬 가능성이 높다고 경고한 바 있다. 미국 텍사스 장로교병원(Texas Health Presbyterian Hospital Dallas)에서 발생한 미국 최초의 에볼라 감염자 토마스 던컨(Thomas Eric Duncan)에 대한 잘못된 진단도 사실은 병원 의사들이 사용하고 있는 정형화된 디지털 진단방식(digital template)에 지나치게 의존한 결과라는 보도가 있었다.

핀란드에서 설계사로 활동하고 있는 〈생각하는 손(The Thinking Hand)〉의 저자 팔라스마(Juhani Pallasmaa)는 미술 및 설계 분야에서 컴퓨터에 대한 과도한 의존은 기술적으로는 놀라운 일이지만 감정적으로 황폐한 작품의 제작으로 이어지며, 디자이너로 하여금 창의적 능력을 잃게 한다고 지적하기도 했다.

위의 많은 사람들의 우려와 같이 자동화가 인간을 더 창의적이고 지적인 사람으로 변화시켜 주지는 않기 때문에 우리는 인간의 창의적이며 지적 능력을 더욱 개발하는 방향으로 교육, 훈련제도를 재설계하는 개발−교육 패러다임의 변화를 함께 고민해야 한다.

5. 기술이 인간관계에 미치는 영향

위에서 설명한 기술로 인한 인간의 창의적 지적능력 감퇴 우려와 더불어, 기술이 인간에 미치는 중요한 영향은 '우리가 무엇을 어떻게 하느냐'를 넘어서서 '우리가 누구냐'라는 인간 정체성 자체를 변화시킬 가능성이다. 스마트폰과 그 안에서 작동하는 라인, 페이스북 같은 소셜 미디어(social media)는 우리의 인간관계 및 마음뿐만 아니라 자아 형성에도 큰 영향을 미친다. 예를 들어, 기술 및 통신발전으로 사회가 너무 복잡하게 연결됨으로써 그렇지 않아도 복잡한 인간관계를 더욱 이해하기 어렵게 만들고, 이러한 현상은 "다함께 홀로 (Connected but alone, Alone together)"라는 새로운 현상을 낳고 있다. 이것은 우리가 "물리적으로 연결되어 있지만 정신적으로는 연결되어 있지 않고 홀로라는 사실"을 상징적으로 보여준다.

즉 통신기술 발전으로 서로 연결은 더 많이 되었지만, 문제는 서로가 너무 많은 관계에 연결되어 있어서 아무도 진정으로 시간을 내서 듣지 않고, 진정한 대화가 사라져 간다는 점이다. 빈번하게 열리는 큰 국제회의가 좋은 예가 될 것이다. 국제회의는 점점 더 참석자가 많아지면서 대규모화 되어 가지만 실제 회의장에 앉아서 경청하

는 사람은 점점 더 적어지고, 자기 발표만 하고 사라지는 경우가 많아지고 있다. 국제회의에 참석하지 않으면 뒤처지는 느낌을 갖게 되어 회의 참석은 줄곧 하는데, 실제로는 서로의 지식이나 경험을 깊이 이해하는 장이 아닌, 각자의 실적을 발표하는 장으로 변모하고 있는 것 같다. 한마디로 "서로 자주 만나기는 하지만, 깊이 연결은 되어 있지 않는(Meet more, but Not connected)" 현상 등이 점점 일반화되고 있다.

이와 같이 표면적으로는 더 연결이 되었지만, 실제로는 정신적으로 상호교환적 결합이 되지 않는 현상은 서로 간의 이해와 협력, 통합의 시너지를 통해 경제개발을 이룩하자는 개발의 근본이념과 방식에 부정적 영향을 주고, 또 개발협력 형태를 변화시킬 수도 있다는 점에 주목할 필요가 있다.

6. 기술시대에 어떤 능력을 향상시켜야 하는가?

기술발전은 생산의 효율성을 높임으로써 경제성장에 기여한다. 그러나 위에서 설명한 바와 같이, 기술발전이 경제성장으로 창출된 부를 골고루 분배해 사회적 평등 및 형평성까지를 보장해주지는 않는다. 물론 기술발전 속도를 늦추는 것은 올바른 답이 될 수 없다. 하지만 기술발전과 관련된 교육훈련 시스템의 기본방향을 바꿀 필요는 있다. 기술기반 시대에 적합한 교육훈련 기회가 사회에 골고루 제공되지 않으면 기술이 발전할수록 사회 내의 소득불평등 및 사회 양극화가 더욱 심화될 것이기 때문이다.

따라서 기술발전을 통해 국가 생산성과 부를 증대시키는 한편, 기술발전으로 발생한 경제성장의 과실을 공유하여 지속가능 경제발전으로 나아가려면 어떻게 해야 할까? 이 문제는 사회 교육 시스템 등이 잘 구축된 선진국에서도 쉬운 문제가 아니다.

기술은 기존의 직업을 대체하기도 하지만 새로운 직업군을 만들어내기도 한다. 그러나 앞에서도 한 차례 언급한 바 있는 영국 딜로이트사와 옥스퍼드 대학의 공동연구는 기존 직업들이 사라지는 속도가 새로운 직업의 생성 속도보다 빠르다는 점을 확인했다. 즉 기존 일자리는 로봇 등에 의해 급격히 사라져 가는데, 새로 창조된 기술집약적 일자리에 적합한 필요한 인력을 훈련시키는 데에는 많은 시간과 노력이 들어가기 때문에 필요한 고등기술 노동자를 사회적으로 충원하는데 격차(mismatch gap)가 발생한다. 그럼에도 불구하고 기술발전에 의한 자동화, 인공지능, 소프트웨어의 발전은 계속 확대될 것이다. 이러한 현실에 대처하려면 우리는 어떻게 해야 할까? 몇 가지 가능성이 있다.

1) 원론적인 방향은 독일과 같은 선진국이 하는 바와 같이 산학협력 하에 고등학교 및 대학교 교과과정에서 기술교육을 강화하고, 최소임금 및 고용에 대한 사회적 합의를 도출함은 물론, 창업의 실패를 보호하는 사회보험 등 사회안전망을 확대하고, 지식 공공재에 대한 투자를 강화해서 지식형 직업을 창출하며, 기술적 혁신이 새로운 직업을 창출하는 방향으로 세금과 보조금제도를 운영하고, 직업 공유제 등의 종합적 정책을 실시하는 것이다.

일례로, 영국에서는 초등학교부터 컴퓨터 코딩 교육을 의무화하고 있다. 독일의 유명한 '일 · 학습 병행제(듀알레 시스템; Duales system)'는 15~18세의 청년들이 학교에 다니면서 회사에서 기술 교육을 받도록 하고 있다. 독일의 기업들은 장기적 고급인력을 양성하자는 정부정책에 화답해, 3년여 간의 병행제 교육기간에는 정식월급의 약 50%를, 3년여의 교육과정이 끝나 정식 사원이 되면 약 300만원의 급여를 지급하면서 평생 고용한다. 이러한 기술 중심의 산학협력 시스템과 평생 고용구조는 독일 제조업의 놀라운 기술혁신의 '알려진 비밀'이다. 가장 원론적이기는 해도 동시에 가장 근본적인 해결책이다.

또 하나의 좋은 사례는 핀란드의 '제품개발 플랜(Product development plan, PDP)'이라는 산학협력 시스템이다. 핀란드 알토대학교는 화학, 물리학, 디자인, 기계, 소프트웨어, 하드웨어, 지리정보 시스템, 전기 등 다양한 전공의 학생들로 구성된 프로젝트 팀을 조직하고, 기업의 지원을 받아 1년 동안 기업의 당면과제를 학생들이 함께 해결하는 프로젝트 시스템을 운영하고 있다. 또한 핀란드는 매년 '슬러시 대회'라는 창업박람회를 열어 소규모 프로젝트성 신규벤처회사(스타트업)를 발굴하고 지원한다. 결국 이를 통해 학생들과 기업의 협업문화를 강화하고, 새로운 기술과 제품을 개발하고, 일자리를 늘리며, 국익에 기여한다.

2) 이제까지 진행되어온 기술 중심의 사회 및 인간형(technology-centered human) 또는 기술 중심의 업무 형태에서 인간 중심의 기술 사회(human-centered technology) 및 업무 형태로 교육과 생산 시스템

을 완전히 전환하는 것이다. 기술 중심의 인간이란 인간 능력보다 기술 능력을 우위에 놓는 사고방식을 말한다. 예를 들어, 시스템 디자이너가 프로젝트를 기안할 때 가장 먼저 컴퓨터가 어느 정도 할 수 있는지를 고려한 후 대부분의 일을 소프트웨어에 넘기고, 인간은 남겨진 허드렛일만 수동적으로 하게 되는 사고방식 또는 업무 형태를 의미한다. 이러한 사고방식은 인간의 기술능력을 저하시키고, 문제가 발생하면 기술에 대한 의존성을 더욱 심화하고, 인간의 책임성은 더욱 저하시키는 방식으로 문제를 해결하려 한다.

우리는 기술 기반의 소프트웨어, 자동화, 인공지능 등이 전문가에게 가능한 대안, 가설, 그리고 선택지들을 제공하는 지원 역할을 하도록 시스템으로 재설계해야 한다. 아무리 스마트한 소프트웨어라 할지라도 상식(common sense), 통찰력(insight), 창의성(ingenuity), 열정(passion)을 가지고 있지 않다는 것을 기억하고 로봇에 적합한 것이 아닌, 인간에게 더 맞는 사회 시스템과 생산 패턴을 재설계해야 한다. 이를 위해 국가는 교육 훈련 시스템을 인간 중심의 기술형 교육 훈련으로 전환하도록 세금이나 보조금 등의 정부지원정책을 추진해야 한다.

3) 기계(로봇, 인공지능)와 인간이 경쟁하는 대신 기계와 인간이 협력하는 문화가 하나의 대안이 될 수 있다. 이에 대한 좋은 사례가 있다. 1997년 세계 체스 챔피언인 게리 카스파로프는 아이비엠(IBM)사가 개발한 슈퍼컴퓨터인 딥 블루(Deep Blue)와 체스 시합을 했는데 딥 블루가 승리했다. 기술은 더욱 발전해 지금 우리의 스마트폰에 설

치된 체스 프로그램은 최고의 체스 전문가도 이길 수 있을 정도로 발전을 했다. 그래서 다른 실험을 했는데, 체스 챔피언인 카스파로프가 조직해낸 인간과 컴퓨터를 결합한 프리스타일 팀을 만들고, 다른 슈퍼컴퓨터와 시합을 했는데, 이 프리스타일 팀은 다른 어떤 컴퓨터나 인간을 능가함으로써 새로운 가능성을 보여주었다. 즉 인간과 기계(기술)와의 협업(better teamwork)이라는 새로운 협력 가능성을 보여준 것이었다.

4) 교육훈련제도가 새로운 혁신적 기술 발전으로 인한 사회적 신수요를 충족할 수 있는 새로운 유형의 기술교육과 훈련기회를 충분히 빠른 속도로 공급할 수 있는 국가조직 능력을 향상시켜야 한다. 여기서 충분히 빠른 속도라는 점이 중요하다.

물론 위에 제시한 방안들이 모두 쉽지 않다. 그럼에도 불구하고 진정으로 형평성 높은 민주적인 사회를 건설하자면 변덕스러운 기술에만 의존하는 것으로는 충분치 않을 것이다. 이러한 방안들을 실현하기 위해서는 기술이 가져오는 사회적 현상 및 원인 등에 대한 깊은 이해와 구체적인 액션을 추진할 수 있는 기술적 지식과 능력을 가진 리더십도 필요하다. 매우 멀고도 어려운 길이다.

08

빈곤 퇴치는
가장 중요한 개발목표인가?

　이제 국제사회에서 가장 많이 다루어지는 주제인 빈곤의 문제에 들어가 보자. 세계 지도자들은 2000년 뉴욕의 유엔 본부에 모여 거대하고 야심찬 새천년개발목표(Millennium Development Goals: MDGs)를 발표했다. 이는 극빈층 수를 절반으로 줄이고, 교육 및 환경을 개선하며, 질병과 아동사망률을 낮추는 등의 가치 있는 그리고 절박한 세계적 사회문제를 해결하기 위해 전 세계가 공동의 노력을 하자는 고귀한 호소였다. 총 8개 항의 개발목표 중 빈곤 퇴치(poverty reduction)는 제1개발목표로서 깊은 호소력을 가졌다. 이러한 빈곤 퇴치 목표는 2000년 새천년개발목표(MDGs)를 기폭제로 2000~2015년 동안 국제개발사회의 가장 중요한 개발 프레임으로 작용했고, 국제사회와 국제기구 및 선진국 원조기관의 개발협력 전략과 프로그램 수립에도 큰 이데올로기적 영향을 미쳤다.[22]

　그럼 빈곤이 얼마나 사라졌을까? 세계은행이 발표한 보고서(2014.

10. 10)에 따르면 1981~2010년 기간 중에 1일 1.25달러 이하로 사는 극빈인구 중 약 7억2100만 명이 최극빈층에서 벗어났고, 이는 2000~2015년 사이에 극빈인구를 반으로 줄이겠다는 MDGs를 5년 빠른 2010년에 달성했다고 한다.

그러나 이러한 성공적 수치를 보이는 그대로 받아들이기에는 여러 가지 고민할 사항들이 있다. 우선 세계은행에서 발표한 성공적인 극빈층의 감소는 중국과 인도의 성과를 제외하면 그 숫자가 크게 줄어든다. 예를 들어, 2008~2011년 기간 동안 약 2억3천만 명이 빈곤선에서 벗어났는데 중국이 그 중 9천만 명으로 약 40%를 차지한다.

아울러 아프리카와 같은 다른 가난한 국가 및 지역에서도 빈곤 퇴치의 목적을 성공적으로 달성했는지는 의문이 든다. 세계은행도 인정한 바와 같이 약 12억 명의 인구가 아직도 극빈층에 속해 있다. 국가 간 편차도 심각해 파키스탄, 우크라이나, 체코 공화국, 칠레 등에서는 50% 이상의 극빈층 감소가 일어난 반면, 방글라데시, 차드, 아이티, 케냐 등 저소득 국가 35개국에서는 큰 발전이 보이지 않고 있다. 세계은행이 "중국과 인도를 제외하고는 오늘날 개발도상국의 극빈층은 30년 전 극빈층만큼 가난한 것으로 보인다"라고 말한 것에 주목할 필요가 있다.

이와 관련해 개발협력에 관여하고 있는 사람들은 실제로 빈곤 퇴치가 어느 정도 성공을 이루었는지에 대한 논란을 넘어서서, 빈곤 퇴치 노력이 갖고 있는 근원적인 한계점과 접근 방법상의 문제점 등을 깊게 이해할 필요가 있다.

1. 빈곤의 증상과 빈곤의 원인의 구별

빈곤 퇴치에 있어 가장 큰 구조적인 문제는 현재 진행되고 있는 빈곤 퇴치 프레임워크(framework)와 접근방식이 그 고귀한 목적에도 불구하고 빈곤층을 계속 빈곤하게 만들 수 있다는 점이다. 새천년개발목표(MDGs)상의 빈곤 퇴치 개발목표는 1일 1.25달러 소득 수준[23](월 약 38달러 = 약 4.2만원)을 1일 약 2달러(월 약 60달러 = 약 6.5만원)로 소득을 개선하는 것을 암묵적으로 상정하고 있다. 그러나 이러한 정도의 소득변화는 의미 있는 부와 삶의 변화라고 할 수 없고, 심지어 빈곤 계층에서 실질적인 탈출을 어렵게 만들고 있다.

우리가 지향해야 할 개발목표는 빈곤선을 살짝 넘는 월 60달러 수준(연간 720달러 수준)으로 만드는 것이 아니라, 월 900달러 이상(연간 10,000달러 이상)의 부를 가진 중간소득 계층으로 만드는 것이 되어야 한다. 따라서 대부분의 국제기구, 원조기관, 개발 관련 기관이 지상목표처럼 말하는 현재의 빈곤 퇴치 목표는 가난의 증상(symptom)을 어루만지는 정도이지, 가난의 근본 원인(cause)을 제거해서 이들을 부자로 만들어 주고자 하는 야심찬 계획이 아니다. 빈곤층을 월 소득 60달러 수준(연간 720달러 수준)으로 만드는 것을 목표로 하는 계획 및 프로그램들과, 이들을 월 900달러 이상(연간 10,000달러 이상) 수준으로 만들려는 계획과 프로그램들이 확연히 서로 다른 추진 메카니즘을 가지고 다른 효과를 내기 때문이다.

간단히 말하자면 세계가 지난 몇 십 년간 빈곤 퇴치를 위해 많은 노력과 재정적 투자를 했음에도 불구하고, 빈곤의 획기적인 개선이나 탈피가 이루어지지 않고 있는 이유는 빈곤의 원인을 제거하기 위한 프로그램보다는 빈곤의 징후를 어루만지는 프로그램에 재원과 노력을 집중했기 때문이다. 따라서 개발자는 프로그램을 수립하기 전에 빈곤의 원인에 대한 접근인지 아니면 빈곤의 증상에 대한 접근인지를 구분하여 추진할 필요가 있다.

2. 빈곤의 구조적 원인들

다음으로, 빈곤문제에 대해 생각해볼 점은 우리가 빈곤의 근본 원인, 특히 구조적 원인들이 무엇인지에 대한 충분한 지식이나 이해를 가지고 있느냐 하는 점이다. 빈곤을 가져오는 근본 원인에 대한 충분한 이해와 지식이 없다면 비록 근본 원인에 대한 접근을 통해 빈곤을 제거하고 싶어도 바람직한 성과를 내기 어렵기 때문이다.

많은 사람들이 가난한 이유는 그들이 게으르기 때문이라고 생각한다. 그러나 실제로 가난하고 싶어 가난한 사람들은 없다. 게으르기 때문에 가난한 것이 아니고, "일을 하고 싶어도 할 일이 없어서 가난하거나 게을러진 경우"가 더 많다. 일례로, 1910년대 일본과 한국을 방문한 영국, 미국 등 외국인들은 대부분 일본 및 한국 사람들이 매우 가난하고, 더럽고, 게으르고, 시간관념이 없는 사람들로 묘사하고 있는데, 불과 몇 십 년 만에 가장 근면한 국민 중 하나로 변화된 것을 보면 가난은 개인의 게으름으로부터 온다고 하기보다는 구조적 환경에서 오는 것이라 보는 것이 더 타당하다.

그렇다면 빈곤의 구조적 원인이나 빈곤을 발생시키는 환경은 무엇인가?

첫 번째로, 개인적 차원에서 빈곤의 상태를 가장 널리 그리고 중요하게 결정하는 요소는 개인의 '가처분소득(disposable income)'인데, 이는 장기간의 일자리 부족이나 저임금의 일자리로부터 발생한다. 하지만 우리는 개인의 일자리 여부 이외에도 높은 의료, 교육, 주거 비용 등의 사회비용이 발생하면 실질 가처분소득이 줄어 빈곤이 확대되는 점에 주목할 필요가 있다.

두 번째로, 보다 사회 구조적인 빈곤 원인(structural causes)은 자본주의 시스템 그 자체에서 발생한다. 〈21세기 자본〉을 쓴 피케티 교수의 장기소득 분석에 따르면, 100여 년 이상의 장기적 관점에서 자본 수익률(return of capital: R)은 평균 5% 정도이고, 임금소득 수익률(경제성장률 또는 1인당 소득증가율: growth: G)은 평균 2~3% 정도이다. 따라서 항상 자본수익률이 경제성장률(임금상승률)보다 높았다. 이러한 현상이 몇 십 년 이상 지속되어 축적되면, 국민 평균 임금 소득과 금융-산업자본의 자본소득 간에 구조적인 2~3%의 수익격차가 발생하고, 구조적으로 소수에게 부가 집중되고 소득 불평등과 빈곤이 양산된다는 것이다. 더욱이 이러한 부는 후손들에게 세습되면서 더 많은 부의 축적을 이루게 되고, 상대적으로 빈곤은 더욱 확산되게 된다.

결론적으로, 개인이 아무리 높은 생산능력을 보유하고 있어도 국가 전체적으로 양질의 일자리가 없거나, 의료·교육·주거의 기본적 사회비용이 너무 높거나, 또는 자본주의 구조상 발생하는 소득 불평

등을 완화하려는 정부 개입이 없으면 항구적으로 빈곤이 발생 또는
확대되게 된다.

〈자본수익률과 소득상승률 관계〉

R	〉	G
자본 수익률(평균 5%)		경제성장으로 인한 평균 소득상승률(평균 2~3%)

3. 빈곤의 해결방안

이러한 빈곤의 구조적 문제를 해결하여 빈곤층을 중간소득 계층으
로 만들기 위해서는 경제성장을 통한 실질임금 소득 증대와, 정부개
입을 통한 소득재분배 및 사회보장기능을 강화하는 것이다. 보다 구
체적으로는 (1) 지속적인 양질의 일자리 창출, (2) 국민의 생산 능력
향상(생산성 제고), (3) 가계지출 중 가장 큰 비용을 차지하는 주거, 교
육 및 의료부문에 대한 공공성을 강화하고, 정부 지원 등을 통한 소
득재분배 기능 강화, (4) 앞 세 가지의 실행을 위해 부유세 중심의 과
세정책을 동시에 사용해야 한다. 이를 경제성장 측면과 사회재분배
측면 2가지로 나누어 살펴보자.

첫 번째로, 경제성장을 위해서는 국민의 생산능력 및 생산성 증대
가 필요하다. 국가 생산능력 증진과 소득증가를 위해서는 개인들의
교육·훈련에 대한 투자나 노력이 필요하다. 그런데 문제는 이와 반
대로 국민 개개인이 교육 훈련에 대한 투자를 증대하여 생산능력이

증대되었다고 해서 반드시 국민 개개인의 소득이 증대하지 않을 수도 있음을 깊이 이해할 필요가 있다.

예를 들어 국가 중심산업이 부가가치가 낮은 1차 농산물이나 저부가가치 단순 제조업에 특화 집중되어 있다면 개인적으로 아무리 생산성이 높다 하더라도, 국민 대부분의 실질소득의 증가를 가져오기 어렵다. 개인이 좋은 직업을 찾듯이, 국가도 부가가치가 높은 산업을 찾아 특화해야 한다. 여기서 강조하고자 하는 점은 국민소득 증대(빈곤 퇴치)는 개인 차원의 지식, 기술 및 훈련에 대한 투자 이외에도, 국가의 올바른 산업 전략과 양질의 일자리, 조직능력 및 생산능력 강화, 교육훈련제도에 투자 등을 통해 결정된다는 점이다.

일자리를 통한 국민소득 확대는 정치적으로도 그리고 사회 안정성 측면에서도 매우 중요하다. 2014년 미국의 상원의원 선거는 공화당이 상원을 장악한 선거[24]였는데 선거에서 도출된 가장 중요한 교훈은 "눈에 띄는 일자리, 가처분소득의 증가 및 경제성장을 이룩하지 못한 정부는 항상 실패자가 된다"는 것이었다.

제2차 세계대전 후 미국의 평균 경제성장률은 3.3%였다. 오바마 정부의 경제성장률은 2009년 −2.8%, 2010년 2.5%, 2011년 1.8%, 2012년 2.8%, 그리고 2013년 1.9%였다(1992~2000년간 클린턴 정부의 평균 경제성장률은 3.8%이다). 2008년 이후 양적완화(Quantitative Easing: QE)에 의한 미국의 주가는 역사상 최고치였지만, 미국민의 평균소득 증가와 새로운 직업 창출에는 괄목할 만한 성과를 보여주지 못했고, 결과적으로 미국 중산층의 약화를 가져왔다. 이를 통해 우리는 "지속가능하지만 낮은 경제성장률(sustainable but low economic growth)"을 보여주는 정부는 항상 국민의 선택을 받지 못한다는 것과 "경제성장을 무시한 빈곤 퇴치 전략은 정치적으로도 지속가능하지 않다"는 것을 알 수 있다.

미국의 높은 경제성장을 이끌었던 클린턴 전 미국 대통령이 1992년 대선에서 캐치프레이즈로 사용한 "바보야, 문제는 경제야!(It's economy, stupid!)"와 최근 클린턴의 저서 〈다시 일자리로(Back to Work)〉는 일자리 창출을 통한 가처분소득 증대가 빈곤 퇴치와 경제성장의 근본적인 전략임을 잘 나타내 보이고 있다.

결론적으로, 빈곤 퇴치를 위해서는 개인의 지식 및 기술에 대한 투자를 통해 개개인의 생산능력이 강화되어야 할 뿐만 아니라, 이와 동시에 국가 차원에서 국민들이 높은 임금의 일자리에서 일할 수 있도록 고부가가치 산업 및 일자리를 창출하는 산업 및 교육전략이 필요하다.

두 번째로, 빈곤 퇴치를 위해서는 가계지출 중 가장 큰 비용을 차지하는 주거, 교육 및 의료의 공공성을 강화하고, 사회보장 및 소득 재분배 기능을 확대하여야 하며, 자산 중심의 부유세 과세정책 등 다양한 재원확보 정책을 추진해야 한다.

위에서 설명한 바와 같이 자본주의의 구조적인 부의 불평등 및 빈곤의 확산을 억제하고 국민 대부분의 소득이 향상되기 위해서는 크게 2가지 방법으로 가능하다. 한 가지는 경제성장이 매우 높아져서 평균 임금소득이 자본수익률(약 5%)보다 같거나 높아지는 것이다. 하지만 과거 200여 년간의 분석결과 세계 실질 경제성장률이 약 1.6%에 불과했다는 것을 고려하면 현실적인 대안이라고 하기는 어려울 듯하다. 다른 한 가지는 정부가 시장에 개입하여, 자산 중심의 과세 시스템을 강화하고, 가계지출 중 가장 큰 비용을 차지하는 주거, 교육 및 의료의 공공성 및 소득재분배 기능을 강화하는 것이다. 이러한 조치들은 자본주의의 부의 소수 집중과 빈곤의 양산이라는 구조적 원인을 어느 정도 해결해준다.

결론을 한 마디로 요약하면, 빈곤과 소득불평등 해결을 위해서는 생산성 향상 및 고부가가치 산업정책 등을 통해 양질의 일자리를 지속적으로 제공함과 동시에, 자산 중심의 과세 시스템 등을 중심으로 소득불평등을 줄여나가고, 주거·교육·의료 등 기본적 사회보장제도를 확대해야 한다.

4. 국제기구 및 개발원조기관의 빈곤에의 접근 방법

빈곤 퇴치와 관련하여 개발자들은 유엔 및 세계은행을 포함한 국제기구와 국제개발원조기관들이 어떻게 빈곤 퇴치 문제에 접근하고 있는지에 대해서도 알고 있을 필요가 있다. 국제사회에서 성장보다 분배에 눈을 돌리는 추세는 1970년대 후반부터 나타나기 시작했다. 이는 새천년개발목표에서 빈곤 퇴치를 개발 제1목표로 설정하면서 정점을 이루는데 이들 기구들은 가난한 국가의 평균 국민소득이 낮은 것을 사회 내 부(wealth)와 자원(resources)의 왜곡된 배분 및 부정부패 탓으로 돌리곤 한다.

위에서 설명한 바와 같이 빈곤은 그 나라의 낮은 생산성 및 저부가가치 제품 생산으로의 집중 등으로 발생하는 가처분소득이 낮은 상태 또는 부족을 의미한다. 국제기구 및 개발원조기관들은 개인의 생산역량 강화, 국가 생산 능력 증가 및 제조업 육성 등으로 충분한 소득의 일자리 및 가처분 소득을 늘리는 것보다는, 다른 곳에서 만들어낸 부(예를 들어 원조)를 기반으로 물, 전기, 의료 등의 기본 서비스 등을 제공함으로써 빈곤의 증상만을 그때그때 처리하려는 경향을 나타내고 있다. 즉 기본 부를 이용해 기술발전, 제조업 육성, 일자리 창출, 국민소득 증대, 새로운 부의 창출에 투자하기보다는 MDGs가 상징적으로 보여주듯이 기존의 부의 교환과 재분배에 초점을 맞추고 생산 영역을 무시하는 경향을 보인다. 단적인 예가 새천년개발목표에는 성장에 관한 목표는 없다는 점에 유의할 필요가 있다.

아울러 극복의 대상인 절대적 빈곤과, 정책의 대상인 사회 내 소득의 불균형(상대적 빈곤)은 서로 다른 차원의 문제임에도 불구하고, 이들 국제기구 및 개발원조기관의 많은 보고서들은 경제적 성장이 사회 내 부의 불평등을 제거하지 못한다는 점을 강조하면서[25], 실질적인 생산과 임금소득의 향상보다는 사회 내 재분배를 통한 빈곤 퇴치 방법을 강조하고 있는 실정이다. 하지만 아무리 사회적 재분배를 강화해도 빈국의 1인당 평균 국내 총생산(GDP) 능력 또는 국민소득이 낮은 수준이라는 사실은 변하지 않는다.

우리는 1930~40년대 스웨덴의 복지 시스템을 구축한 스웨덴 사회민주당의 당수이자 정치지도자인 에른스트 비그포르스(Ernst

Johannes Wigforss)[26]의 연설을 들어볼 필요가 있다. 그는 사회적 평등 및 부의 재분배를 중요시하는 사회민주주의자였음에도 불구하고 "우리는 무엇인가를 분배하려면, 그 무언가가 이미 생산되어 있어야 한다는 사실을 잊어서는 안 된다"라고 분배에 앞서 생산의 중요성을 역설한 바 있다.

분명히 20세기 동안 많은 절대적 빈곤이 경제성장을 통해 해결되어 왔다. 유엔 아시아태평양 경제사회이사회(United Nations Economic and Social Commission for Asia and the Pacific: UNESCAP) 분석에 따르면 경제성장은 절대적 빈곤 퇴치에 많은 기여를 했음을 알 수 있다.

<경제성장과 절대적 빈곤과의 관계>

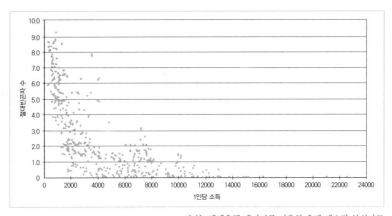

출처: 세계은행 데이터를 이용한 유엔 에스캅 분석자료

이와 동시에 많은 국제기구에서 우려하는 바와 같이 경제성장에도 불구하고 한 사회 내 부의 불균형(상대적 빈곤)은 더욱 악화되어 가고 있는 것은 심각한 개발 도전과제이며, 여러 가지 사회 재분배 시스템이나 사회보장제도의 개선이 반드시 필요하다.

따라서 제조업 생산 및 일자리 창출을 통해 국민 전체의 가처분소득을 증가시키는 것을 도외시하면서, 보조금 등을 장기적으로 지급함으로써 연명만 하게 하는 빈민보호지대를 만들어내는 것을 발전 또는 개발이라 부를 수 없다. 빈곤층을 위한 최선의 사회정책은 일자리 창출, 생산성 향상 및 고부가가치 산업정책 등을 통한 장기적 경제성장과 더불어 주거·교육·의료 등 기본적 사회보장제도를 개선하고, 자산 중심 과세 시스템 강화를 통한 소득재분배를 강화하기 위한 정부의 적극적인 노력이 필요하다는 점을 다시 한 번 환기하고자 한다.

5. 절대적 빈곤과 상대적 빈곤

위에서 간략히 언급했던 절대적 빈곤과 사회 내 소득(부) 불균형(상대적 빈곤)의 문제를 한 번 생각해 보자. 최근 중요한 사회 이슈 중 하나가 경제성장으로 인해 절대적 빈곤은 개선되어 가는데, 사회 내 소득 불균형(wealth and income inequality)은 오히려 악화되는 현상이다.

악화되는 부와 소득 불평등은 구조적 불평등을 조성해 도덕적으로 건전하지 않고, 사회적 통합을 방해하고 정치적 불안정성을 높이며, 미래가 불확실해져서 투자가 줄어들고 결국 경제성장을 저해한다. 아울러 사회적 계층이동이 어려워져 가난한 인재의 사회적 활용이 어려워지고, 엘리트 계층 안에서 문화적, 지적 근친교배가 이루어짐으로써 혁신을 일으키기가 쉽지 않게 되며, 결국 경제는 혁신과 역동성도 잃게 된다.

더욱이 미래에는 이러한 부의 불균형 문제는 절대적 빈곤보다 더 심각한 사회경제적 문제로 등장할 것 같다. 그 이유는 경제가 성장할수록 어느 정도 절대적 빈곤은 해결이 되어 가지만, 부와 소득의 불균형성은 자본의 집중화 등으로 인해(국가가 부유세 부과와 같은 소득 재분배 정책을 취하지 않는다면) 오히려 구조적으로 더욱 악화될 가능성이 높기 때문이다. 따라서 빈곤 퇴치를 위한 소득 증대 정책과 함께, 국가 내 부와 소득 불균형에 대한 적극적 대처가 필요하다.

국제기구와 영향력 있는 여러 기관들도 소득 불균형 문제의 심각성을 제기하고 나섰다. 미국연방준비은행 자넷 옐런(Janet Yellen) 의장은 보스턴에서 열린 '경제적 기회확대'를 주제로 한 연방준비은행 회의(2014. 10. 17)에서 "2008년 금융위기 이후 미국 경제가 경기후퇴 국면에서 벗어나고 주식시장이 반등하면서 소수 자본가의 부는 증가하고 있으나, 임금 상승과 노동시장 회복이 더딘데다, 대부분의 가계가 금융위기 때 잃었던 재산을 완전히 복구하지 못함에 따라 빈부격차가 더 벌어지고 있으며, 소득과 부의 불평등이 100년 만에 최고 수준에 근접했다"라고 지적한 바 있다.

국제통화기금(International Monetary Fund: IMF)의 크리스틴 라가르드(Christine Lagarde) 총재도 연설(2014. 3. 13)과 보고서를 통해 "소득 불평등이 장기 경제성장을 위협하고 있다"고 경고하고, 확대되는 소득불평등에 공동의 조치를 취해야 한다고 강조하였다. 또한 세계경제포럼(World Economic Forum: WEF)은 2014년 스위스 다보스에서 열린 연례회의에 앞서 전 세계 전문가를 대상으로 설문조사를 실시해 '세계 위험보고서'를 발간했는데, 이 보고서에 따르면 향후 10년 동안 대두될 가능성이 가장 높은 세계적 위험은 '심각한 소득 불균형'으로 제시되었다(세계경제포럼, 2014).

한편, 영국 노팅엄대학 리처드 윌킨슨(Richard Wilkinson)[27] 교수는 경제성장 및 1인당 경제소득보다는 부와 소득의 사회적 불평등이 심할수록 인간 수명, 문맹률, 유아 사망률 등 사회 이슈가 더 악화된다는 사실을 보여주고, 사회 내 소득 불균형 같은 상대적 소득 격차가 경제발전 및 사회 안정화에 더 중요하다는 사실을 강조했다.

아래 첫 번째 그래프는 1인당 경제소득(GDP)과 사회지표들 간에는 안정적인 상관관계가 없음을 보여주고 있다. 즉 경제성장이 되었다고 해서 사회 내 평등성도 개선된다는 보장이 없다는 사실이다.

〈1인당 개인소득과 사회지표 관계〉

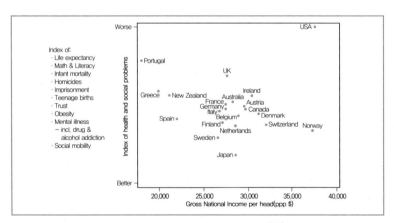

출처: The Impact of Inequality

반면에, 두 번째 그래프는 소득 불균형과 사회지표 간에 깊은 상관관계가 있음을 보여주고 있다. 사회 내 소득균형이 높을수록 사회지표들도 개선되는 안정적 상관관계를 보여준다. 따라서 인간 수명, 문맹률, 유아 사망률, 사회이동성 등 사회문제를 해결하기 위해서는 경제성장 및 1인당 경제소득보다는 부와 소득의 사회적 불평등에 초점을 맞추어 정책을 실시해야 한다는 메시지를 제시해주고 있다.

〈소득 불균형과 사회지표 관계〉

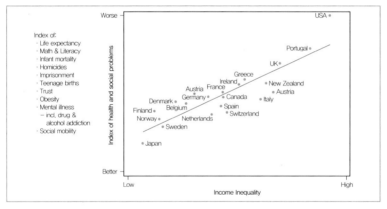

출처: The Impact of Inequality

6. 기술로 인한 빈곤 양산 가능성

우리는 기술발전이 생산성 증대 및 경제발전 기여를 통해 빈곤해결에 도움이 된다고 인식하고 있다. 그런데 최근 분석은 기술발달이 오히려 사회구조적으로 빈곤층을 양산할 가능성을 보여주고 있다.

특히 최근 혁신적 기술을 기반으로 자동화 및 로봇화가 이루어지고 있고, 이를 바탕으로 공장 및 산업 생산성은 증가하고 있으나 자동화의 일자리 대체로 인해 고용은 감소하는, 이른바 생산성 향상-고용의 불일치 문제(디커플링)가 새로운 빈곤의 원인으로 등장하고 있다 (구체적인 내용은 제7장 참조).

MIT의 에릭 비욘욜프슨(Erik Brynjolfsson)[28]과 앤드류 맥피(Andrew McAfee) 교수는 그들의 저서 〈제2차 기계시대(The Second Machine Age)〉에서 노동 생산성 증가와 고용 감소의 불일치라는 새로운 현상을 진단했다. 주요 메시지는 이전 트렌드와 달리, 2000년 이후에는 기술기반의 생산성 향상에도 불구하고, 고용이 줄어들고 따라서 전체 임금 소득이 감소하고 중산층이 새로운 빈곤층으로 전락하는 현상을 함축하고 있다.

한국 제조업의 경우도 이러한 생산성과 고용 간의 디커플링 현상이 오래 전부터 예견되어 왔다. 통계청에서 제공하고 있는 1980년 이후의 데이터를 분석해보면, 제조업의 1인당 노동생산성[29]은 꾸준히 개선되어 왔으나, 고용은 1998년까지는 꾸준히 증가해 오다가, 2000년을 넘어서면 점차 줄어들기 시작한다. 따라서 2002년 이후에는 생산성 증대에도 불구하고 고용축소에 의한 전반적인 임금소득 감소와 그로 인한 부의 불평등이 심화되었을 것으로 판단되며, 이러한 현상이 지속될 것이라는 점을 시사해준다.

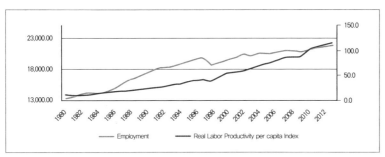

〈한국 제조업 노동생산성 지수 및 고용인구 변화, 1980~2013〉

출처: 한국은행 국민계정 및 통계청 경제활동인구조사
단위: 고용(천 명), 노동생산성(비율)

이는 산업자동화(로봇화)가 산업 또는 국가 생산성은 증가시키는 반면, 기존 노동을 대체함으로써 고용자 수를 줄이며 노동자의 실질 임금을 감소시킴으로써 새로운 빈곤층을 양산할 우려가 있음을 보여준다(구체적인 내용은 제7장에서 설명했으므로 자세한 설명을 피하고자 한다).

결론을 요약하면, 미래에는 경제성장을 통한 절대적 빈곤이 조금씩 해소되어 감과 동시에, 경제성장에도 불구하고 사회 내 부와 소득의 불평등(상대적 빈곤)은 구조적으로 악화될 가능성이 높음을 이해하고, 기술발전이 가져올 빈곤층 양산과 중간소득 계층의 삶의 질 악화에 대비해야 한다. 이를 위해 기술이 생산성 향상뿐만 아니라 일자리 창출에도 기여하는 방향으로 산업정책 및 교육정책 시스템을 재설계해야 하며, 극빈층에 대한 일자리 지원과 사회안전망 구축 등을 통해 사회집단 간 부와 소득의 불평등 완화에 노력해야 한다.

09
교육이 경제성장에 얼마나 중요한가?

    교육(education)이 장기적 경제성장을 이루는데 가장 중요한 핵심 요인인가 라고 질문을 하면 대부분은 뭐 그런 당연한 것을 묻느냐고 반문할 것이다. 우리들은 교육에 대한 투자, 지식의 확산, 전문적 기술 노하우, 인프라 투자 등이 경제성장의 핵심 결정요인이며, 최근 몇 십 년 동안 괄목할 만한 경제성장을 이룬 한국, 싱가포르, 대만 등 아시아 국가의 높은 교육투자가 이들 국가의 경제발전에 가장 중요한 역할을 했다고 믿는다. 유엔을 포함한 국제기구나 개발협력 원조기관들도 대부분 교육이 경제발전에 있어 가장 중요한 요소라고 믿고 있으며, 많은 분석 및 연구 자료들도 교육이 경제성장에 가장 중요한 요소라는 점을 뒷받침하고 있다. 따라서 개발도상국들이 괄목할 만한 경제성장을 이루지 못한 것은 교육에 필요한 투자를 하지 않았기 때문이라고 주장하며 교육에 대한 우선순위의 투자를 절대적으로 강조한다.

과연 그런가? 교육에 대한 투자만 증대하면, 경제발전이 당연히 이루어지는가? 그렇다면 답은 간단하다. 교육에의 투자를 증대하기만 하면 된다.

그러나 우리는 당연한 진리처럼 받아들이는 여러 개발 주제, 특히 교육에 대해 다른 시각에서 한 번 바라볼 필요가 있다. 높은 교육과 지식이 경제성장에 결정적으로 큰 기여를 한 것은 사실이며 역사 실증적으로도 많은 자료와 실제 사례가 이를 뒷받침하고 있다. 즉 장기 경제성장을 위해서는 높은 교육과 지식이 필수적이다. 그런데 이와 동시에, 높은 교육열이 항상 자동적으로 더 나은 경제성장을 보장했던 것은 아니라는 점도 역사적 경험은 우리에게 말해주고 있다. 교육은 경제성장을 위해서는 반드시 필요하지만, 교육에 대한 투자가 증대되었다고 해서 반드시 더 우월한 경제성장이 확보된다는 실증적 근거는 없다.

다음 페이지의 세계은행 데이터를 이용한 간단한 분석도 교육에 대한 높은 투자가 항상 높은 경제성장을 가져오는 것은 아니라는 사실을 보여준다.

다음 페이지의 표에서 1960~70년대에 칠레, 말레이시아는 한국보다 1인당 GDP도 높고, 교육에 대한 공공투자도 많았는데 어째서 그들이 한국보다 경제성장에 뒤처졌는지 그 이유를 설명하지 못한다.

국 가	1인당 국민 소득[30]	국민경제에서 교육에의 공공투자 비율[31]	국가경쟁력[32] (2000년 기준)	국가경쟁력[33] (2014년 기준)
스위스	3,925**	3.69%	5위	2위
아르헨티나	1,317	1.45%	45위	58위
칠레	938	3.91%	26위	31위
브라질	441	2.97%*	31위	54위
말레이시아	392	4.28%	30위	12위
한국	290	3.45%	27위	26위
태국	192	3.07%(1971)	40위	29위
필리핀	186	2.76%(1971) *	46위	47위
스리랑카	183	3.32%(1973)	–	73위(2013)[34]
인도	114	2.20%(1971) *	37위	44위
중국	112	1.40%	44위	23위

출처: 세계은행 데이터. * 브라질, 필리핀, 인도의 경우는 Current expenditure on education as % of GNI 사용. ** 스위스는 World Macroeconomic Research 1970~2013 사용

스위스의 예를 보자. 스위스는 국가경쟁력에 있어 2013년 세계 1위, 2014년 세계 2위이다.[35] 그러나 교육에 대한 정부투자는 세계 115개국 중 50위 수준(2010년 기준)이며, 대학진학률은 96개국 중 28위로 OECD 평균의 절반이 조금 넘는 수준이다.[36] 2012년 기준으로 스페인은 대학진학률[37] 85%, 스위스는 56%이다. 스위스는 대학의 고급인력에 대한 투자가 상대적으로 낮음에도 불구하고, 높은 국가경쟁력과 생산성을 보유하고 있는 점을 고려하면, 모든 국민이 고등 교육을 위해 대학에 가고, 고등교육에 투자를 확대한다고 해서 자

동적으로 생산성이 증대되거나 경제발전이 이루어지지는 않는다는 점을 보여주고 있다. 오해를 하지 않았으면 하는 점은 교육이 경제성장에 있어 중요하지 않다고 주장하는 것이 아니다. 다만 높은 교육투자가 반드시 그리고 자동적으로 높은 경제성장을 가져온다고 확고한 결정을 내려서는 안 된다는 점을 환기하고 싶은 것이다.

보다 구체적으로 교육이 높은 생산성 및 경제성장에 기여를 하려면 어떤 메카니즘이나 사회경제체제가 필요한 것일까?

첫 번째로, 교육과 기술훈련의 성과를 극대화하기 위해서는 교육훈련을 통해 배출된 생산성 높은 노동인력들이 조직적으로 생산활동에 참여하는 것이 가능하도록 지원해주는 국가의 조직능력 및 동원능력의 향상이 반드시 필요하다. 교육훈련, 연구개발, 충분한 소득의 일자리 존재, 그리고 산업 생산활동에의 손쉬운 참여 등이 함께 유기적으로 연결되어 있지 않으면, 고등교육 등을 통해 생산성 높은 인력이 대학에서 배출되어도 그 인력은 일자리를 찾지 못하게 되고, 해외로의 두뇌유출이 발생하며, 국가생산성 증대나 경제성장도 일어나지 않는다. 따라서 교육훈련 투자를 통한 생산성 강화와 이와 동시에 배출된 고급인력이 생산적인 시스템에 투입될 수 있도록 산업 전략과 교육전략이 유기적으로 결합되어 통합적으로 추진되어야 한다.

두 번째로, 모든 교육이 경제성장과 직접적 연관성을 갖는 것은 아니라는 점과 교육의 본래 목적이 경제적 생산성을 높이는데 있는 것이 아니라 "우리의 잠재력을 발휘하고, 더 만족스럽고 독립적인 인간으로 생활을 하도록 인격과 능력을 향상시키는데 있다"는 점을 이해할 필요가 있다. 즉 한국문학이나 철학을 공부하고, 다른 인문 과학을 깊이 공부하면 개인의 독립적 사고, 행복감, 성취도 등은 높아질 수 있겠지만, 이러한 인문 계통의 교육은 경제성장에 직접적인 영향을 미치는 신기술의 개발, 자동차 및 컴퓨터와 같은 제품의 생산, 사회경제 생산 시스템 개선보다는 직접적인 상관성이 낮다. 따라서 정부가 경제적 국가생산성을 높이려면 이공계열이나 고등기술 훈련에 대한 투자 강화로 교육 시스템이 전환되어야 하며, 이공계열 전공자에 대한 사회적 우대문화도 정착되어야 한다.

세 번째로, 교육을 통한 인적자본의 투자는 대학을 졸업한 준비된 고급인력을 흡수해 활용할 생산 라인을 사회가 갖추고 있지 않으면 좋은 일자리를 찾아 해외로 떠나는 우수 인력의 해외유출 현상이 발생한다. 두뇌유출이 더욱 문제가 되는 것은 인재를 교육 훈련시키는 비용은 개발도상국이 부담하고, 그 두뇌는 선진국 발전에 활용된다는 점이다. 따라서 이들을 흡수할 수 있는 수확체증 분야인 제조업 기반의 일자리가 많이 창출되어야 한다는 점은 두말할 나위가 없이 중요하다.

네 번째로, 교육훈련의 질과 방향을 결정하는 것도 매우 중요하다. 즉 미래를 위해 어떤 내용의 교육훈련에 대한 투자가 우선적으로 이루어져야 하느냐의 문제이다. 이것은 기술발전 및 자동화(로봇화) 추세와 더불어 미래사회가 요구하는 노동력의 질과 깊은 관련이 있다. 앞에서 설명한 바와 같이 이미 단순노무직의 경우 대규모로 일자리가 없어지고 있다. 아울러 데이터 분석과 같은 중간계층 지식노동자의 일자리도 컴퓨터 프로그램이나 로봇에 의해 빠른 속도로 없어지고 있다.

로봇화 및 자동화 기반의 2차 기술시대의 도래는 교육훈련에 많은 개발원조자금을 투입하고 있는 개발협력 패러다임과 모델 등도 함께 변화되어야 한다는 것을 시사한다. 기존에 하던 방식대로 교육훈련을 통해 단순지식의 노동인력 또는 중간계층의 지식 노동인력을 아무리 양성한다고 해도 미래의 자동화, 프로그램화로 인해 개발도상국 교육훈련 졸업자들이 앞으로 취업할 수 있는 자리는 점점 더 없어지고, 임금소득도 증가하기 어려워질 것이다. 이로 인해 빈곤이 상존하거나, 두뇌의 해외유출이 발생할 가능성이 높다. 한마디로 기존의 교육훈련 개발협력 프로그램을 기계가 잘 하지 못하는 분야나 기계와 협업할 수 있는 분야로 바꾸어야 한다. 그렇지 않으면 개발협력은 개발도상국의 중간지식 실업자만을 양산할 가능성이 높다.

이제까지의 논의를 요약해 보면, 우리가 역사적 경험에서 배워야 할 교훈은 (1) 교육이 기술과 마찬가지로 국가생산성과 국민소득증가로 연결되기 위해서는 교육훈련을 통해 배출된 생산성 높은 노동인력들이 참여할 수 있도록 생산 시스템을 개선하고 재조직화해야 하고, (2) 이와 동시에 그들이 조직적으로 생산과정에 참여할 수 있도록 지원해줄 수 있는 국가 조직능력 및 동원능력이 향상되어야 하며, (3) 미래의 교육훈련에 대한 투자(노동 공급정책)는 기술시대가 필요로 하는 창의적 능력을 지닌 노동인력을 육성하는 방향으로 이루어져야 하며, (4) 이와 동시에 배출된 인력을 필요로 하는 부가가치 높은 산업과 일자리(노동 수요정책)를 많이 만들어 내야 하며, (5) 상기의 생산 시스템—교육훈련제도—산업정책의 선순환 시스템을 구축할 수 있는 국가의 조직능력을 함양하는 것이 교육과 경제성장의 핵심이라 할 수 있다.

10
인프라가 경제성장에 얼마나 중요한가?

이 장에서는 교육과 함께 경제성장의 핵심 동력이라고 널리 인식되어 있는 인프라(Infrastructure)의 역할에 대해 살펴보고자 한다. 인프라는 "특정목적을 달성하기 위해서 필요한 사회 기반시설"을 의미하는데, 많은 개발 관련 자료들은 도로, 항만, 통신망, 주택, 수자원, 에너지 등과 같은 사회경제 인프라는 교육과 함께 산업 경쟁력을 높이고, 기업 투자를 촉진시켜 경제발전을 이루는데 핵심적 역할을 한다고 본다. 인프라는 자본 집약적이고, 장기간 건설 시간이 소요되며, 초기 고정비용이 많이 들어간다는 특징이 있다. 이러한 사유로 정부가 대부분의 인프라 사업을 주도해 실시한다. 하지만 최근에는 인프라의 초기비용이 너무 높아짐에 따라 민간투자나 정부-민간 합작투자를 유도해 인프라 사업을 추진하는 경우도 나타나고 있다(민관협력사업, public-private partnership).

인프라 투자는 산출, 생산성 및 장기 경제성장에 상당한 기여를 한다. 아래 그래프는 세계은행 데이터를 이용해서 몇몇 국가를 분석한 것으로, 인프라와 경제성장이 깊은 상관관계(correlation)가 있음을 잘 보여주고 있다. 다만 한 가지 유의할 점은 이러한 그래프가 인프라 투자가 당연히 경제성장을 가져온다는 인과관계(원인-결과, causality)를 의미하는 것은 아니며, 인프라 투자와 경제성장 간에 깊은 상관관계가 있다는 것 자체만을 보여줄 뿐이라는 점이다. 물론 다른 연구결과들은

〈인프라와 경제성장과의 상관관계〉

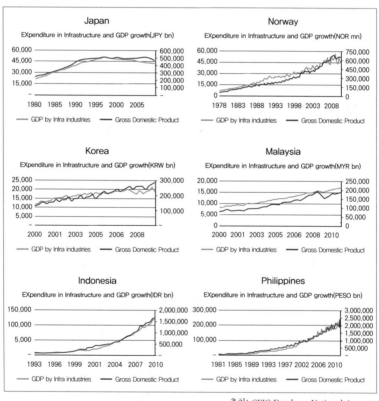

출처: CEIC Database National Account

인프라에 대한 투자가 대부분 경제성장으로 이어진다고 하는 사실을 뒷받침하지만, 한편으로 경제성장이 인프라의 필요성 및 재원을 제공함으로써 경제성장이 인프라 구축의 동력이라는 주장도 적지 않다.

우리가 이 장에서 고민해야 할 점은 인프라가 과연 어느 정도 경제성장에 기여를 하느냐(인프라는 경제성장을 위해 어느 정도 중요한 핵심 요소이냐)의 문제이다. 인프라가 가장 경제성장에 직접적인 영향을 미치는 요인이라면, 당연히 향후 경제정책이나 개발협력사업도 인프라를 구축하는데 집중해야 한다는 논리가 가능하다. 만약 국가별 또는 시기별로 인프라가 경제성장에 미치는 영향이 다르다면 당연히 인프라 투자시 더 높은 경제적 효과를 가져오도록 보다 세심한 정책적 준비가 필요할 것이다.

삼성경제연구소 자료에 따르면, 한국이 본격적으로 경제성장을 시작할 시기인 1973년부터 1985년간 분석은 인프라 투자가 높을수록 국가 생산성이 증가한다고 한다. 하지만 유의해서 볼 점은 인프라에 대한 투자가 반드시 동일 비율적으로 생산성 증가를 가져왔던 것은 아니며, 국가별로 그 증가폭도 달랐다는 점이다.

〈인프라 투자와 국가별 생산성(1973~1985 평균)〉

국가	인프라 투자/GDP(%)	생산성 증가(%)
일본	5.1	3.1
독일	2.5	2.4
프랑스	2.0	2.3

이탈리아	3.9	1.8
영국	1.9	1.8
캐나다	1.5	1.4
미국	0.3	0.6

출처: 삼성경제연구소[38]

한국개발연구원(Korea Development Institute: KDI)의 '교통 인프라에 대한 투자가 제조업 생산성에 미치는 영향' 연구 분석 결과도, 교통 인프라가 더 발달되고 경제적 집적효과가 더 높은 지역에 위치한 사업체들이 평균적으로 생산성 증가율도 높다고 한다(김형태, 안상훈).

이에 반해, 높은 인프라가 항상 자동적으로 높은 경제성장으로 이어진 것은 아니라는 경험적 자료도 많이 있다. 즉 역사적 경험 자료에 의하면, 높은 수준의 인프라를 구축한 국가가 모든 경우에 인프라가 상대적으로 부족한 국가에 비해 경제성장이 더 높았던 것은 아니었다.

세계은행 데이터를 사용해 영토가 넓은 국가들의 철도 인프라를 비교해 보면, 다음 페이지의 표에서 보는 바와 같이 1980년 기준으로 인도는 61,240km, 러시아는 82,600km인데 비해, 중국은 49,940km의 철도 인프라를 보유하고 있었다. 인프라가 단기간에 건설되지 않는다는 점을 고려하면, 1966~1980년간 중국의 철도 인프라는 러시아(당시 소련) 및 인도의 철도 인프라에 더욱 뒤떨어졌을 것이라 추측할 수 있다. 그러나 1966~1980년간 중국의 1인당 GDP는 러시아 및 인도보다 2배 이상 빠르게 성장했다. 인프라가 경제성장의 결정적 요소라면 어떻게 인력과 물자를 수송하는 철도 인프라가 뒤처진 중국이 러시아 및 인도보다 더 높은 경제성장률을 보일 수 있었을까?

〈영토가 큰 국가들의 철도 인프라 비교(1980)〉

국가	전체 철도 길이(km)	1인당 소득(constant 2005 US$)
인도	61,240	292
중국	49,940	222
러시아	82,600	–
아르헨티나	34,192	5,361
한국 (참고)	10,549	3,926

출처: 세계은행 데이터

다음 페이지의 표는 예시국가의 전화기 대수(통신망)의 보유 현황을 보여주는 표인데, 러시아와 아르헨티나의 통신망은 1975년 기준으로 중국보다 훨씬 더 우월한 위치에 있었는데도 불구하고, 왜 통신 인프라가 더 열악한 중국이 러시아, 아르헨티나보다도 더 빠른 경제성장을 이룩할 수 있었을까 하는 경험적 고민을 제시해주고 있다. 요약하면 인프라가 경제성장의 결정적 요소라면 어떻게 여러 인프라가 뒤진 중국이 다른 나라보다 더 높은 경제성장을 이룩할 수 있었을까 하는 질문을 우리에게 제기해준다.

〈국가 전화 통신망 비교(1975)〉

국가	전화기 총 보유 대수	전화기 보유 대수/ 100명당	1인당 소득 (constant 2005 US$)
인도	1,465,415	0.2	281
중국	1,692,000	0.2	172
러시아	5,900,000	4.4	–
아르헨티나	1,651,000	6.3	5,034
한국	1,058,075	3.0	2,851

출처: 세계은행 데이터

한국의 경우도 마찬가지이다. 우리나라가 국력이 약해 일제강점을 당했던 시기인 1913년에 아르헨티나는 지하철을 건설할 정도로 경제, 교육, 인프라가 뛰어났던 경제 강국이었다. 이러한 아르헨티나는 동양의 작은 나라인 한국보다 인프라를 포함해서 모든 면에서 절대적 우위에 있었는데, 왜 한국보다 경제성장이 더디었을까 하는 개발과제를 제시하고 있다.

몇몇 연구보고서도 인프라가 항상 자동적으로 경제성장에 기여를 하는 것이 아니라 각 국가의 상황에 따라 기여도에 있어 큰 차이를 보이기도 하며(Novella Bottini, Miguel Coelho, and Jennifer Kao), 더 나아가 최근 연구결과는 인프라가 기존에 생각했던 것보다도 경제성장에 큰 역할을 하지 않을 수도 있으며(Aschauer, 1989, Calderon et al, 2011), 특히 이미 인프라가 과도한 국가의 경우 인프라에 대한 추가 투자는 경제성장에 부가가치적 효과를 거의 내지 못한다고 분석한 연구보고서(Newbery, 2012)도 있다.

국제통화기금(IMF)의 이코노미스트인 앤드류 워너(Andrew Warner)도 최근 그의 분석 자료를 통해 인프라가 경제성장을 가져온다는 일관되고 실증적 증거는 없으며, 그 사례로 한국과 대만의 경우 낮은 인프라 수준에도 높은 경제성장을 이룩했고, 이에 반해 볼리비아, 멕시코, 필리핀 등은 높은 인프라 수준에도 불구하고 낮은 경제성장을 보였다고 분석했다(Andrew Warner, 2014).[39]

인프라 효과를 예측하거나 측정하는데 있어 문제점 중 하나는 많은 인프라 프로젝트의 타당성을 뒷받침하는 데이터의 신뢰성이 낮다는 점이다. 국가가 주도하는 대형 인프라 프로젝트의 경우, 많은 국책연구기관이 상당히 부풀려진 예측수익을 예상하는 사전평가분석을 내놓은 경우가 많다. 다른 문제점은 정부나 정치인들이 뉴스거리가 될 만한 댐, 도로, 고속열차 등의 대형 프로젝트에만 관심이 있고, 실제 사회경제적으로 사업성과가 높을 것으로 예상되는 학교, 병원 등의 소규모 프로젝트는 별로 선호하지 않는다는 점이다.

또 다른 차원의 분석을 살펴보자. 인도네시아의 인프라를 샘플로 한 단계 더 깊게 분석해본 것인데, 다음 페이지의 그래프는 1993~2010년 동안 인도네시아의 인프라 투자와 경제성장과의 관계를 보여준다. 먼저 이 그래프는 경제성장과 인프라 사이에는 깊은 상관관계가 있다는 점을 보여주고 있다. 유의해서 볼 점은 경제성장 기간별로 1993~2006년까지는 도로 및 교통 인프라에 대한 투자가, 2006년 이후부터는 도로 인프라에 대한 투자는 주춤해지는 대신 통신 인프라에 대한 투자가 급격히 증가하고 있음을 보여주고 있다. 동 기간 중 물·가스·전기 인프라에 대한 투자는 거의 증가하지 않았고, 따라서 인도네시아의 물 부족 문제가 악화되었을 것으로 추측할 수 있는데 실제로 인도네시아는 최근 10여 년간 심각한 물 부족 문제를 겪고 있다. 이러한 분석은 경제발전 단계에 따라 경제성장을 이끄는 주요 인프라의 우선순위가 다를 수 있다는 점을 시사해주고 있다.

〈인도네시아의 경제성장과 인프라 투자 변화 추이〉

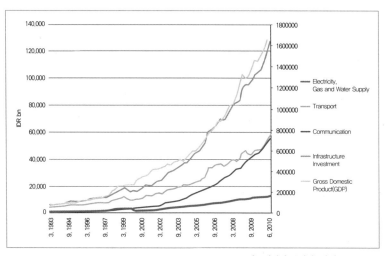

IDR: 인도네시아 루피아, 단위 bn: billion

위의 결론을 요약해 보면 (1) 인프라와 경제성장과 깊은 상관관계가 있다는 것, (2) 인프라가 경제성장의 가장 중요한 결정요인이라는 실증적 근거는 확고하지 않으며, (3) 인프라에 대한 투자가 반드시 동일 비율적으로 경제성장을 보장하지는 않는다는 점, (4) 경제성장 단계에 따라 핵심 인프라 종류가 다를 수 있다는 점, (5) 인프라가 경제성장에 크게 기여하는 경우는 경제성장 과정에서 필요로 하는 인프라일 때(즉 시장이 필요로 하는 인프라)라는 점과 인프라가 제조업 생산시설 및 생산 시스템과 잘 결합되었을 때 생산성 향상과 경제성장에 더 크게 기여한다는 점이다.

11

기후변화에 대해 알아야 할 것들

1. 기후변화의 개요

세계 각국은 최근 급격한 기후변화(climate change)가 인간의 경제활동, 특히 경제활동으로 인한 온실가스(이산화탄소 및 메탄 등)의 대량배출 때문이라고 판단하고, 유엔 주도 하에 국제적 협약을 통해 온실가스의 배출을 단계적으로 규제하고, 친환경적 에너지원으로 경제패러다임을 전환시킴으로써 기후변화의 부정적 영향을 줄이려는 노력을 경주하고 있다. 즉 인류의 대량생산과 과다 소비활동에 의한 기후변화가 홍수, 가뭄, 태풍과 같은 극단적 기상현상(extreme weather events)을 일으켜 인류의 생존마저 위협하고 있다고 보고, 기후변화의 원인 경감(mitigation)과 기후변화 결과에 대한 적응(adaptation) 향상을 새로운 국제개발 도전과제로 설정하고 이를 해결하기 위해 협력을 강화하고 있다.

기후변화가 심각한 인류의 도전과제라는 점에서는 공동의 인식을 같이 하고 있음에도 불구하고, 세계 각국은 아직까지 획기적인 합의안을 도출하지는 못하고 있다. 이와 관련하여 개발협력의 주요 주제인 기후변화 문제 해결을 위한 국제적 협력 현황과 기후변화와 관련된 주요 논점들을 이해할 필요가 있다. 기후변화를 줄이려는 국제적 협력과정에 대해서는 다양한 이슈들이 있지만, 크게 3가지로 요약할 수 있다. 이는 (1) 국제사회의 기후변화 감축노력 및 기후변화협약 협상과정에서 제기되는 주요 쟁점들이 무엇인지와, (2) 모든 국가가 기후변화로 인한 부정적 영향을 줄이기 위해 온난화 가스를 규제할 필요가 있다고 동의를 하면서도, 기후변화협약 당사국회의가 아직까지 왜 구체적인 합의에 이르지 못하는지, (3) 악화되는 기후변화 현상을 실질적으로 개선하기 위해서 우리들은 어떠한 개발협력 전략을 취해야 하는지에 대한 것들이다.

위의 3가지 중요 쟁점들을 설명하기 전에, 기후변화 개념부터 살펴보자. 기후변화란 "석유, 석탄 등 화석연료를 이용한 인류의 경제적 활동으로 발생하는 대기 온실가스로 인해 지구가 더워지고(온난화, Global warming), 이로 인해 지구 기후가 급격히 변하는 현상을 말한다." 여기서 온실가스는 이산화탄소(CO_2), 메탄(Ch_4), 아산화질소(N_2O), 수소불화탄소(HFC), 과불화탄소(PFCs), 육불화황(SF_6) 등을 지칭하고 이 가운데 에너지 소비에서 배출되는 이산화탄소가 전체 온실가스 배출 중 80% 이상을 차지한다고 보고 있다.

논란이 없지는 않지만, 대체로 온난화 가스로 인해 강우 패턴(pattern)과 강도(intensity)가 급변하는 기상이변, 빙하가 녹으면서 해

수면 상승, 일부 지역의 가뭄 및 사막화, 홍수 등 재난 발생, 농작물 피해와 식량난 등이 발생하게 된다. 다만 아직은 과학자들 사이에서는 기후변화의 원인이 온실가스의 배출에 의한 것인지, 지구의 자연적 기상변화 주기에 따른 현상인지 완전한 의견의 일치를 보고 있는 것은 아니다.

2. 기후변화 관련 국제회의 현황

급격한 기후변화 추세를 완화하고자 1992년 유엔은 브라질의 리우데자네이루에서 "환경과 개발에 관한 유엔회의(UN Conference on Environment and Development)"를 개최했는데, 일명 '지구정상회의(Earth Summit)'라고 불리는 이 회의는 선진국과 개발도상국 간의 빈부격차 해소 이외에도, 기후변화와 같은 전 지구적인 환경문제에 공동 대응하는 것을 목표로 했다. 이 회의에서 세계 각국 지도자들은 지구온난화와 기상이변의 원인이 과도한 경제활동과 에너지 과소비로 인한 대기 중 이산화탄소 농도 증가 때문이라고 규정하고 더 큰 재앙이 초래되기 전에 대응방안을 수립하기로 약속하면서 기후변화협약(United Nations Framework Convention on Climate Change: UNFCCC)을 체결했다. 이 협약은 1994년 3월에 발효되었고, 현재까지 184개국이 가입했으며, 우리나라는 1993년 12월에 47번째로 가입했다. 1995년 1월에 와서는 기후변화협약상의 온실가스 감축의무만으로는 불충분함을 인정하고, 선진국들을 중심으로 구속력 있는 온실가스 감축을 위해 교토의정서(Kyoto protocol)를 채택하였다. 하지만 주요 배출국인 미국, 러시아, 중국, 인도, 브라질 등이 비준하지 않거나 적극적으로 참여하지 않음으로써 한계를 드러냈다.

세계 각국은 다시 유엔 주도 하에 2014년 12월 페루 리마에서 개최된 제20차 당사국회의(Conference of Parties: COP)를 포함해서 이제까지 총 20차례의 유엔기후변화협약 당사국회의를 개최했으며, 2015년 12월 프랑스 파리에서 post 2020 신 기후체제를 최종적으로 합의키로 일정을 확정한 상태다.

3. 기후변화 국제협력의 주요 쟁점들

이제 기후변화 국제협력과 관련한 주요쟁점을 살펴보자. 이는 (1) 기후변화가 인류 공동의 도전과제라고 동의한다면, 어느 정도 온난화 가스를 감축해야 기후변화를 줄여나갈 수 있는가, (2) 선진국과 개발도상국이 온난화 가스를 어떤 기준으로 얼마만큼씩 감축할 것인가, (3) 기후변화 완화를 위한 조치들이 빈곤을 확대할 가능성을 포함해서 선진국이 개발도상국의 기후변화 감축을 위해 어느 정도/어떤 방식으로 재정지원과 기술이전을 할 것인가, (4) 온실가스 감축노력에 더 많은 국가가 참여하도록 자율적 감축의무를 내용으로 하는 협약으로 할 것인지, 아니면 의무적 감축 폭에 더 많은 초점을 맞추어 강제적인 감축의무를 부과하는 협약을 만들 것인지의 여부,[40] (5) 기후변화에 가장 큰 영향을 미치는 것이 정말로 인간의 경제활동으로 인한 온실가스로 인해 발생하는 것인가에 대한 과학적 근거 논란 등이다.

위에서 보듯이 많은 쟁점들이 있지만, 우리가 알아야 할 것은 이번 제20차 당사국회의를 포함해서 왜 아직까지 구체적인 장기 감축목표, 기후변화 방지 재원, 손실과 피해보상 방안, 감축방안, 감축분담 등에 대한 구체적인 합의가 이루어지지 않고 있느냐 하는 것이다.

다양하게 표현되고 있지만 실제로는 근본적인 이견 사항은 1개이다. 단기적으로 선진국과 개발도상국이 경제성장에 부담이 될 수도 있는 온실가스 배출 감축을 어떤 논리로 얼마씩 부담할 것이냐의 문제이다. 선진국이나 개발도상국 모두 기후변화의 심각성이나 향후 조치 필요성에 대해서는 어느 정도 공감을 하고 있다. 그러나 각국은 자기가 먼저 자국 경제에 부담이 될 수 있는 환경적 조치를 하고 싶어 하지 않는다. 산업생산 과정에서 주로 만들어지는 온실가스를 규제하게 되면 단위당 생산비 증가와 생산 시스템 교체에 따른 비용 등으로 적어도 단기적으로 경제성장이나 일자리에 부정적인 영향을 미칠 가능성이 매우 높기 때문이다. 따라서 과거 이러한 기후변화 원인인 이산화탄소를 많이 배출했던 선진국이 더 많은 책임을 부담해야 한다는 개발도상국 측의 논리와 앞으로 급격한 산업화와 온실가스 증가가 발생할 가능성이 높은 개발도상국도 같이 부담을 나누어 가져야 한다는 선진국 측의 논리가 충돌하고 있다.

선진국은 크게 두 그룹으로 나눠져 있다. 유럽은 대체로 역사적 책임성을 인정하는 분위기이고, 미국은 이제까지의 역사적 책임성은 뒤로 하고, 이제부터 새롭게 발생할 온실가스에 초점을 맞추자는 입장이다.[41] 개발도상국은 당연히 기후변화 문제는 지금의 선진국이 지난 100여 년간 경제발전 과정에서 발생한 것이니 당연히 선진국이 기후변화 해결 비용을 부담해야 하며, 개발도상국은 어느 정도 경제성장이 이루어질 때까지 이러한 감축의무에서 제외되어야 하고, 개발도상국의 부족한 재원과 기술력을 고려해 선진국들이 기후변화 해결에 필요한 재정과 기술을 개발도상국에 제공해야 한다는 입장이다. 이러한 입장을 가진 대표적 국가는 중국과 인도[42]이다. 상기의 이견으로 인해 기후변화 회의는 합의에 이르지 못하고 있다.

논리적 관점에서 보면 이러한 선진국과 개발도상국의 의견 차이는 각 그룹 대표들이 1992년에 합의한 유엔기후협약서에서 명시한 두 가지 기본원칙을 혼동하는 것이 아닌가 하는 생각이 든다. 아니라면 알면서도 정치적 이해관계, 외교적 협상방법으로 남겨두고 아직까지 합의하지 않는 것일 수도 있다. 그 두 가지 기본 원칙은 1)"기후변화에 대한 역사적 책임성"과 2)"향후 발생할 기후변화 미래 책임성"으로 이들은 서로 다른 차원의 것인데, 같은 테이블에 놓고 협상을 하고 있다는 점이다.

1992년 체결된 유엔기후협약서 1페이지에서 "공동의 그러나 다른 책임성(common but differentiated responsibilities, CBDR 원칙)"이라는 표현은 선진국의 역사적 책임성을 명시한 것이며, 이어 "각각의 능력 및 사회경제적 여건에 따라(respective capabilities and their social and economic conditions)"라는 표현은 향후 선진국과 개발도상국이 미래에 유발할 온난화 가스에 대해서는 각각의 능력 및 여건에 맞게 감축하자는 의미이다. 1992년 유엔기후협약서 1페이지에 있는 이 조항은 중요하다고 생각되어 원문을 소개한다. "Acknowledging that the global nature of climate change calls for the widest possible cooperation by all countries and their participation in an effective and appropriate international response, in accordance with their common but differentiated responsibilities and respective capabilities and their social and economic conditions, …". 따라서 2개 원칙을 1개의 원칙으로 보지 않고, 역사적 책임성과 향후 유발 온난화 가스에 대한 미래 책임을 각각 분리해 협의하는 것이 논리적으로 적절하다.

최근의 국제적 합의(consensus)는 강제적 감축보다는 '자발적 기여(Intended nationally determined contribution, INDC)'로 추진하는 방향으로 의견이 모아지고 있다. 2014년 12월 페루 리마에서 개최된 제20차 유엔기후변화협약 당사국회의에서 합의되었던 "기후행동을 위한 리마 요청(The Lima Call for Climate Action)'에 따라, 세계 각국은 2015년 9월 말까지 유엔기후변화협약(UNFCCC) 사무국에 2020년 이후 온실가스 감축 목표와 이행 방안을 담은 '자발적 기여 방안(INDC)'을 제출해야 한다.

2015년 5월 말 현재까지 유럽연합(EU)은 2030년까지 1990년 대비 온실가스를 최소한 40% 감축하겠다는 내용을 담은 공약을 제출했고, 러시아도 2030년까지 1990년 대비 25~30% 감축 목표를 제출했으며, 스위스는 2030년까지 1990년 온실가스 배출량보다 50%를 감축하겠다고 밝혔다. 그동안 온실가스 감축에 소극적이었던 미국도 2025년까지 2005년 대비 26~28% 감축을 제안할 것으로, 그리고 일본은 2030년까지 2013년 대비 26% 감축 목표를 제안할 것으로 알려졌다. 중국 시진핑(智近平) 주석은 2014년 미·중 정상회담에서 "2030년을 전후해 온실가스 배출량을 더는 늘리지 않겠다"고 선언했다(한국은 9월까지 제출할 계획으로 알려져 있다).

리마 회의 과정에서 한국과 관련하여 주목할 점은 신기후체제에서 선진국과 개발도상국의 책임분담 방식에 대한 선진국 그룹과 개발도상국 그룹 간의 지속적인 대립과 그 봉합이다. 신기후체제에서 선진국과 개발도상국의 책임분담 방식은 가장 풀기 어려웠던 난제이다. 이 회의에서도 인도와 중국 등을 중심으로 한 개발도상국 그룹은 1992년 기후변화협약의 기본 정신인 "공통의 그러나 차별화된 책임과 각자의 책임(CBDR)" 원칙의 적용을 주장하며 선진국들이 역사적인 책임을 질 것을 요구했다. 반면에 미국과 유럽연합 등은 일부 개발도상국들이 비약적인 경제성장을 이룬 지금 1992년에 이루어진 선진국(부속서 I 국가)과 개발도상국(비부속서 국가)의 구분은 더 이상 유효하지 않다는 입장을 굽히지 않았다.

결국 합의는 개발도상국이 주장해왔던 "공통의 그러나 차별화된 책임과 각자의 책임(CBDR)" 원칙을 재확인하되, "상이한 국가 조건의 관점에서"라는 문구를 추가하는 방향으로 합의됐다. 미국 등 선진국의 입장에서 "상이한 국가 조건의 관점에서"라는 문구는 우리나라, 중국, 브라질, 멕시코 등의 달라진 배출량과 경제력 등을 향후 감축 분담 논의에 반영할 수 있다는 것을 의미하며, 선진국으로서는 개발도상국 그룹에서 선발개발도상국들을 분리할 수 있는 여지를 남겼다는 해석이 가능하다.

한편, 1992년 협약의 부속서(Annex)에 대해서도 알아 두어야 할 내용들이 있다. 1992년 유엔 기후변화협약서 부속서를 보면, 기후변화에 강제적 의무를 부담해야 할 그룹(부속서 1 국가, Annex 1 Parties to the Convention)과 자발적 감축을 인정하는 그룹(비부속서 국가, Non-Annex 1 Parties to the Convention)으로 나누어져 있다. 여기서 재미있는 것은 많은 의무를 지는 부속서 1 국가에는 미국, 영국, 프랑스, 일본의 OECD 국가 외에도 한국보다 경제력이 뒤진 에스토니아, 라트비아, 불가리아 등이 포함되어 있는 반면, 자발적 감축 국가인 비부속서 국가에는 OECD 국가인 한국과 멕시코, 그리고 OECD 국가는 아니지만 고소득 국가인 싱가포르, 이스라엘, 사우디아라비아, 카타르, 칠레 등이 포함되어 있는 사실이다.

이와 관련하여 많은 사람들이 오해를 하고 있는 것은, 한국이 자발적 감축그룹(Non-Annex 1 Parties)에 포함된 것은 1992년 당시 한국이 개발도상국이었기 때문이며, 이것이 지금까지 지속되었으며, 따라서 한국은 개발도상국 그룹 안에 포함되어 있으므로 국제회의에서 조용히 있는 것이 국익에 도움이 된다고 여기고 있다는 사실이다.

하지만 이러한 해석은 옳지 않다. 이런 논리로 보면 당시 이미 선진국 소득 수준이었던 싱가포르, 이스라엘, 사우디아라비아, 카타르 등도 자발적 감축그룹(Non-Annex 1 Parties)에 속하게 된 것을 설명하지 못한다. 따라서 이 그룹의 구분 기준은 국가경제 및 소득기준

128

이 아니라, 위에서 언급한 역사적 책임성의 기준으로 보아야 한다. 강제적 감축의무 그룹(Annex 1 Parties)에 속하는 국가들은 보다 기후 변화의 역사적 책임성이 더 많은 국가들로서 의무적 온난화 가스 감축 노력을 해야 하는 국가 군을 의미하며, 자발적 감축(Non-Annex 1 Parties)의 국가들은 경제 규모에 관계없이 역사적 책임성이 없는 국가들이다. 그러므로 국제회의에서 한국이 개발도상국 입장을 잃을까 봐 너무 우려할 필요는 없다고 생각되며, 단기적으로는 큰 부담을 안을 수 있는 산업계와 긴밀한 협의 하에 점진적인 자발적 감축 규모를 국제사회에 발표하는 것이 전략적으로 바람직하다고 생각된다.

이런 맥락에서 박근혜 대통령이 2014년 9월 말 제69차 유엔 총회 및 유엔 기후정상회의에 참석해서 '녹색기후기금(Green Climate Fund)'에 1억 달러 수준까지 기여금을 확대하겠다고 했는데, 1억 달러 지원이 한국이 역사적 책임성은 없지만 향후 발생할 기후변화에 대한 공동의 책임으로 기여하겠다는 의사가 명확히 전달되었으면 더 좋았을 것 같다.

4. 기후변화 해결을 위한 행동(Climate Change Actions) 전략

다음 주제로, 어떤 전략을 통해서 기후변화의 영향을 줄여 나가야 하는가에 대한 문제에 대해 이야기해 보자. 기후변화 충격에 대한 국제적 노력은 크게 기후변화를 일으키는 주요 원인을 제거하는 것에 초점을 맞춘 기후변화경감(climate change mitigation)과 기후변화로 인한 충격과 피해에 대응하는 기후변화적응(climate change adaptation)

노력으로 대별된다.

기후변화의 부정적 영향을 극복하기 위해서는 많은 환경론자들이 취하는 인간적 양심에 호소하는 환경적 접근으로는 효과가 거의 없다. 우리는 기술과 경제적 생산-소비 패러다임[43]을 바꿈으로써 기후변화 해결책을 찾아야 한다. 이는 기후변화를 일으키는 주요 원인이 인간의 경제 행위라고 규정했으므로, 마찬가지로 환경적 접근만이 아닌, 경제적 정책과 수단을 통해서 기후변화 원인을 줄여나가는 것이 가장 옳은 방법이기 때문이다.

이를 상세히 설명하면, 기후변화경감의 관점에서 기후변화는 원인(cause)이라기보다는 증상(symptom)이라는 점을 먼저 이해해야 한다. 기후변화는 경제 행위로부터 발생해 환경악화 형태로 나타나는 증상이기 때문에, 환경적 호소보다는 가격, 세금, 보조금, 규제 등 여러 가지 경제정책조합을 사용해(환경정책이 아닌) 가격변화에 따른 생산-소비 패턴을 바꾸고, 친환경적 기술에 투자를 확대하여 효율성을 증대하고, 신재생 에너지와 같은 친환경적 산업 육성을 지원해 기후변화 문제를 해결해야 한다. 즉, 증상을 어루만지는 환경적 접근보다는, 경제정책 및 규제를 통해 효율적인 생산과 소비를 할 수 있는 경제발전 패러다임을 정착시키고, 아울러 친환경적 신성장산업의 보호 육성 등을 통해 기후변화와 인간의 삶을 동시에 개선해야 한다.

한편, 혁신적 신기술은 일반적으로 희귀 자원을 더 효과적으로 이용해 생산성을 증가시키는 대신 생산비를 낮추며, 자원 재활용을 가능하게 해준다. 또한 기존 기술로는 접근이 불가능했던 자원의 획득을 가능하게 해주며, 심지어 자원에 대한 정의 자체를 바꾸기도 한다. 예를 들어, 이전에는 극복의 대상이었던 파도와 조석 현상이 기술발전으로 인해 주요 에너지원의 하나로 탈바꿈하고 있기도 하다. 또한 1980년대까지 중요하지 않던 자원인 콜탄(Coltan)도 휴대전화의 필수원료가 됨으로써 콩고민주공화국의 발전에 기여를 하고 있다. 아울러 연료를 재활용하는 방식으로 에너지 효율이 높은 자동차 및 선박(eco-ship)을 개발하는 노력도 계속되고 있다.

위에서 설명한 기후변화경감 노력 이외에도 기후변화적응 관점에서 급격한 기후변화에 적응하고 극복할 수 있는 사회경제적 시스템의 개선도 매우 필요하다. 기후변화로 인한 자연재해의 피해 정도는 재해의 물리적 강도 이외에 해당 국가 및 공동체의 적응능력 및 극복능력(국가 조직능력)에 의해서도 달라진다. 예를 들어 재난에 대한 모니터링이나 조기경보 시스템의 지속적인 개선은 대표적인 적응노력 중 하나이다. 2013년 11월 필리핀에서 발생한 태풍 하이얀(Typhoon Haiyan)으로 인해 20만 명 이상의 이재민이 발생했는데, 보다 효과적인 재난 모니터링 및 조기경보 시스템을 갖추고 있었다면 아마도 몇십 명 수준에서 끝났을 수도 있었을 것이라는 추측을 해본다.

결론적으로, 기후변화(경감 및 적응)에 대비하는 전반적인 사회경제적 시스템을 개선하기 위해서는 정부정책이 중요하다. 예를 들어, 온실가스를 많이 배출하는 제품이나 서비스에는 세금을 증가시키고, 반면에 수소 차와 같은 친환경적 제품이나 태양열 에너지 같은 친환경 에너지 사용 등에는 보조금을 제공하는 형태로 정책을 바꾸면 장기적으로 생산-소비 패턴이 변화되고, 자원 특히 자동차, 건물, 전기장치 등에서 에너지 효율성 및 생산성을 증가시킬 수 있다. 아울러 정부연구투자를 증대하고, 에너지 효율 규정을 만들거나, 대중교통에 대한 투자를 늘리고, 친환경적 생산 능력을 향상시키는 국가정책[44]을 시도할 수 있다. 또한 개별 상품이나 서비스를 묶어서 집단 서비스화 하고, 이를 공동구매의 형태로 가격과 품질을 개선시킴으로써 개인 각각의 소비에 의한 중복적 자원낭비를 줄이고, 효율성과 복지 수준을 증가시킬 수도 있다. 즉 다양한 경제정책을 통해 인간의 생산과 소비 패턴을 변화시킴으로써 기후변화의 영향을 최소화 하도록 다각적인 노력을 해야 한다.

다음으로, 균형 있는 시각 형성을 위해 기후변화에 대한 소수 의견들을 간략히 몇 가지 소개한다. (1) 인간의 경제활동으로 유발되는 온실가스의 양이 기후변화에는 아주 미미한 영향밖에 미치지 못한다는 의견(Judith Curry)[45] (2) 기후변화의 원인으로 알려진 이산화탄소가 기후변화로 인한 재난 증가와 같은 부정적 영향을 미치는 반면에, 식량생산 증가 등 긍정적인 역할도 한다는 의견(Harrison H. Schmittt and William Happer)[46] (3) 기후변화가 생태계 및 인류활동에 미치는 영향에 대한 메카니즘의 과학적 근거가 부족하며, 기후변화에 대한 조치를 취하기 전에 과학적 연구가 더 선행되어야 한다는 의견(Dr Steven E. Koonin)[47] 등이 있다.

5. 기후변화와 경제발전

마지막 논점은 기후변화와 경제발전 간의 상관관계이다. 기후변화에 대한 규제의 기본논리는 지속가능한 경제발전을 위해 온실가스를 규제해서 지구온난화와 이로 인한 재난 등의 부작용을 줄이고, 이와 동시에 친환경적 에너지원으로 생산-소비 패러다임을 전환시킴으로써 지속가능한 경제성장을 추구해가자는 것이다. 예를 들어, 경제정책을 통해 기존의 화석연료를 대체하는 신에너지 재생기술로 투자를 유도함으로써 에너지 효율성을 높이고, 이를 통한 효율적인 신경제 발전 패러다임을 구축하자는 것이다. 이러한 맥락에서 한국이 2015년 1월 12일부터 탄소배출권을 사고 파는 '온실가스 배출권 거래시장(KAU15)' 제도를 만든 것도 경제정책 및 시장을 통해서 환경문제를 해결하려는 노력의 일환이다.

그런데 문제는 이러한 야심찬 계획이 실천하거나 성공하기 쉽지 않다는 점이다. 이러한 계획이 성공하기 위해서는 기후변화가 빈곤 등 다양한 사회적 충격과 경제성장 등에 미칠 장기적 영향에 대해 깊은 과학적 분석과 이해가 선행돼야 한다.

기후변화 문제와 장기 경제성장 간의 관계를 간략히 설명하면

첫째, 지구온난화와 기후변화 문제를 해결하는 것이 장기적 경제발전을 위한 필요조건이기는 해도 충분조건은 아니라는 사실을 인식할 필요가 있다. 장기적 경제발전을 위해 규제나 온실가스 거래 등의 정책을 통해 기후변화 및 온실가스 문제를 해결해야 하지만, 이 문제들을 해결했다고 해서 가난한 국가들이 자동적으로 선진국이 되

는 것은 아니다. 따라서 기후변화도 해결하면서 지속적으로 높은 경제성장을 할 수 있는 정책을 찾아야 하는데, 쉽지 않은 과제이다. 아울러 기후변화로 인해 국가경제발전이 희생될 가능성(sustainable but low economic growth)을 장기간 인내할 정치세력은 존재하지 않는다는 점도 충분히 고려되어야 한다.

두 번째는, 온실가스 배출권 거래시장과 같이 탄소배출을 자율적인 시장의 힘으로 규제하고, 투자를 신재생 에너지 쪽으로 유도하겠다는 계획은 바람직하지만, 생산이 없는 상태에서 규제를 기반으로 한 시장거래제는 일부 사람이나 기관의 이익을 증가시킬 수 있다 해도 국가 전체적으로 자칫 탄소 버블(carbon bubble)을 만들어 낼 우려가 있다. 생산이 없는 거래는 한계가 있기 때문이다. 따라서 이것은 보조적 수단이며, 기본적인 정책 추진방향은, 국가의 생산과정 및 소비과정의 패러다임을 보다 효율적으로 개선하는 쪽으로 정부 제도를 운영하고, 아울러 국가 사회경제적 성장을 통해 기후변화가 유발하는 부정적인 영향이나 결과를 보다 능동적으로 그리고 신속히 해결할 수 있는 힘을 키우는 것이 되어야 할 듯하다.

세 번째로, 기후변화 경감을 위한 신재생 에너지 기술개발이 우려스러운 것은 이것이 새로운 일자리를 만드는 것보다는 기존 일자리를 없앨 가능성이 더 높다는 사실이다. 신재생 에너지가 기존 화석연료보다 효율성이 더 높다는 가정은 신재생 에너지 관련 기술들이 더 고급기술이라는 의미이며, 이러한 신기술을 사용할 수 있는 고급인력은 한정될 것이므로 이러한 신재생 에너지의 생산은 한 차원 높은 기술과 자동화에 더 많이 의존할 가능성이 높다. 따라서 컴퓨터 기반의 운영이나 관리가 이루어질 가능성이 많고, 신재생 에너지 개발에 의한 신규 일자리는 거의 늘어나지 않을 것이고 기존 화석연료 산업부문의 일자리만 급격히 줄어들 가능성이 높다. 이렇게 줄어든 일자리는 정치적으로 기후변화에 조치를 실행하는 과정에서 장애물로 등장할 것이다.

네 번째로, 기후변화 방지를 위한 현재의 경제적 비용은 막대하나 미래의 이익은 언제, 어느 정도 발생할지가 불확실한 시간의 갭(gap)이 발생한다는 사실이다. 기존 화석연료 생산 및 사용을 대체하는 신재생 에너지 기술개발과 신재생 에너지 기반의 개발 시스템을 구축하기 위해서는 대규모 투자가 장기간 이루어져야 하는데, 실제로 이러한 대규모 투자가 이루어지기 위해서는 그에 상응하는 미래 투자수익이 시장에서 확실하게 예상되어야 한다. 그런데 시장의 관점에서는 수익이 불확실한, 게다가 장기투자를 필요로 하는 정말로 새로운 에너지나 신에너지 기술개발보다는 기존 화석연료 중심의 기존 에너지 시스템의 효율성 제고에 투자할 가능성이 훨씬 더 높다. 아울러 이러한 화석연료 중심의 에너지 시스템이 신재생 에너지 시스템보다 일자리 창출 가능성이 훨씬 더 높아 정치적 지원을 받기도 더 수월하다.[48] 따라서 온실가스를 덜 배출하고 에너지 효율성이 높은 신재생 에너지에 대한 장기간의 투자는 정부의 적극적인 개입이나 정책의 집행 없이는 중간에 추진력을 잃고 좌초할 우려도 높다.

결론적으로, 기후변화의 부정적 충격을 줄여나가는 한편, 이러한 기후변화를 또 다른 경제발전의 기회로 삼기 위해서는 앞으로 해결해야 할 도전과제가 산적해 있다. 개발도상국뿐만 아니라 선진국도 생산 및 소비의 효율성을 높이는 방식으로 경제적 생산-소비 시스템과 제도를 개선하고, 친환경적 산업화에 대한 장기간의 지원을 통해 효율성 높은 녹색기술 및 생산 능력을 더욱 발전시켜야만 기후변화에 대응할 수 있다. 특히 선진국의 경우 자국의 온실가스 감축 노력과 함께 개발도상국이 이러한 능력을 향상시킬 수 있도록 재정적, 기술적 지원을 해야 한다. 이와 동시에 이러한 기후변화에 대한 규제 노력이 일자리 감소나 소득감소, 그리고 경제발전을 저해하지 않도록 새로운 경제 패러다임의 개발을 깊이 고민해야 한다.

위의 교과서적인 모범답안에도 불구하고, 화석연료에서 신재생에너지 기반의 사회경제 패러다임 전환은 여전히 지난한 과제이다. 이와 더불어 2015년 파리에서 선진국과 개발도상국 간의 원만한 합의를 통해 온난화 감축을 위한 선언적 의미의 합의는 이루어지겠지만, 그 합의가 실질적인 의미와 조치와 액션이 담긴(단순히 선언적 의미가 아닌) 새로운 기후협력 협약이 될 것인가에 대해서는 다소 회의적이다.

12

새천년개발목표(MDGs)에 대해 알아야 할 것들

1. 새천년개발목표(MDGs)의 등장

새로운 세기가 시작되던 2000년에 189개의 유엔 회원국 정상들은 뉴욕의 유엔 본부에 모여 빈곤 퇴치 등 중요한 8개 항의 개발목표를 새천년개발목표(Millennium Development Goals: MDGs)로 정하고, 국제적 협력을 통해 이를 2015년까지 달성하기로 합의했다. MDGs는 8개의 개발목표와 21개의 세부목표, 그리고 성과 측정에 활용되는 60개의 지표로 구성되어 있다.

8개 새천년개발목표는 1) 극심한 빈곤과 기아 퇴치(Eradicate extreme poverty & hunger), 2) 보편적 초등교육의 달성(Achieve universal primary education), 3) 양성평등 촉진과 여성권리 보장(Promote gender equality and empower women), 4) 유아사망률 감축(Reduce child mortality), 5) 모성보건 증진(Improve maternal health), 6) 말라리아 및 기타 질병 퇴치(Combat HIV/AIDS, malaria and other diseases), 7) 환경의 지속가능성

보장(Ensure environmental sustainability), 8) 개발을 위한 글로벌 파트너십 구축(Develop a global partnership for development)이다.

〈MDGs 8대 목표 및 세부목표〉

8대 목표	주요 세부목표(target)
1) 극심한 빈곤과 기아 퇴치	1일 소득 1달러 미만 인구를 반으로
2) 보편적 초등교육의 달성	모든 아동에게 초등교육 혜택 부여
3) 양성평등 촉진과 여성권리 보장	모든 교육 수준에서 남녀차별 철폐
4) 유아사망률 감축	5세 이하 아동사망률 2/3 감소
5) 모성보건 증진	산모사망률 3/4 감소
6) 말라리아 및 기타 질병 퇴치	말라리아와 HIV/AIDS 확산 저지
7) 환경의 지속가능성 보장	안전한 식수와 위생환경 접근불가능 인구를 반으로
8) 개발을 위한 글로벌 파트너십 구축	MDGs 달성을 위한 범지구적 파트너십 구축

새천년개발목표의 가장 큰 의의는 선진국과 개발도상국이 공동으로 개발 목표를 설정해 앞으로 나아갈 방향에 유용한 준거점을 제공했다는 점뿐만 아니라, 빈곤과 인간개발에 초점을 맞춘 새로운 국제개발협력 프레임으로서의 역할을 수행했다는데 있다. 아울러 명확하고 간결하며 측정 가능한 목표로 구성된 MDGs는 국제개발협력에 대한 정치지도자와 일반 대중의 관심을 제고하는 이데올로기적 역할을 훌륭히 수행했다.

그러나 이러한 장점에도 불구하고 새천년개발목표는 처음부터 많은 구조적 한계점을 드러냈다. 이 장에서는 새천년개발목표가 어떠한 구조적 한계와 문제점이 있는지를 중심으로 설명하고자 한다. 그 이유는 MDGs가 끝나는 2015년 이후, 가칭 '지속가능개발목표(SDGs)'라고 불리는 새로운 국제개발협력체제에 대한 바람직한 설계 방향을 그릴 수 있기 때문이다.

2. 새천년개발목표(MDGs)의 구조적 문제점

MDGs의 첫 번째 구조적 문제점은 8개 MDGs 안에 개발(발전/성장) 및 생산(production)-소비(consumption)의 내용이 없다는 것이다. 즉 MGDs는 그 고귀한 의도에도 불구하고 생산 시스템이나 경제성장 패러다임의 근본적 변혁을 통해 지속가능한 경제발전을 달성하려는 시도라기보다는 단순히 저개발국의 빈곤의 고통만을 완화하려는 임시 조치이다.

앞장에서 설명한 바와 같이 새천년개발의 첫 번째 목표는 빈곤 퇴치로서, 세계 빈곤층이 1일 1.25달러 소득(월 37.5달러 = 약 4만원)에서 2달러 소득상태(월 60달러 = 약 6만 6천원)로 만드는 것을 목표로 암묵적으로 상정하고 있는데, 이는 극심한 빈곤을 간신히 벗어나는 수준이다. 즉 경제발전 등을 통해 월 37.5달러(약 450달러/1년)의 빈곤계층을 월 900달러(약 10,000달러/1년) 이상의 중간소득계층 또는 중간소득국가로 만들겠다는 야심찬 계획이 아니다.

한마디로 새천년개발목표는 가난한 나라들을 중간소득국가로 발전시키겠다는 야심찬 목소리가 사라지고, 그 대신 의약품이나 모기장, 얼마간의 전기 및 식수를 공급함으로써 최악의 빈곤상태를 경감하려는 시도로, 암을 치료하는 것이 아닌 암의 통증을 완화만 하려는 시도라는 근본적인 한계가 있다.

그렇다고 개발협력을 통해 빈곤의 고통을 완화하는 조치를 하지 말자는 뜻이 아니다. 강조하고자 하는 점은 빈곤은 저성장 및 불완전한 사회 시스템으로부터 나오는 증상(symptom)이며, 원인(cause)이 아니라는 점을 이해해야 한다는 사실이다. 따라서 개발협력은 빈곤의 증상 치료보다는 빈곤원인 해결에 초점을 맞추고 이를 제거해 가난한 나라들을 중간소득국가로 만드는 것에 목표를 두어야 한다는 것이다.

MDGs의 두 번째 구조적 한계점은 개발목표만 제시되고, 이를 달성할 수 있는 추진전략(implementation strategy)은 제공되지 않았다는 것이다. 목표는 제시를 해주었지만, 목표의 제공이 개발도상국의 생산 및 제도적 능력까지 당연히 향상시켜 준 것은 아니다. 즉 먼 산을 가리키면서 가라고 하지만, 개발도상국에게 목적지에 갈 수 있는 나침판과 식량, 그리고 필요한 것들은 적절히 제공되지 않았다. 물론 각국의 경제적, 사회적 환경이 달라서 각 개발도상국에게 구체적인 달성전략을 제시하기가 쉽지는 않겠지만, 해당국 전문가 공무원 등과 함께 팀을 구성해서 구체적인 지원 전략을 짤 수는 있는 일이다.

세 번째로, 효과 분석적 관점에서 유엔 및 세계은행을 포함한 많은 국제기구 자료들이 이미 목표했던 빈곤 등의 목표가 달성되어 새천년개발목표가 성공적이었다고 평하는 듯하지만 MDGs가 진정으로 성공적으로 달성되었는지에 대해서는 좀 더 조심스럽게 재분석할 필요가 있다.

새천년개발목표는 개발목표임과 동시에 새로운 개발협력체제(프레임워크, framework)였으므로 MDGs가 진정으로 성공적이었는지를 판단하기 위해서는, 단순히 목표달성 여부에만 초점을 맞추어서는 안 되며, MDGs 프레임이 이러한 목표달성에 어떠한 적극적 역할을 했는지를 분석해야 한다. 예를 들어서, MDGs 발표연도인 2000년을 기준으로 이후 2000~2015년 기간과 이전 1986~2000년 기간 동안의 비교 분석이 필요하다. MDGs 이후 15년 동안의 개선이, MDGs 이전 15여 년보다 눈에 띄게 개선된 것이 발견된다면 우리는 그때서야 새천년개발목표가 성공적이라고 말할 수 있을 것이다.

새천년개발목표의 제1목표인 빈곤 퇴치 결과를 분석해 보자. 위에서 설명한 바와 같이 빈곤 퇴치 목표가 성공적인지 여부를 판단하기 위해 1985~2000년간 빈곤 퇴치 성취와 2000~2015년간의 빈곤 퇴치 추이를 비교해서 빈곤감소 비율이 MDGs 설정 이후 더 특별하게 낮아졌는지를 비교 분석하고, 이에 따라 MDGs가 빈곤 퇴치에 특별한 핵심 역할을 했는지 여부를 결론지으면 된다. 한편 중국과 인도를 제외한 분석을 하면 보다 더 정확한 분석결과를 도출할 수 있을 것이다.

이러한 논리를 세계은행 데이터를 이용해서 필리핀을 샘플로 적용해 보면, 필리핀의 1인당 평균소득(검정색)은 점진적으로 개선되어 2006년부터 급격한 개선된 추이를 보인다. 반면 빈곤자 전체 숫자(파란색)는 1985년 분석 시기부터 꾸준히 감소하기는 하지만 MDGs 체제 이후에 급격히 감소했음을 보여주지는 않는다. 이러한 결과는 필리핀의 빈곤층 감소가 MDGs로 인해 더 뚜렷이 개선되었다고 평가하기 어렵다. 심지어 2004~2012년간 1인당 평균국민소득은 크게 개선되는 반면 그 비례적으로 빈곤층의 감소가 급격히 이루어지지 않은 것은, 급격한 필리핀 인구증가[49] 이유도 있겠지만, MDGs 역할이 거의 없었다는 것과 필리핀 내 부와 소득의 양극화 악화 가능성을 시사한다.

〈필리핀 개인소득 및 빈곤자 수 추이(1985~2012)〉

GDPPC: 1인당 국민소득(GDP per capita, Current USD) - 검정색
PHR: 전체 인구 중 최빈곤층 비율(Poverty headcount ratio at $1.25 a day, % of population) - 파란색

인도네시아의 경우도 비슷하다. 최근 30여 년 중 급격한 빈곤층 감소가 발생하는 기간은 1999~2005년간이다. 빈곤층 감소는 어떤 원인에 의한 결과이고, 원인과 결과에 2~3년의 시차가 있다고 가정

하면, 실제로 MDGs 선언 이전 1997~2000여 년에 실질적인 빈곤층 감소를 가져오는 사전 원인행위가 이루어졌다고 판단할 수 있다. 즉 인도네시아의 빈곤율 감소도 2000년 MDGs를 선언한 후 특별한 관심과 노력을 했음에도 불구하고 빈곤이 더 빠른 속도로 개선되었다고 보기는 어려울 듯하다.

〈인도네시아 개인소득 및 빈곤자 수 추이(1984~2011)〉

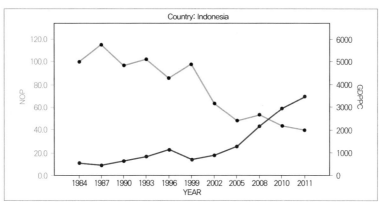

GDPPC: 1인당 국민소득(GDP per capita, Current USD) – 검정색
NOP: 1일 1.25달러 이하 소득의 빈곤층 수(Number of poor at $1.25 a day, millions) – 파란색

필리핀과 인도네시아의 간단한 분석만 설명했지만, 이 샘플 결과 만으로도 MDGs 체제가 급격한 빈곤상태의 개선을 지지하는 일관된 근거가 되지 못한다. 지속적인 경제발전으로 빈곤이 어느 정도 경감 되었다 해도 이 효과가 MDGs 이전부터 있어 왔던 경제발전의 관성 적 효과이지, 빈곤의 증상에 초점을 맞춘 MDGs 개발협력체제의 특 별한 역할이 있었다는 일반화된 근거가 될 수 없다.

이번에는 MDGs의 7번째 목표인 물 공급 개선여부를 판단하기 위해 개발도상국을 샘플로 분석해 보면, 샘플 국가 모두 물 공급 상황이 전반적으로 개선된 것을 알 수 있다. 그 중에 캄보디아에서 많은 개선이 이루어진 것이 눈에 띈다. 그런데 우리가 관심 있는 2000년 MDGs 기점으로 이후 어떠한 급격한 개선이 있었는지를 보면 눈에 띌 만한 변화를 보여주지는 않는다. 즉 MDGs가 없었어도 아마도 이러한 물 공급 개선은 아래와 같은 추세로 개선되었을 가능성이 높다. 이 또한 MDGs의 개발 프레임워크(development framework)로서의 역할을 의심하게 하는 대목이다.

〈1990~2012 물 공급[50] 추이〉

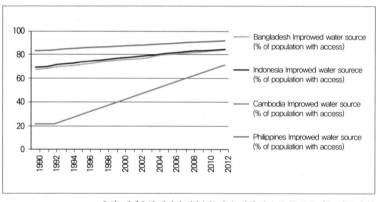

출처: 세계은행 데이터 이용(세로축은 전체 인구 중 물 공급 가능 인구 비율)

한편, 다음 페이지의 그래프는 물 공급 중 순수하게 수도관을 이용한 물 공급의 경우를 샘플 분석한 것이다. 데이터가 가능한 1990

년대 자료로, 샘플로 필리핀과 방글라데시를 분석해본 것인데, 필리핀 전체 물 공급은 증가되었으나, 수도관을 통한 물 공급만 보면 2003년 기준으로 오히려 줄어든다(1가구당 비율). 이는 급격한 인구증가를 수도관 건설을 통한 물 공급 능력이 따라가지 못한 결과로 해석된다. 즉 MDGs가 물 문제 해결을 위한 적극적인 역할을 하지 못했음을 잘 보여준다.

〈수도관을 이용한 물 공급 비율〉

Households using a piped water source

Bangladesh Households using a piped onto premises drinking-water source(%)

Philippines Households using a piped onto premises drinking-water source(%)

출처: 세계은행 데이터(세로축은 전체 가구 중 수도관을 통한 물공급 가구 비율)

이러한 분석방법을 초등학교 비율, 양성평등, 유아사망률, 질병 등의 다른 개발목표에도 적용할 수 있다. 2000년을 기준으로 이전 15여 년과 이후 15년의 추이를 비교하면 어느 정도 개발목표가 성과적으로 달성되었는지를 쉽게 파악할 수 있을 것이다. MDGs의 효과를 분석하고 싶은 독자는 이러한 방법론을 확대해서 8개의 개발목표 전체를 분석해보는 것도 흥미로운 것이다.

네 번째 마지막 쟁점으로, MDGs 제8개발목표는 다른 7개 목표를 성취하기 위한 국제개발협력을 강조한 목표로서, 문제는 이에 대한 선진국의 지원약속, 구체적인 국제협력체제 구축, 선진국과 개발도상국 간 협력체제 강화 등 구체적인 액션이 명시되어 있지 않아, 단순히 선언적 목표에 그친다는 점이다. 물론 새천년개발목표 기간 중에 선진국에서 개발원조가 시혜적으로, 불규칙적으로, 그리고 중복적으로 제공되었으나 이러한 개발원조의 규모, 계획 및 품질이 MDGs 제8개발목표 설정으로 더 개선되었는지는 의문이다. 제8개발목표는 선언적이고, 구색을 맞추기 위해 들어간 느낌이다.

13

지속가능개발목표(SDGs)에 대해 알아야 할 것들

1. 지속가능개발의 역사

지속가능개발(sustainable development, SD) 개념이 처음 등장한 것은 30여 년 전이다. 1972년 세계 각국은 "유엔인간환경회의(UN Conference on the Human Environment: 일명 스톡홀름 회의)[51]"에서 환경문제가 범지구적 공동의 문제임을 인식하고 환경과 조화로운 개발 개념의 필요성을 처음으로 확인한 바 있다. 이를 구체화할 목적으로 1987년 "환경과 개발에 관한 세계위원회(World Commission on Environment and Development: WCED, 일명 브룬트란트 위원회)[52]"는 "우리의 공동의 미래(Our Common Future)"라는 보고서를 통해 "지속가능개발 또는 지속가능발전" 개념을 처음으로 제시했다. 이후 '지속가능'이라는 용어는 세계적인 유행어가 되었다.

1992년에 와서 브라질의 리우데자네이루에서 개최된 소위 "리오 지구정상회의(UN Conference on Environment and Development:

Earth Summit)[53]"에서 각국 정부의 지속가능발전 실천방안을 담은 '의제 21(Agenda 21)' 추진에 합의했고, 2002년 남아프리카공화국의 요하네스버그에서 개최된 "세계 지속가능발전 정상회의(World Summit on Sustainable Development: WSSD)"에서는 리오 지구정상회의 10주년을 기념해, '의제 21'의 이행성과를 점검하고 지속가능발전을 위한 전 지구적 협력과 노력을 담은 "지속가능발전을 위한 요하네스버그 선언문(Johannesburg Declaration)"과 "요하네스버그 실행계획(Johannesburg Plan of Implementation: JPOI)"을 채택한 바 있다. 2000년에는 지속가능개발을 직접적으로 목표로 한 것은 아니지만, 앞장에서 설명한 새천년개발목표(MDGs)를 설정하고 빈곤 퇴치 등 8개의 개발목표를 2015년까지 달성하기 위해 공동 노력하기로 약속했다.

새천년개발목표(MDGs)가 2015년에 종료됨에 따라 유엔 주도 하에 세계 각국 정상들은 2012년 6월 20~22일 동안 브라질의 리우데자네이루에서 "제3차 유엔 지속가능발전 정상회의(The 3rd UN Conference on Sustainable Development Rio+20, UNCSD Rio+20)"를 갖고, '2015년 이후의 국제개발협력체제(the post 2015 development agenda)'에 대해 논의를 하였다. 1992년 리오 지구정상회의 이후 20년 만에 열린 유엔 지속가능발전 정상회의에서는 '빈곤해소와 지속가능발전 관점에서의 녹색경제(Green Economy)[54]'와 '지속가능발전을 위한 관리체계 강화[55]'라는 두 가지 이슈가 핵심 의제로 논의되었으며, 합의된 내용을 기술한 "우리가 원하는 미래(The Future We Want)"라는 회의결과문서(Outcome Document)를 발표하였다.

이 회의의 가장 큰 성과는 (1) 2015년 새천년개발목표 종료 이후에 "2015년 후속 개발의제(the post 2015 development agenda)"로 통칭되는 새로운 국제개발체제(development framework)를 구축하기 위해 공동으로 협력하고, (2) 지속가능발전을 달성하기 위해 녹색경제(Green Economy)를 추진하고, (3) 지속가능개발목표(sustainable development goals: SDGs)를 개발하기로 합의한 것이다.

그러나 현재 국제사회가 처한 글로벌 경기침체, 유로존 위기상황 등으로 인하여 20년 전과 같이 리오 선언문이나 의제 21과 같은 구체적인 내용을 포함한 결의문을 도출하는데는 실패했으며, 빈곤해소와 지속가능발전과 함께 제시되었던 녹색경제의 개념과 추진방향에 대해서도 개발도상국들의 확고한 지지를 이끌어내지 못했으며, 환경분야의 관리체계 강화를 위해 EU가 제안한 환경전문기구(가칭 World Environment Organization) 창설에 대해서는 합의에 도달하지 못하는 등 여러 가지 한계를 드러내기도 했다.

이러한 한계에도 불구하고, 지속가능개발 국제협력체제는 2015년 이후 개발협력 프로그램이나 지원방향 및 전략의 준거 틀로서 작용할 가능성이 높아, 지속가능개발체제 및 지속가능개발목표 등에 대해 기본적인 이해를 할 필요가 있다. 이와 관련하여 우리가 반드시 이해하고 있어야 할 중요한 사항들은 무엇일까? 그것은 (1) 지속가능개발 개념의 명확한 이해, (2) 지속가능개발 개념이 1987년에 나온 이후 지난 몇 십 년간 지속가능개발이 성공적으로 이루어지지 않은 이유, (3) 향후 지속가능개발을 성공적으로 달성하기 위해서는 어떻게 해야 하느냐에 대한 전략에 대한 것이다.

이러한 주제들을 논의해가기 전에 먼저 지속가능개발의 개념을 간단히 숙지하고 넘어갈 필요가 있다. 지속가능개발이란 1987년 브룬트란트 위원회 보고서의 정의에 따르면 "미래 세대들의 필요를 충족시키는 능력을 훼손하지 않으면서 현재 세대의 필요를 충족시키는 개발(Sustainable development is development that meets the needs of the present without compromising the ability of future generations to meet their own needs)[56]"이라고 한다.

이 지속가능개발의 개념은 크게 2가지 의미를 담고 있는데 첫 번째는 후손 세대가 누릴 자원 및 환경을 보존해 주면서 현재의 개발을 진행하자는 것으로, 현재 세대와 미래 세대 간에 필요 욕구의 균형화를 강조한 것이다. 두 번째는 후손 세대의 자원 및 환경보존을 위해, 기존에 경제적 성과에만 너무 치중했던 양적 경제성장(quantitative growth)에서 탈피하여 경제적, 환경적, 사회적 요소를 모두 통합하는 질적 경제발전(qualitative development)을 추구하자는 의미이다.

2. 기존 지속가능개발(발전)의 구조적 한계

훌륭한 지속가능개발 개념과 많은 국가들이 지속가능발전에 대해 동의와 지지를 했음에도 불구하고 왜 지속가능개발이 성공적으로 진행되지 않았을까? 그 구조적 한계점과 이유들을 좀 더 살펴볼 필요가 있다.

첫 번째 구조적 한계점은 개념의 포괄성 및 추상성 문제이다. 지속가능개발 개념은 일반성 및 포괄성을 가진 뛰어난 것이다. 그러나 지속가능개발의 한계점 또한 이 개념 자체가 가지고 있는 추상성 및 포괄성에서 기인한다. 그 추상성 및 포괄성으로 인해 모든 사람들이 다른 해석을 할 여지가 많기 때문이다. 이로 인해 지속가능개발 용어의 남용이 발생하는데, 한국의 경우도 그 의미에 대한 명확한 이해 없이 각 이해집단이 정치, 경제, 문화, 스포츠에 이르기까지 다양한 분야에서 각각의 목적에 따라 '오래 가는', '재정자립이 가능한', '지속적으로 수익을 내는', '친환경적', '좋은', '이상적인' 등 다양한 의미로 윤색되어 남용되고 있는 실정이다(하수정, 2012).

두 번째로, 지속가능개발 개념상의 경제-사회-환경 간의 명확한 상호관계에 대한 이해가 부족했던 이유를 들 수 있다. 지속가능개발의 핵심은 경제-사회-환경 간의 통합을 바탕으로 효율성과 시너지를 증대하고, 새로운 친환경적 신성장산업을 육성함으로써 국가의 부를 확대할 뿐만 아니라 삶의 질을 개선하는 질적 경제발전을 이루는 것이다.

〈지속가능개발의 3차원(pillar)〉

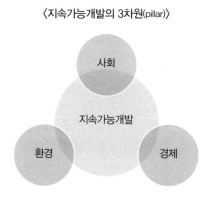

그런데 대부분의 사람들이 경제-사회-환경 요소(3 pillars) 간의 통합에 대해 무의식적으로 잘못 받아들이고 있는 것이 있는데, 이는 경제-사회-환경의 세 차원의 요소들을 같은 차원의, 동질의 가치를 가진 것으로 암묵적으로 받아들인다는 사실이다. 정확히 말하자면 이들은 서로 같은 차원이 아니며, 같은 동질의 가치를 갖는 것도 아니다.

개발이 인간을 위한 것이라는 전제에 동의한다면 교육, 의료, 물-에너지-주택의 공급, 양성 평등, 빈곤감소 등 사회적 개발목표는 인간의 삶과 직접 관련된 상위의 "성취목표(Achievement goal)"인 반면, 경제적 목표는 그러한 성취목표를 효율적으로 달성하기 위한 "수단목표(Tool goal)"이다. 아울러 환경적 목표는 우리가 장기적 경제발전을 이루기 위해서는 반드시 안고 함께 가야 할 "파트너 목표(Partner goal)"인데, 이는 생태 시스템(eco system)이 붕괴되면 결국 인간도 살 수 없게 되기 때문이다. 따라서 성취목표로서 사회적 목표는 상위에, 그 아래에 수단목표로서 경제적 목표를, 그리고 인류의 파트너로서의 환경적 목표를 옆의 중간에 위치시켜야 한다.

한편, 경제-환경-사회 세 차원의 통합개발 프로그램을 계획할 때 각 차원에 일률적으로 33.3%씩 자원을 배분해야 할까? 세 차원을 통합적으로 고려해 개발을 하자는 의미가 각 차원에 일률적으로 33.3%씩 자원을 배분하는 방식으로 균형성장을 하자는 의미는 아닐 것이다. 오히려 불균형 성장정책이라 할지라도 세 차원의 통합을 통해 혁신과 시너지를 제고하자는 것이며, 한국을 포함해서 많은 선

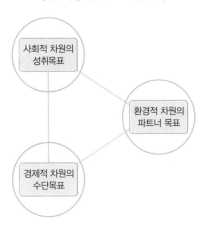

〈지속가능개발의 프레임워크〉

사회적 차원의
성취목표

환경적 차원의
파트너 목표

경제적 차원의
수단목표

진국들의 역사도 경험적으로 불균형 정책이 성공적인 정책이었음을
보여주고 있다. 따라서 원론적으로 상기의 프레임워크를 고려하면
서 각국의 상황과 재정 상태에 따라 자원을 배분하는 방식을 취해야
한다.

세 번째 문제점은, 지속가능개발의 추진을 위해 필수적인 통합과
정에서 요구되는 조율(integrated coordination) 능력 부족 문제이다. 지
속가능발전은 경제-환경-사회적 요소를 통합하여 시너지와 효율성
을 높이자는 것인데, 세 차원을 조화롭게 통합해서 시너지를 발생시
키기 위해서는 보다 높은 차원의 통합 및 조율 능력이 필요하게 된
다. 그러나 개발도상국들은 이러한 통합 및 조율 능력이 충분치 않았
던 한계가 있었다. 즉 세 가지 차원 간 이해 충돌이 발생하면 어떻게
해결을 해야 하는지에 대한 명확한 개념 정리와 조정 능력이 충분히

준비되어 있지 않았다.

예를 들어, 기후변화방지를 위해 이산화탄소 배출을 줄이려고 할 때(특정 환경목표를 보호할 때), 자동차산업 및 철강산업 등에서 규제로 인해 경제적 손해가 예상(모순관계, trade-off 발생) 된다고 하면 경제와 환경 중 무엇을 우선하고, 어떻게 이익과 손해를 조율해야 할 것인가에 대한 국가 조직능력이나 조율 능력이 필요하다. 원론적인 답은 특정 환경목표와 경제적 손해의 모순관계를 보여주는 새로운 개발도전과제를 탄소배출권시장제도와 같은 새로운 가격, 세금 및 보조금과 같은 훌륭한 정책 수립과 신기술개발을 통해 장기적으로 환경을 보존하고, 경제도 활성화하는 것이다.[57] 하지만 현실에서는 쉽지 않은 문제이다.

네 번째로, 지속가능개발이 크게 성공하지 못했던 또 하나의 이유는 지속가능개발의 측정 가능한 목표와 성과측량지표(sustainability indicators)가 충분하지 않았기 때문이다. 지난 30여 년간 유엔을 포함한 다양한 국제기구에서 여러 가지 지속가능개발 성과지표를 개발해 왔다. 그러나 많은 시간과 노력에도 불구하고 공감할 만한 지속가능개발 성과지표의 개발에는 성공하지 못했다. 이들 지표들은 개발 분야를 모두 포함하려다 보니 너무 광범위하거나, 복잡하거나, 실용적이지 못했다.

이에 대한 대안으로, 지속가능개발처럼 광범위한 내용을 포함하는 지표를 크게 정책결정자용의 심플한 지표와 실무 중심의 사업집행자용의 상세지표로 처음부터 나누어 개발함이 적절할 것 같다.

예를 들어, 정책결정자를 위한 지표는 유엔 개발프로그램(UNDP)의 인간개발지수[58]처럼 정책결정자들이 한눈에 쉽게 이해하고 강력한 호소력을 지니는 지표로 개발해야 하고, 지표는 3~5개 이내가 적절하다고 본다. 사업기획 및 집행자를 위한 지표는 계량화된 상세지표로 개발하는 것이 바람직한데 상세지표라 하더라도 개발 분야를 모두 포함하는 것이 사실상 불가능하거나 현실성이 없으므로 우선순위로 15~20개 이내에서 연도 간의 추이 또는 국가 간의 비교를 목적으로 지표를 사용하도록 방향을 잡는 것이 바람직하다고 생각된다.

다섯 번째로, 다른 구조적 한계점은 지속가능개발 개념만 제시되고, 지속가능개발을 달성하거나 추진하기 위한 범지구적 기구나 추진동력 및 전략에 대한 구체적인 논의가 없었다는 점이다. 브룬트란트 위원회는 지속가능개발이라는 훌륭한 개념을 제시했지만, 이후 유엔을 포함한 국제기구들은 지속가능발전을 어떻게 달성할 것인지에 대한 국가경제발전의 개념적 프레임(conceptual framework) 및 구체적인 집행전략(implementation strategy)의 수립, 그리고 범지구적 추진기구 설립에 대한 구체적인 합의에 이르지 못했다. 따라서 지속가능발전은 개념으로만 받아들여지고, 구체적인 추진은 각국의 입맛에 맞게 각색되어 여러 형태로, 그리고 다른 목적을 달성하는 수단으로서 여러 이름으로 사용되었다.

그렇다면 상기의 한계들과 문제점들을 극복하고 성공적인 지속가능개발로 나아가기 위해서는 무엇을 해야 하는가?

첫걸음으로 가장 중요한 것은 지속가능개발 개념과 목적에 대해 공동의 이해(common understanding)를 증진하고, 지속가능개발 개념을 구체적인 경제발전의 목표와 수단으로 활용하기 위해서 지속가능개발의 추상적 개념을 보다 구체적인 '개념적 프레임워크(conceptual framework)'로 구체화해야 한다. 이를 통해서 모든 사람들이 공통의 비전과 목적(shared vision and goals)을 공유해야 한다. 개념이 뭐가 중요하냐는 생각을 가진 사람들도 있겠지만, 개발협력사업을 하다보면 명확한 개념이 머릿속에 정리되어 있지 않으면 사업 목적과 수단이 따로놀게 되어 목적 달성이 어렵거나 목적-수단 간 비효율성이 발생한다. 그러므로 공유된 개념적 프레임워크 정립은 성공적인 지속가능개발로 가는 첫걸음이다.

3. 지속가능개발의 핵심 원리

지속가능개발을 어떻게 달성할 것인가에 대한 많은 설명들이 있다. 지속가능개발은 아직 아무도 가지 않은 길을 가는 것과 마찬가지로 길을 더듬으면서 실패를 딛고 나아가야 할 기나긴 과정이다. 그럼에도 이제까지의 선진국들의 역사적 발전과정의 경험 등을 통해 지속가능개발의 핵심적 목표와 메카니즘을 정리하면 다음과 같다.

(1) 지속가능발전은 기존의 양적인 경제성장과 달리 질적인 경제발전을 목표로 해야 한다. (2) 지속가능발전은 경제-환경-사회라는 세 차원의 통합적 접근을 추구하여 새로운 시너지 및 혁신을 창출하고, 이를 바탕으로 국가 생산성 증가와 효율성을 증대하며, 국가의

부와 국민소득을 증대시킨다. 이때 조화로운 정책을 통해 세 차원 간 통합과정에서 발생할 가능성 있는 부정적 충돌 영향(trade off 관계)을 최소화하여야 한다. (3) 이와 동시에 혁신을 통해 친환경적 신성장산업을 발전시켜, 새로운 일자리를 창출하고 국가의 부와 국민소득을 향상시켜야 한다. (4) 창출된 국가의 부가 사회복지제도 및 사회 재분배 시스템을 통해 사회 구성원 모두가 혜택을 받는 사회 시스템을 강화해야 한다.

한마디로 지속가능개발의 가장 핵심은 사회−경제−환경 간의 통합을 통한 효율성 및 개발 시너지 확대와, 그리고 새로운 친환경적 신성장산업 개발을 통해 삶의 질을 개선하는 질적 경제발전으로의 진화이다.

4. 지속가능개발목표(SDGs)의 내용과 한계

세계 정상들은 2012년 6월 브라질에서 개최된 제3차 유엔 지속가능발전 정상회의에서 "우리가 원하는 미래"라는 회의결과문서를 통해 "지속가능개발목표(Sustainable Development Goals: SDGs)"를 공동으로 개발하기로 결의했다. 이후 유엔 반기문 사무총장 산하에 오픈 워킹 그룹(Open Working Group: OWG)을 설립하고 각 회원국의 대표 및 전문가들이 지속가능개발목표를 만들고 있다. 아직 최종안이 아니기는 하지만 초안을 살펴보면 지속가능개발목표의 방향이 올바른 것인가 하는 우려가 있다. 지속가능개발목표(SDGs)를 자세히 검토하기 전에, 제3차 유엔 지속가능발전 정상회의 결과문서(Outcome

Document of UNCSD Rio+20)의 주요내용을 명확히 이해할 필요가 있기에 이것들을 먼저 다루고자 한다.

(1) "2015년 이후 개발의제(the post 2015 development agenda)"와 "지속가능개발목표(SDGs)" 간의 관계이다. 앞서 언급한 2012년 제3차 유엔 지속가능발전 정상회의 결과문서는 2015년 이후 개발의제(the post 2015 development agenda), 지속가능개발목표(sustainable development goals, SDGs), 녹색경제(green economy, GE), 그리고 새천년개발목표(MDGs) 등 개발 관련 용어들을 병렬해서 사용하고 있는데, 이들 간의 상관관계 등을 명확히 설명해주지 않고 있다. 이후 여러 후속회의를 통해 지속가능개발목표가 2015년 이후 개발의제(the post 2015 development agenda)의 핵심내용 중 하나라는 의견으로 모아지고 있는 듯하다.

(2) "지속가능개발목표(SDGs)"와 "새천년개발목표(MDGs)" 간의 관계 설정에 관한 것이다. 즉 SDGs가 2015년 종료될 예정인 MDGs 2단계인지, 아니면 새로운 개발체제인지 여부이다. 2012년 회의 당시에는 SDGs가 2015년 MDGs 종료 후 새로운 개발 패러다임이라는 주장에 무게가 실렸지만, 몇몇 국가들이 MDGs를 계속 추진해야 한다는 의사를 표명하기도 했다. 즉 새로운 SDGs가 과거 15년간 추진해온 MDGs 내용을 그대로 승계해서 한 단계 더 나아가는 정도인지, 아니면 완전히 새로운 국제개발 패러다임을 만드는 것인지에 대한 구체적 합의는 없었다. 다만 회의결과문서 "우리가 원하는 미래" 246항[59]에는 그러한 지속가능개발목표의 개발이 기존의 MDGs의 초

158

점과 노력을 방해해서는 안 된다고 명시되어 있기에 SDGs를 MDGs와 별개로 보는 듯한 인상을 주고 있다.

2012년 회의 이후 현재까지의 논의는 MDGs는 2015년 종료하는 것으로 협의되고 있으나, 이것이 MDGs를 더 이상 추구하지 않는다는 의미는 아니며, 각국의 필요 및 여건에 따라 자율적으로 MDGs의 추진 여부를 결정하기로 의견이 모아진 듯하다. 그러나 SDGs 초안에서 MDGs의 내용을 대부분 포함하고 있기 때문에 MDGs는 국제사회에서는 추진동력을 잃고 사실상 종료될 것으로 보인다.

(3) 또 하나 우리가 이해해야 할 사항은 "지속가능개발목표(SDGs)"와 "녹색경제(Green Economy: GE) 또는 녹색성장(Green Growth: GG)[60]" 간의 관계에 관한 것이다. 간단히 말하자면 회의결과문서는 "빈곤해소와 지속가능발전 관점에서의 녹색경제(Green Economy)"라고 표현했는데, 녹색경제와 지속가능개발목표 간의 상호관계에 대한 명확한 의견 합의가 없었다. 바람직한 해석은 녹색경제를 지속가능목표를 달성하기 위한 하나의 전략으로 생각하는 것이다.

이제 SDGs 초안을 검토해 보자. 유엔 반기문 사무총장 밑에 설립된 오픈 워킹 그룹은 몇 차례의 전문가회의 및 회원국 간 회의 등을 통해 17개 항으로 구성된 지속가능개발목표(SDGs) 초안(제안문서)[61]을 작성하고 2014년 중순경부터 관련 국가와 국제기구 등의 의견 수렴을 위해 배포했다. 이 SDGs는 2015년 9월 유엔회의를 통해 채택될 예정이다. 다음 페이지에 표시한 SDGs 초안의 17개 지속가능개발목표는 이후 수정될 가능성도 있지만, 그 기본 틀은 변하지 않을 것으로 생각된다.

<17개 지속가능개발목표(SDGs 초안)>[62]

1	빈곤 퇴치	End poverty in all its forms everywhere
2	기아 해소와 식량안보 달성 및 지속가능농업 발전	End hunger, achieve food security and improved nutrition and promote sustainable agriculture
3	보건 증진	Ensure healthy lives and promote well—being for all at all ages
4	교육 보장과 평생학습 향상	Ensure inclusive and equitable quality education and promote life—long learning opportunities for all
5	성 평등 달성과 여성 역량 강화	Achieve gender equality and empower all women and girls
6	물과 위생 제공과 관리 강화	Ensure availability and sustainable management of water and sanitation for all
7	에너지 보급	Ensure access to affordable, reliable, sustainable and modern energy for all
8	경제 성장과 일자리 증진	Promote sustained, inclusive and sustainable economic growth, full and productive employment and decent work for all
9	인프라 구축과 산업화 확대	Build resilient infrastructure, promote inclusive and sustainable industrialization and foster innovation
10	불평등 해소	Reduce inequality within and among countries
11	지속가능도시 구축	Make cities and human settlements inclusive, safe, resilient and sustainable
12	지속가능소비생산 증진	Ensure sustainable consumption and production patterns

160

13	기후변화 대응	Take urgent action to combat climate change and its impacts
14	해양과 해양자원의 보존과 지속가능 이용	Conserve and sustainably use the oceans, seas and marine resources for sustainable development
15	육상 생태계 등의 보호와 지속가능 이용	Protect, restore and promote sustainable use of terrestrial ecosystems, sustainably manage forests, combat desertification, and halt and reverse land degradation and halt biodiversity loss
16	평화로운 사회 증진과 제도 구축	Promote peaceful and inclusive societies for sustainable development, provide access to justice for all and build effective, accountable and inclusive institutions at all levels
17	이행수단과 글로벌 파트너십 강화	Strengthen the means of implementation and revitalize the global partnership for sustainable development

위의 초안을 살펴보면, 비록 초안이라고는 하지만 이것이 전 세계의 지속가능한 경제발전을 이루는데 충분한 기여를 할 수 있을지 우려스러운 점들이 있다. 그 이유를 설명하면 아래와 같다.

첫째, 이 초안은 기존 MDGs에서 빠졌던 인프라, 산업화, 기후변화 등을 추가해 모든 분야를 포괄하는 MDGs 업그레이드 버전인 것으로 보인다. 하지만 MDGs와의 질적인 차이점을 찾아보기 어렵다. MDGs가 구체적인 숫자로 표현될 수 있는 양적 목표(Quantitative goals)였다면 우리가 기대하는 지속가능개발목표(SDGs)는 질적 목표(Qualitative goals)여야 한다. 왜냐하면 지속가능개발이란 지속적으로 나아가는 과정이며, 아울러 기술혁신, 통합, 시너지, 좋은 일자리 창출, 실질 가처분소득 증가, 사회보장제도를 통한 기본적 삶의 질 개선 등의 경제발전의 질적 요소(Quality of Growth)를 추구하는 개발 프레임워크(development framework)이기 때문이다.

두 번째로, 이 초안은 제시된 개발목표 중 어떤 목표가 더 중요한지의 구별 없이 MDGs처럼 17개의 목표들을 백화점 상품처럼 병렬식으로 나열해 놓았다. 17개 목표가 똑같이 중요하다는 것인지, 1번 목표는 초과 달성하고 2번 목표는 미달하면 이 상충된 결과를 어떻게 해석해야 하는지 등에 대한 깊은 고민 없이 모든 분야를 포함해서 관련자 모두를 만족시키자는 피상적, 정치적 결정에 다름 아니다. 이에 따르자면 우리는 한정된 자원과 예산을 공평히 17개 목표에 나누어서 집행해야 할지도 모른다.

세 번째로, 지속가능개발의 핵심은 3가지로, 통합성을 통한 혁신과 시너지 창출, 친환경적 신성장산업 육성을 통한 국가의 부 증대, 그리고 생산된 복지제도 및 부의 공평한 사회적 재분배를 통한 삶의 질의 개선이다. 하지만 이 초안은 이들에 대한 통합적 프레임과 전략을 보여주지 못하고 있다. 즉 지속가능개발목표 체제에서는 개발목표 간 상호적 결합을 통한 생산성과 효율성의 증대, 목표 간 상충관계로 인한 충돌(trade-off)을 상생으로 전환시키는 방안이나, 개발목표 간 통합으로 우리가 상상하지 못했던 새로운 혁신적 기술이나 신산업의 발굴 등이 가능하다는 메시지를 찾아보기 어렵다.

네 번째로, 개발목표(SDGs) 설정 자체도 중요하지만, 이를 달성하기 위한 새로운 국제협력 시스템의 확고한 구축에 대한 구체적인 전략이나 선진국의 재정적, 기술적 지원에 대한 선순환 메카니즘이 없어서, 제17지속가능개발목표인 글로벌 파트너십의 명기도 MDGs의 8번 목표와 같이 구체적인 결실을 가져올 것으로 기대하기 어렵다.

위에서 설명한 한계점들을 요약하면, SDGs의 개발 방향 초안은 MDGs의 한계점을 그대로 답습하고 있는 것으로 보이며, SDGs를 통해 인류의 삶의 질이 개선되는 질적 경제발전이 가능하겠다는 확신을 주기에는 상당히 미흡한 것으로 보인다. 우리가 바라는 지속가능개발목표(SDGs)는 (1) 경제-환경-사회라는 세 차원의 통합적 접근을 통해 새로운 시너지 및 혁신을 창출하고, 이를 바탕으로 생산성 증가와 효율성 증대를 가져오며, (2) 이와 동시에 친환경적 신성장산업을 발전시켜 지속가능한 방법으로 국가의 부를 증대시키고, (3) 그 결과 생산적 복지제도 및 부의 적절한 사회적 배분을 통해 장기적 지속가능한 경제발전을 추구할 수 있는 질적인 경제발전 패러다임을 보여주는 개발목표이다.

아울러 개발목표 성공 여부의 기반이 될 선진국-개발도상국 간, 개발도상국-개발도상국 간의 새로운 협력을 도모하는 새로운 국제개발협력체제의 구축을 확실케 하는 개발목표를 희망한다. 개별적인 빈곤, 의료, 교육, 물, 에너지, 환경, 재난 등에 대한 섹터별 해결 노력도 당연히 중요하지만, 이와 동시에 국가 간 잘 조화된 협력을 바탕으로 한 국제개발협력체제가 구축된다면, 어떠한 개발 관련 도전들이라도 잘 해결해나갈 수 있을 것이다. 아울러 이 초안에서 미처 반영되지 못한 새로운 개발과제가 향후 새롭게 등장한다 해도, 조율적인 국제협력체제가 잘 구축되어 있으면 우리는 충분히 극복해나갈 수 있을 것이라 확신한다.

14

지속가능한 경제발전을 위해
복지가 필요한가?

1. 복지와 경제발전 관계

지속가능한 경제발전을 성취하기 위해서는 복지는 부담인가 아니면 필수불가결한 요소인가 하는 물음에 대해, 사람들 중 일부는 과다한 복지는 시장의 효율성을 저해하고, 정부재정을 악화시키며, 일하고자 하는 근로의욕을 줄여 장기 경제발전을 저해하게 되므로 복지를 최소화해야 하고 시장의 자율기능을 강화하는 방향으로 나아가야 한다고 생각한다. 또 다른 한편에서는 복지는 삶의 질을 개선하는데 필수적인 요소이므로 당연히 지속가능한 경제발전의 핵심적 요소라고 여긴다. 간단히 결론부터 말하자면 장기적 지속가능한 경제성장을 위해서 복지는 필수적이다. 물론 복지라는 이름으로 행해지는 각종 자원의 낭비와 배분과정에서의 정부 실패가 있을 수 있다. 그러나 역사적인 실증적 경험은 간단하고 명확하게 복지의 필요성을 보여준다.

이는 지난 200~300년의 경제발전 과정에서 복지 없이 선진국이 된 나라는 없으며, 모든 선진국은 또한 복지국가이기 때문이다. 복지는 재정악화의 우려를 충분히 상쇄할 만큼 우리에게 보이지 않는 손을 통해 장기적인 경제발전에 기여하기 때문이다. 그 메카니즘을 자세히 살펴보기 전에 한국의 복지 현황을 간단히 알아보자.

2015년 경제협력개발기구(OECD)가 발표한 2014년의 회원국 국내총생산 대비 공공사회복지지출(SOCX)을 보면, 10.4%로서 관련 자료를 확보한 28개국 가운데 최하위를 기록했다(회원국은 총 32개국). 지난해 OECD 평균(21.6%)의 절반에도 미치지 못한다. 27위인 에스토니아(16.3%)와의 격차도 6%포인트 가까이 난다.[63] 국민이 1년간 낸 세금에 국민연금, 건강보험 등 사회보험료를 더한 총액이 국내총생산에서 차지하는 비중(국민부담률)도 2013년 기준으로 10.2%로 30개국 가운데 28위이다. 즉 한국은 복지 부담과 복지 지출이 모두 낮은 전형적인 '저부담–저복지' 국가이다(2015. 2. 5, OECD 발표).

2. 복지가 경제발전을 지원하는 메카니즘

그렇다면 이제 복지가 어떻게 보이지 않는 손을 이용해 경제발전에 기여하는지 그 메카니즘을 살펴보자.

첫 번째로, 복지는 소득 재분배 기능 및 사회보장제도를 통해 주택, 의료, 교육 등을 공동 구매함으로써 사회적 비용을 줄여주고 중산층을 확대하고, 사회 안정화를 가져온다. 중산층 확대와 사회 안정화는 자본의 장기적이며 안정적 투자를 가능케 하고, 이러한 투자는 안정된 사회 시스템과 함께 지속가능한 경제성장에 기여한다.

많은 사람들이 오해하는 것 중 하나는 복지제도가 사회주의에서 나왔다고 생각하는 것인데, 실제로는 복지제도가 자본주의를 보호 및 유지할 목적으로 탄생했다. 최초의 근대적 복지 관련법과 정책은 1601년 영국 엘리자베스 1세의 구민법(Poor Law)인데, 이는 15~17세기 영국에서 모직물 산업의 발전으로 농작지가 목장으로 전환됨에 따라 농민 실업, 도시로의 이농, 빈곤이 증대되어 사회가 불안정해지자 자본주의를 보호하기 위해 시작되었다. 이 구민법은 정부가 실시한 최초의 공공부조였으며, 빈민구제를 국가 책임으로 인식하고, 통일된 빈민구제 행정기구 설립을 통해 빈곤 제거에 적극적으로 대처했다. 이러한 조치는 자본주의 확산에 크게 기여했다.

반(反) 가톨릭적이고 반(反) 사회주의자였던 독일의 수상 비스마르크(Otto von Bismarck)도 자본주의 보호 및 국가 안정성을 위해 1883년 세계 최초로 사회보험[64], 1884년 산재보험, 1889년 연금보험을 실시했다. 그 후 많은 유럽 및 미국의 복지 시스템은 자본주의 체제의 안정화를 통해 장기 경제성장에 기여했다.

한편 노르웨이, 스웨덴의 북유럽 국가와 같은 복지국가[65]일수록 저축과 같은 금융 및 부동산 자산이 적은데, 이는 높은 세금이 한 이유이기도 하지만, 주된 이유는 국가가 안정적 복지 및 사회보장제도를 제공함으로써 미래가 불안하지 않아 굳이 저축을 많이 할 필요가 없기 때문이다. 따라서 거의 모든 소득을 소비하고, 이에 소비가 증가됨으로써 내수시장이 활성화되어 외부 충격에 덜 민감한 경제성장을 이룩할 수 있게 된다. 이와 동시에 사회보장제도와 충분한 소비 등으로 국민의 삶의 질도 높아지게 된다.

두 번째로, 복지는 출산, 교육, 주거, 의료 등과 같은 기본적 삶의 수준을 보장함으로써 장기적으로는 자본주의가 요구하는 우수한 '인적자본'을 안정적으로 공급해 지속적인 경제성장을 가능하게 해준다. 이러한 의료, 주거, 교육 등에 대한 사회보장을 통해 기초사회비용을 줄여주면 우수한 인력이 낮은 비용으로 교육훈련을 받게 되어 지속적으로 시장에 공급되고, 이는 국가 생산성과 자본주의 체제의 안정성을 강화시킨다. 즉 사회보장 및 복지정책을 통한 사회적 가치의 창출이 장기적으로는 자본적 가치의 창출 또는 개선으로 이어지게 된다는 점에 주목해야 한다.

세 번째로, 복지 시스템을 통해 미래의 삶에 대한 보장이 제공됨으로써 혁신적 아이디어와 기술 및 미래 산업에 대한 과감한 도전과 투자가 가능해진다. 앞에서 설명한 바와 같이 장기적 경제발전의 핵심 중 하나는 혁신적 아이디어와 기술의 개발인데, 미래 삶의 보장에 대한 확신이 없으면 혁신적 사고와 행동은 이루어지지 않는다. 파산법이라는 제도도 이러한 혁신적 기술이나 기업의 첫 시도가 실패를 가져오더라도 이것들이 재시도의 밑거름이 됨은 물론 재기할 수 있도록 지원하는 제도로서, 이는 장기적 경제성장에 크게 기여를 했다.

네 번째로, 복지는 사회공동구매를 통해 사회 전체의 비용 절감과 효율성 증가를 가져온다. 예를 들어, 국가의료보험이 아닌 민영화된 의료 시스템 도입을 생각해보자. 의료 시스템이 민영화되면, 개별 병원은 돈은 더 벌기 위해 과잉진료를 하게 되고, 의료소송비용이 증가하며, 질병예방보다 질병치료에만 관심을 갖게 됨으로써 사회적 비용이 증가하고, 국민 중 저소득층은 돈이 없어 진료를 못 받는 사태가 발생하고(전염병일 경우 사회 전체 불안요인으로 확산된다), 사회 전체적으로 의료 및 행정 비용이 증가한다.

　관건은 어떠한 복지를 설계할 것인가인데, 복지 상황은 국가마다 다를 수 있다. 복지 방향과 관련하여 두 가지를 강조하고 싶은데, 그 한 가지는 "생산적 복지" 개념의 실천이다. 앤서니 기든스(Anthony Giddens)가 '제3의 길'에서 언급한 바와 같이 '성장과 복지를 연결'하는 정책을 실시함으로써 성장-복지를 모두 추구하는 것을 생산적 복지라고 하는데, 간단히 설명하면 모든 국민에게 적정한 최저 생계를 정하되 일하는 사람에게 더 많은 복지를 제공하는 형태이다.

　다른 한 가지는 미래의 복지 시스템을 설계할 때 반드시 고려할 것 중 하나는 한국을 포함해 일본, 중국 등 많은 국가들이 새롭게 경험하고 있는 대규모 노령화사회[66]에서의 노인복지와 청년복지 간의 균형 문제이다. 이탈리아[67], 스페인 및 일본[68]은 노령화사회로 진입함에 따라 노인복지에 과다한 예산과 비용을 지출하는 한편, 미래의 성장 동력인 젊은 층에 소요되는 교육, 일자리 창출 및 기본 복지 예산을 줄임으로써 젊은 세대를 통한 새로운 혁신 감소, 미래 성장 동력 감소, 미래 소비층의 소득 축소 및 연이은 국내시장 축소로 인해 저성장이 심화되고 있다.

따라서 복지정책의 방향은 노인연금의 확충도 중요하겠지만, 젊은 세대에 대한 교육, 주거, 의료 등의 복지에 대한 투자와 함께 '사회보험' '국민의료보험' '동일노동 동일임금' 같은 젊은 세대를 위한 사회복지제도 등도 동시에 강화하는 방향으로 나아가야 한다. 그렇게 함으로써 우수 기술인력을 시장에 안정적으로 공급하고, 젊은 혁신적 기업을 창출하고, 수출역군 역할도 수행하며, 국내소비계층으로 국내시장을 활성화하고, 정부 세금이나 노인층을 위한 연금도 부담할 수 있는 능력있는 다수의 중간소득계층을 양성할 수 있을 뿐만 아니라, 결국에는 이들이 내는 세금이나 소비로 노인들을 위한 복지재원도 충당할 수 있는 선순환 구조의 지속가능개발정책이 구축되는 것이다(만약 노인복지를 우선으로 해서 젊은 층에 대한 투자를 줄이면 노인 층은 경제활동인구가 아니어서 결국 위의 설명과 정반대의 역효과가 난다).

결론적으로 복지는 사회적 공동구매를 통해 보이지 않는 사회비용을 줄여주고, 사회 안정성을 증대시켜 혁신이 발생하도록 환경을 조성해주며, 이로써 장기경제성장을 가능하게 하고 인간다운 사회를 만드는데 있어 필요조건이다. 따라서 적극적 복지가 지속가능개발목표 중 하나로 포함되어야 한다.

"동일노동 동일임금"은 같은 노동에 있어서는 기업, 지역, 인종에 관계없이 같은 임금을 지불하는 제도이다. 대표적인 사회보장제도 중 하나로서, 서로 무관한 것처럼 생각되는 청년 실업의 문제를 해결하고, 자본주의 및 경제성장에 도움이 되는 핵심적 작동원리라고 생각되어 이를 소개하고자 한다.

첫째, 동일노동 동일임금을 지불하게 되면 생산성이 우수한 기업과 생산성이 낙후된 동종기업 간 동일한 임금을 지급하게 됨으로써 결과적으로는 생산성이 낮은 기업이 자연적으로 도태하는 산업구조조정과 장기경제성장에 기여하게 된다. 물론 이는 단기적으로 그 기업에 종사하는 노동자들뿐만 아니라 국가적으로도 고통스러운 일이다. 그러나 생산성이 낮은 기업을 보조금 등을 통해 계속 유지시켜 나가는 것은 장기적 경제발전에 도움이 되지 않는다. 따라서 실업자 보호는 사회보장제도의 강화를 통해 보호하고, 산업의 효율성은 지속적으로 높여나가야 한다.

두 번째로, 동일노동 동일임금 원칙은 독일인 노동자들의 요구로 시작되었는데, 이는 외국인 근로자들의 인권을 걱정하는 휴머니즘에서 시작한 것이 아니라 저임금 외국인에게 일자리를 빼앗긴 독일 노동자들이 자신들의 일자리를 지키기 위해 시작한 제도이다. 임금이 동일한 상황에서는 독일 기업이 자국민을 제치고 외국인을 먼저 채용할 이유가 전혀 없기 때문에 밀려 들어오는 외국인 노동자로부터 자국민의 일자리를 보호하고, 정규직과 비정규직의 차별을 없애는 긍정적 역할을 해왔다.

세 번째로, 이 원칙을 적용하게 되면 상대적으로 외국인 노동자를 덜 고용하게 되고, 그에 따라 외국인 노동자의 직무훈련을 통한 기술유출이 줄어들고, 아울러 미래의 잠재적 외국 경쟁자를 줄이는 효과로 나타난다.

네 번째로, 청년들은 처음에는 기술이 미숙한 비숙련노동직에 주로 종사하게 되는데, 이 비숙련노동직이 외국인 노동자와 경쟁이 가장 심한 분야이다. 따라서 이 원칙을 적용하게 되면, 외국인 노동자보다는 자국 청년을 고용하게 되어 청년 일자리 확대와 임금소득 증대를 가져오고, 아울러 장기간의 고용을 통해 젊은 세대에게 공정기술이 현장 경험을 통해 전수됨으로써 자국 내의 숙련기술자를 육성할 수 있다.

다섯 번째로, 외국인 노동자는 일자리를 찾기가 쉽지 않게 되겠지만, 높은 지식노동자로 일단 고용되면 현지 국민과 동등한 대우를 받을 수 있어, 인권침해 문제나 차별 문제를 원천적으로 차단하는 긍정적 역할을 한다.

마지막으로, 자국민 고용을 통한 숙련공의 확대, 국민 임금소득 향상과 더불어 기업에게는 장기적인 국내 우수인력의 확보와 내수시장의 확대를 통해 장기경제성장을 가능케 해준다.

15

개발원조 효과가 낮은 이유

    1950년대 이후부터 많은 선진국들은 개발도상국의 사회·경제적 발전을 위해 공공개발원조(ODA: Official Development Assistance)를 지원해 왔다. 개발원조의 본격적인 시작은 미국이 1947년에 실시한 마샬 플랜인데, 이것은 제2차 세계대전으로 피폐해진 유럽의 경제부흥을 목적으로 실시된 것이다. 이 마샬 플랜의 성공에 힘입어 다른 선진국(공여국, Donor)들도 자국 식민지를 포함한 개발도상국의 사회·경제적 발전을 지원하기 위해 개발원조 프로그램을 본격적으로 실시하기 시작했다.

    그런데 지난 60여 년간의 대규모 개발원조(개발협력)에도 불구하고, 개발원조를 받는 수원국 중 선진국으로 사회·경제적 발전을 이룩한 국가는 전 세계에서 한국이 거의 유일하고, 대부분의 개발도상국들은 오히려 사회·경제적 발전이 후퇴를 보이거나 정체되기도 했다. 유엔 개발프로그램(UNDP)의 1996년 보고서에 따르면, 1990년대 중반까지의 15년간 개발원조 효과를 분석해본 결과, 15개 개발도상국만이 성공적으로 경제성장을 이루었고, 세계 약 20억 인구에 해당하는 100여 개가 넘는 개발도상국들은 오히려 경제 후퇴 및 소득 감소를 경험했다고 한다.

다음 그래프는 아프리카에서의 원조와 경제성장 간의 관계를 나타내고 있는데, 개발원조의 증가에도 불구하고 아프리카 국가들의 경제성장은 오히려 감소한 것을 보여주고 있다.

〈아프리카에 있어서의 개발원조와 경제성장과의 관계〉

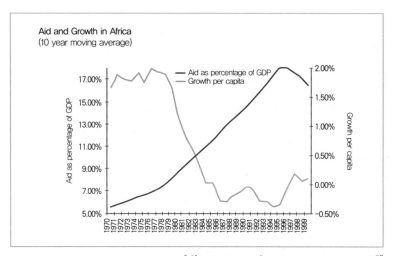

출처: Easterly 2003, "Can Foreign Aid Buy Growth?"

개발원조가 경제성장에 미치는 영향이 예상했던 것보다 상대적으로 미미한 것으로 나타남에 따라 세계 각국은 양적 경제성장(quantitative growth)을 주요 목표로 하는 전통적 개발원조 패러다임에 대해 회의적 시각을 갖게 되었으며, 이러한 원조효과에 대한 실망감으로 1990년대 중반에는 일시적으로 원조 규모가 정체되기도 했다. 많은 연구자료들도 개발원조가 개발도상국의 사회 · 경제적 발전에 큰 긍정적 기여를 했다는 일관된 실증적 결과를 보여주지 못하고 있으며, 몇몇 연구자료는 수원국의 국내 정책이 민주적으로 운영된다는 전제 하에서만 개발원조가 효과를 거둘 수 있다는 의견을 피력하고 있다.

한국 정부는 지난 2011년 부산에서 "세계개발원조총회"를 개최하고, 그 결과로 "효과적인 개발협력을 위한 부산 파트너십 선언(Busan Partnership Agreement for Effective Development Co-operation)"을 공식적으로 채택한 바 있다(2011. 11. 29~12. 1). 이 회의의 공식 명칭은 경제협력개발기구 개발원조위원회(OECD Development Assistance Committee: DAC)가 주도하는 "제4차 원조효과에 대한 고위급 포럼(The 4th High Level Forum on Aid Effectiveness)"이다.

이 회의의 의의는 한국이 유치한 개발협력 관련 국제회의 중 가장 큰 회의라는 의미 이외에도 개발원조 효과 제고를 위해 (1) 선진국과 신흥국, 민간 등 다양한 개발원조 주체들이 참여하는 새로운 글로벌 파트너십을 구축해 나가자는 국제적 합의를 도출했다는 점, (2) 기존의 선진국 입장을 대변하는 OECD 주도의 개발협력 체제에서 벗어나 선 · 후진국의 이해를 두루 반영하는 유엔이 함께 주도하는 체제로의 전환 가능성이다.

회의 결과가 중요한 의의를 갖는다고 생각하지만, 이러한 합의로 개발원조의 효과가 증대할 것이라는 점에 대해서는 회의적이다. 그 이유는 첫째, 포괄적 글로벌 파트너십의 내용에 대한 구체적인 합의나 실천계획이 명시되거나 포함되지 않았고, 둘째, OECD 그리고 (UNDP로 대표되는) 유엔이 개발도상국을 도울 충분한 개발능력, 의지 및 지원 시스템을 가지고 있느냐에 대한 의문 때문이다. 즉 OECD는 차치하고, 유엔이 그동안 개발도상국 개발 문제에 관여하지 않았기 때문에 개발원조 효과가 낮았느냐 하는 것이다. 이러한 관점을 고려하면, 개인적으로는 개발원조 효과를 제고하려는 국제사회의 노력이 초점을 잘못 맞추고 있는 것이 아닌가 우려가 된다.

효과적인 개발원조를 제공하기 위해서는 먼저 과거의 개발원조가 왜 효과가 낮았는지에 대한 원인부터 생각해볼 필요가 있다. 여러 가지 설명이 있겠지만, 기존 많은 자료들은 수원국 내부의 부패, 능력부족, 제도 부족 등의 시스템적 문제들로 인하여 개발원조의 효과가 낮았다는 점을 잘 설명하고 있다. 여기서는 수원국의 문제를 넘어서서, 구조적인 문제점과 개발협력 제공자(개발원조기관) 중심으로 개발원조 효과 문제에 대해 설명해보고자 한다.

첫 번째로, 개발협력의 낮은 효과에 대한 가장 큰 원인으로 생각되고 있는 점은 개발협력 목표와 수단 간에 괴리(gap) 문제이다. 즉 개발도상국이 성취하고자 하는 목표는 장기적 경제성장(long-term economic development)인데 비해, 그 수단인 개발원조는 1~3년 단위의 단기적, 비연속적 계획(short-term, inconsistent assistance)에 따라 지원됨으로써 목표와 수단 간에 큰 격차가 발생한다. 개발은 단발적 지원이 아닌 장기적 경제발전 시스템 구축임에도 불구하고 여러 가지 제한 조건 때문에 실제 개발원조는 단기적, 불규칙적, 단편적, 시혜적으로 지원되고 있어서 개발협력 효과가 낮았다고 판단하고 있다. 이 문제는 한국을 포함해 단년도 예산 시스템을 가지고 있는 각국의 예산 배분 사이클과도 관련이 있다.

두 번째 원인은 개발협력을 제공하는 개발협력기관들의 능력과 시스템이 개발도상국의 문제점을 충분히 인식해 올바른 지원을 제공할 수준에 미치지 못한다는 점이다. 즉 개발도상국의 복잡한 정치, 경제, 사회, 문화적 배경과 시스템을 이해하고, 개발도상국에게 적합한 지원을 하기에는 개발협력 제공기관들의 노력, 능력과 지원 시스템이 부족하다는 것이다. 이는 유엔의 경우도 마찬가지라고 생각하고, 특히 복잡다난한 현대로 올수록 더 그렇다. 따라서 충분한 사전 배경지식이나 수원국에 대한 깊은 이해 없이 행해지는 개발협력 사업은 효과가 낮을 수밖에 없다. 통상적으로 개발협력 단기 프로그램 사이클이나 예산회계 규정은 프로젝트 담당자가 해당사업에 대해 충분히 공부하고, 이해하고, 사업을 구상하도록 여유를 주지 않는 것이 일반적이다.

세 번째로, 경제발전 역사와 경험에 대한 지식 부재도 큰 걸림돌이다. 미국, 영국, 일본, 한국 등 지금의 OECD 선진국들도 한때는 개발도상국이었고, 많은 개발문제에 직면했었다. 그러나 우리는 그들이 어떠한 정책, 전략, 내부적 논쟁 등을 통해 그들의 개발문제 및 제한조건을 극복했는지에 대한 역사적 사실에 대한 지식이 부족하다. 현재의 선진국 개발협력기관에서 일하는 직원들도 그들 국가들의 현재의 발전 이후 모습에만 익숙할 뿐, 그들이 개발도상국이었을 때의 개발문제와 문제해결을 위한 전략적 접근방식에 대한 지식과 정보가 사실상 부족하다. 이는 우리들이 불과 30~40년 전인 1970~2000년대 한국의 개발역사에 대해 이해가 부족한 것과 마찬가지이다.

네 번째로, 유엔 및 세계은행 등 국제기구에서 지속적으로 노력하고 있기는 하지만, 개발도상국 사회경제 현상에 대한 데이터의 부족은 개발협력 효과 제고의 큰 장애요인이다. 많은 개발협력 프로그램이 실패하는 큰 이유 중 하나가 신뢰할 만한 데이터 부족으로 인한 잘못된 판단이나 정책결정 때문이며, 이로 인해 개발도상국의 필요(needs)에 대한 잘못된 해석에 기초한 지원으로 인해 개발원조 효과가 낮아진다. 예를 들어, 개발원조는 경제성장이라는 목표 이외에도 인간개발, 환경 보호, 재난방지 및 지원과 같은 삶의 질에 대한 프로그램도 필요한데, 이에 대한 기본 데이터가 상대적으로 부족하다.

결론적으로, 개발도상국의 시스템에도 당연히 문제점이 있지만, 개발도상국의 이러한 한계를 극복해서 개발을 효과적으로 유도할 수 있도록 하는 원조 제공국가 및 원조기관의 능력 부족과 시스템 부재도 큰 원인 중 하나라는 점을 환기하고 싶다. 즉 개발도상국이 낮은 경제발전 상태에 있는 것은 잘 정비되지 않은 정책 및 시스템 때문에 저개발 상태에 있는 것이고, 그래서 개발원조를 필요로 하는 점이라는 것을 고려하면 개발도상국의 낮은 주인의식(ownership) 및 거

버넌스(governance) 등은 어떻게 보면 당연한 것이다. 이러한 개발도
상국의 불완비된 시스템 및 정책 상황 등은 당연한 외부조건(external
condition or pre-condition)으로 받아들여야 한다. 따라서 이러한 것을
빌미삼아 낮은 개발협력 효과의 원인을 개발도상국에 전가하는 것은
바람직한 접근 방식이 아니며, 오히려 원조 공여국이 이러한 한계점
을 극복해서 개발협력 효과를 극대화하는 방안을 찾는 것이 개발원
조기관 또한 공여국들의 책무이다.

이 같은 원인 분석을 받아들인다면 개발원조 효과를 제고하기 위
한 선결적 과제가 분명해진다.

첫째, 개발협력 목표와 수단 간에 제도적 격차를 줄여나가는 적극
적인 조치를 공여국이 취해야 한다. 즉 개발도상국이 바라는 장기적
경제성장 목표를 효과적으로 지원하기 위해서는 수단인 개발원조도
장기적 계획 하에서 지원하는 시스템으로 전환되어야 한다. 현실적
으로 대부분의 공여국의 예산 프로세스가 1년 단위여서 장기적 협력
지원계획을 수립하기가 쉽지 않다. 따라서 특별법 등의 조치를 통해
장기적 개발원조 예산과 프로그램 집행이 가능하도록 여러 방안을
고민해야 한다. 하지만 개발협력이 국내 정치 의제 중 순위가 낮다는
점을 고려하면 현실적으로 개선이 쉽지 않은 일이다.

둘째, 원조집행기관의 기획 및 집행 능력(planning and implementation
capacity) 향상을 위한 예산 지원, 지속적인 교육 및 지도 감독이 필요
하다. 원조국이 개발도상국에게 적절치 못한 정책적 조언과 현실에
맞지 않는 지원을 할 경우 오히려 개발도상국 발전에 장애요인이 된

다는 점에서 개발협력 효과를 제고하기 위해서는 협력기관이 개발도 상국을 리드할 정도의 탁월한 능력을 갖추어야 한다. 이런 맥락에서 한국의 개발협력을 전담하는 국가개발협력기관의 '분석 능력(analysis capacities)', '기획 능력(planning capacities)', '조직 능력(organizational capacities)'의 3가지 기본 능력에 대한 교육훈련이 강화되어야 하며, 필요 예산도 지원되어야 한다. 이것이 개발원조 효과를 높이는 지름길 이다.

셋째, 저개발과 낮은 경제성장의 결과로 나타나는 증상인 빈곤을 어루만지는 정책보다는 빈곤의 원인을 제거하는 방향으로 개발원조 를 실시해야 한다. 이를 위한 올바른 개발원조 정책을 추진하기 위해 서는 미국, 영국, 프랑스 등 지금의 선진국들이 개발도상국에서 선 진국으로 발전할 때 사용했던 정책, 전략, 환경 및 내부적 논쟁의 주 요 입장들에 대한 지식과 이해를 함양하는 것이 필요하다. 이에 대한 내용은 앞장에서 설명했으므로 간단히 방향만 요약하면, 개발도상국 각각의 능력 향상을 위한 지원도 중요하지만, 개발도상국이 경제 전 반에서 수확체증 분야인 제조업 육성과 선진기술 및 제도를 모방할 수 있도록 지원하며, 혁신이 발생할 수 있는 도시적 환경을 조성해주 고, 개발도상국의 우수한 인력들이 생산 시스템에 집단적으로 참여 할 수 있는 국가 조직능력 향상을 지원하고, 창출된 부를 사회 내 분 배 시스템을 통해 다수의 중간소득계층이 생성되도록 통합적 개발원 조 전략을 추진해야 한다.

넷째, 개발도상국을 효과적으로 지원하기 위해서는 '근거에 기반한 정책결정(evidence-based policy-making)'이 필수적이다. 이를 위해서는 개발도상국의 사회경제 등의 기초 데이터 확보가 필수적이다. 따라서 국제기구와 선진국 개발원조기관이 협력해 국제적 단위 또는 지역적 단위의 표준화된 데이터베이스 구축에 동참해야 한다. 신뢰할 만한 기초 데이터 없이는 어떠한 사업도 효과적 결과를 가져 오기 어렵기 때문이다. 이를 위해 각 원조기관마다 연간 원조 총액 중 일정예산을 표준화된 데이터베이스 및 기초 데이터 확보에 우선순위로 배정한다는 공동선언이 필요하다. 이러한 공동의 선언을 도출하기 위해 각 원조공여국들을 설득해 한 자리에 모아 의미 있는 성과를 도출하는 유엔의 조정 역할이 필요하다.

결론적으로, 개발협력 효과 제고를 위해서는 원조제공국(공여국)의 개발협력 전략의 공동의 개선 노력이 필요하다. 위에서 언급한 네 가지 중요 방향, 즉 (1) 장기 목표와 단기 수단 간의 간격 해소; (2) 개발협력 원조기관의 분석 능력, 기획 능력, 조직 능력 함양; (3) 원조기관 직원들의 선진국들의 경제발전사에 대한 지식과 이해증진과 이러한 지식을 바탕으로 한 국가생산성 증대를 목적으로 하는 개발원조 전략 집행; (4) 분석 및 사실에 기초한 효과적인 개발협력 정책 및 프로그램 수립을 위해 개발도상국 현황을 파악할 수 있는 세계적 표준 데이터베이스 구축과 기초 데이터 확보를 위해 개발원조기관의 공동 투자 등을 우선순위로 개선해야 개발협력 효과가 제고될 것이다.

참고: OECD 고위급 회담(High Level Forum on Aid Effectiveness) 역사

- 1차 고위급 회담(High Level Forum in Rome, 2002, Italy)

- 2차 고위급 회담(High Level Forum with Paris Declaration on Aid Effectiveness, 2005, France)

- 3차 고위급 회담(High Level Forum with The Accra Agenda for Action, 2008, Ghana)

- 4차 고위급 회담(High Level Forum with Busan Partnership Agreement for Effective Development Co-operation, December 2011, Republic of Korea)

16
한국의 국제개발협력 기본방향

　효과 높은 개발원조를 제공하기 위해서는 몇 가지 질문에 대한 생각들이 선행되어야 한다. 그것들은 한국은 무엇을 성취하기 위해 개발원조를 실시하고 있는가, 어떠한 모습의 개발원조를 제공해야 하는가, 다른 국가의 개발원조와 어떤 다른 특이성 및 정체성을 갖는가 등의 근본적인 질문에 대해 한국의 확고한 비전과 목적의 명확한 정리가 필요하다. 이와 동시에 중요한 점은, 개발원조 정책수립기관(외교부와 기획재정부)과 개발원조 집행기관(한국국제협력단 및 수출입은행[69]), 개발원조 협력기관 및 수행 기업, 그리고 국민들이 한국개발원조의 '비전과 목표(shared vision and goals)'를 공유해야 한다는 점이다.

　한국의 근본적인 개발원조 목적은, 가난한 나라들이 중간소득 이상인 국가(연간 10,000달러/1인)로 발전하도록 지원하는 것과 이 지원 과정에서 한국의 장기적 국익에도 기여하는 것이라는 두 가지이다.

이러한 목적들을 달성하기 위해 한국의 개발원조는 어떤 기본 원칙이나 방향을 가져야 할지를 깊이 고민해서 관련기관 등이 서로 확실하게 공동의 인식을 가져야 한다. 이외에도 많은 조언들이 있겠지만 여기서는 개발원조의 근본적 목적달성이라는 관점에서 몇 가지 제언을 더하고자 한다.

첫째, 가난한 개발도상국에게 시급한 것은, 단순히 빈곤의 증상을 어루만지는 단기적 조치보다는, 국가 생산 및 조직능력 향상과 바람직한 일자리 창출을 통한 국민의 가처분소득을 증대하고 중간소득국가로 나아가는 것이다. 이를 위해 앞에서 설명한 바와 같이 단순 농업이나 개별 서비스 산업보다는 수확체증 형태인 기술집약적 제조업, 그리고 제조업에 기반한 농업과 서비스산업 육성에 초점을 맞추되, 중요한 점은 개발도상국의 혁신, 기술진보, 생산성 향상, 일자리 창출, 중간소득계층의 확산, 국가 생산성 증대, 경제발전 등의 선순환 개발체제 자체가 형성되도록 지원하는 것이다.

많은 국제기구와 개발원조기관들은 제조업 시대는 사라져 가고, 인터넷 기반의 소프트 산업, 금융 산업과 구글 및 트위터 같은 서비스 산업이 더욱 중요한 포스트 산업시대(post-industrial age)에 살고 있다고 생각하지만, 아직도 제조업은 경제발전의 가장 중요한 핵심 요소이다. 선진국들은 오히려 제조업 강화 정책을 발표하고 있다. 독일 정부는 2012년 제조업 강화를 위한 'Industry 4.0'을 발표했고, 미국 국가과학기술위원회도 2012년 2월 '국가첨단제조전략'을 발표했다. 일본도 2014년 6월 '일본재흥전략'에서 일본 제조업 부흥을 강조했으며, 2015년 5월 중국도 '중국제조 2025'에서 2049년까지 제조업 대국에서 일본이나 독일과 같은 세계 최대 제조업 강국이 되겠다는 의지를 표명한 바 있다.

한편, 세계 총생산량에서 제조업 부분이 차지하는 비중이 낮아지는 것은 총량이 적어서라기보다 제조업 제품의 급격한 생산성 증가로 가격이 상대적으로 하락했기 때문이며, 개발도상국이 농업 수준에서 제조업을 뛰어넘어 곧바로 서비스 산업으로 갈 수 있다고 생각하는 것은 환상이다. 지난 30여 년간 제조업을 기반으로 한 중국(세계의 공장)과 소프트웨어, 회계, 의학 스캔 이미지 판독 등 서비스업을 중심으로 한 인도(세계의 사무실)의 경제성장률을 비교해보면 그 이유가 확연하다. 2008년 세계 금융위기도 제조업을 기반으로 하지 않은 서비스 산업만의 확대를 통한 장기간의 경제발전은 환상에 불과하다는 것을 잘 보여준다. 고부가가치의 서비스 산업인 금융, 엔지니어링, 디자인, 경영 컨설팅 등은 주 고객이 제조업 부문이며, 제조업 기반이 약해지면 이런 고부가가치 서비스도 질이 떨어져 경제성장을 저해하기 때문이다.

따라서 구체적인 개발협력사업을 계획할 때, 동 사업이 다음과 같은 사항들을 반영하고 있는지를 검토할 필요가 있다. (1) 개발도상국의 우선순위 분야로서 제조업 또는 제조업 기반의 서비스 산업에서 규모의 경제를 통해 생산성 향상 및 생산비 절감에 기여하는 분야인지 여부; (2) 시간이 지날수록 기술이 세련 축적되어 집약적으로 발전할 수 있는 기술 집약적 분야에 대한 지원인지; (3) 개발도상국 내 응용 및 공정기술의 숙련도를 높여주는 지원인지; (4) 이종 분야 결합을 통한 시너지와 혁신적 기술을 창출할 수 있는 지원인지; (5) 한국의 성공한 제도와 기술을 모방해서 더 발전시킬 수 있는 여지가 있는지; (6) 지원 분야가 한국의 생산 시스템과 결합해 수원국과 한국이 동시에 이익과 시너지를 발생할 수 있는지 등이다.

두 번째로, 많은 개발도상국에게 농업과 서비스 산업은 여전히 고용 측면에서 매우 중요하며 이를 갑자기 폐기하거나 무시할 수는 없다. 가장 가난한 나라에서는 농산물이 생산량의 절반 이상을 차지하는데 최빈국은 총 생산량의 약 40~50%, 중진 개발도상국에서는 약 20~40%를 차지한다. 농업의 중요성은 고용 관점으로 보면 더 중요해진다. 가장 가난한 나라의 농업 종사인구는 총 노동력의 80~90%에 이르기도 하는데, 부룬디(92%), 부르키나파소(85%), 에티오피아(79%) 등에 잘 나타나 있으며, 지난 30여 년간 제조업에 있어 눈부신 산업화를 이룬 중국도 농업 종사인구가 아직도 전체 노동력의 37% 정도를 차지한다[70](장하준, 〈경제학강의〉, 2014).

이러한 관점에서 고용 등의 사유로 개발도상국 농업 분야나 서비스업 분야를 지원하는 경우가 필요할 수 있는데, 이들의 효과성을 어떻게 제고할지를 고민해야 한다. 그 기본 방향은 농촌 생산-도시 소비라는 통합발전 모델과 제조업 기반의 농업 생산 시스템 구축이 되어야 한다. 그 사유는 세계 최대의 고부가가치 농업상품 수출국은 인도, 인도네시아, 태국[71] 같은 개발도상국이 아니라, 제조업 기반의 농업을 실시하는 미국, 프랑스, 네덜란드이며, 이는 제조업이 농업 부문 생산성 증가에 미치는 중요성을 잘 말해주기 때문이다.

세 번째로, 개발협력전략의 수립과 집행은 다른 선진국들이 개발도상국에 시행해서 성공했던 개발전략 및 좋은 사례들을 연구하고 참고해서 수립하는 것이 바람직하다. 그 이유는 경제개발은 개발원조기관에서 일하는 사람들의 순수한 열정만으로는 성공하기 어렵고, 역사적 성공 사례를 활용할 때 성공할 확률이 높기 때문이다. 이러한 선진국의 사례에는 당연히 한국의 사례가 포함될 필요가 있다. 한국은 개발도상국에서 선진국으로 단기간에 발전한 세계에서 드문 성공적 사례이기 때문이다.

문제는 한국의 1960~2010년간 급속한 경제발전 시기의 좋은 개발 사례가 체계적으로 문서화 등으로 정리되어 있지 않아서, 이를 개발도상국에 체계적으로 전달해주기가 점점 어려워진다는 점이다. 따라서 개발원조 효과를 확대하기 위한 기초 작업으로 한국과 선진국의 개발 성공 및 실패 사례, 당시의 정책적 고민, 성공 요소 등에 대한 연구와 체계적 정리가 필요하며, 이를 위해 프로그램이나 소규모 조직을 한시적으로 가동하는 것도 고려할 만하다.

이러한 한국과 선진국의 개발 역사를 공부해야 하는 또 하나의 중요한 이유는 개발도상국을 대상으로 하는 "생체실험"을 가능한 한 피해야 할 도덕적 의무가 개발협력에 참여하는 사람들에게 있기 때문이다. 예를 들어보면, 구(舊)소련과 위성국가들의 중앙계획경제정책과 그들이 자본주의로 전환하는 과정에서 겪었던 빅뱅의 혼란스러웠던 경험, 1980~90년대 미국/영국에서 시행한 레이건/대처주의로 상징되는 낙수효과의 경제적 실패, 1997년 동아시아 위기와 2008년 서구 금융위기에서 잘못 처방된 정책, 한국에서 국제통화기금(IMF)의 잘못된 처방에 따라 발생된 폐해를 포함해 삶을 파괴한 잘못된 개발정책들이 산재해 있다. 개발협력에 참여하는 이들에게는 역사의 실패를 교훈삼아 다시 개발도상국을 대상으로 생체실험을 하는 실수를 피하기 위해 최선을 다해야 할 의무가 있다.

네 번째로, 자동화/로봇화의 새로운 기술기반사회에 대응하는 새로운 개발협력 패러다임을 짜야 한다. 예를 들어, 한국은 교육훈련을 중시해 자동차, 기계, 전기, 전자, 목공, 건축, 산업설비, 제어, 자동화, CAD/CAM, 용접, 미용, 제과제빵 등의 분야에서 많은 지원을 하고 있는데, 기존 교육훈련 대상이나 교육 내용이 새로운 기술기반사회에서는 필요 없게 될 우려가 있다. 미래에 이러한 직종에서 수요가 발생하지 않는다면 한국 개발협력의 선의에도 불구하고 졸업 후 실업자만 양산할 수 있는 가능성이 있기 때문이다. 따라서 미래 기술사회가 필요로 하는 직업 분야에 대한 깊은 분석을 통해 새로운 교육훈련 프로그램을 지속적으로 개선하는 등의 새로운 개발협력 패러다임을 구축해야 한다.

한 가지 제안을 하자면, 한국의 개발협력은 개발도상국의 재정이 부족하다는 점을 감안해 적은 비용으로 큰 효과를 내기 위해 응용기술 강화 또는 각종 디자인(건물 디자인, 인프라 디자인, 도시 디자인) 개선 프로그램이라는 디자인에 특화된 개발협력사업을 전략적으로 채택할 수도 있을 것이다. 예를 들어, 잘 디자인된 수자원 인프라(water pipe infrastructure)는 누수를 줄이고 에너지 효율을 높여 적은 비용으로도 전체적인 생산성을 향상시킬 수 있기 때문에 새로운 한국 개발협력 패러다임의 우선순위 특화 분야로 고려할 수도 있을 것이다.

다섯 번째로, 각국이 경제발전이나 개발에 이르는 과정을 살펴보면 큰 방향에 있어서는 그 내용이 유사하나 구체적인 정책의 내용을 보면 각국마다 처한 환경이나 능력, 재원에 따라서 사업 내용이 다르다는 것을 알 수 있다. 예를 들어, 중국은 기본적으로 수확체증과 규모의 경제를 통한 생산성 향상과 기술축적 가능성이 높은 산업을 주요 전략산업으로 지정하고 장기간 이를 지원하고 있으며, 또한 금융을 국가가 통제하는 등의 시장개입정책을 사용하고 있는데, 이는 과거 다른 선진국 정책과 유사하나, 구체적인 정책을 살펴보면 공산당 일당독재체제이며, 사회주의를 기본으로 순차적인 개방경제정책을 실시했고, 1가구 1자녀라는 세계에 유례없는 인구 및 노동력 통제정책을 사용하고도 인도, 브라질, 아르헨티나 등의 다른 개발도상국들보다 높은 경제성장률을 달성했다.

개발협력도 마찬가지이다. 개발도상국의 사회경제적 성장을 지원하는 개발협력 방식은 다양한 방법이 가능할 수 있다는 점을 깊이 인식해야 한다. 이를 위해 개발협력 방식을 프로젝트, 개발조사, 연수 프로그램, 전문가 파견 등으로 세분화하는 방식보다는 개발도상국의 환경과 수요를 충족할 수 있는 유연한 조직과 프로그램 운영이 필요하다.

예를 들어, 개발도상국의 개발협력 대상과 수단은 크게 사람, 물건, 기술의 3가지인데 프로젝트 또는 전문가 파견 같은 섹터별 구분보다는 위의 3가지 수단을 통합적으로 활용해 '목적을 잘 달성할 수 있는지' 여부에 초점을 맞추어 운영하는 등의 유연한 사고와 시스템이 필요하다.

여섯 번째로, 글로벌 이슈와 국제 파트너와의 협력에 관한 것이다. 현재 국제적 공동의 도전과제는 크게 3가지로, '새로운 지속가능 경제발전협력체제 구축', '사회불평등 해소', 그리고 '지구 환경의 보호'이다.[72] 한국 개발협력기관들이 이러한 글로벌 개발 이슈에 적극적으로 참여하는 것을 권하고 싶다. 그 이유는 국제적 상호의존의 심화로 인해 인권, 이주, 재난, 환경 시스템 보호, 기후변화, 국제협력체제 등의 지구촌 문제가 한국의 경제발전 및 개인생활에도 직접적인 영향을 미치고 있고, 한국의 경제발전의 중요한 요소로 점점 더 크게 작용하고 있기 때문이다(예를 들어 우크라이나-러시아 간의 영토분쟁은 석유 가격에 직접적 영향을 미치며, 이산화탄소 규제는 기업 생산 패턴과 일자리에 영향을 미치며, 남미의 페루 앞바다나 북해 바다의 기온 이상으로 인한 어류종의 변화는 우리의 식탁 가격에 영향을 미친다).

아울러 한국의 개발협력은 상대적으로 역사가 짧고, 국제적으로 다른 나라 파트너와 협력하는 문화가 적은 편이다. 따라서 글로벌 이슈에의 참여를 통해 다른 원조기관의 지식과 경험을 습득할 기회로 활용하고, 인적 네트워크를 확대하고, 공동사업을 통해 사업비 절감과 효과성 제고의 기회로 이용할 수 있다. 또한 이러한 과정을 통해 새롭게 등장하는 주요 국제 이슈 선점 전략을 통해 국가 이미지를 제고할 수 있기 때문이다.

17

한국의 국제개발협력 예산과
질적 효과성 제고

1. 한국의 국제개발협력 예산 현황

개발원조 예산 규모는 그동안 선진국들이 '얼마나 진지하게 개발도상국의 사회경제적 발전을 위해 공헌을 하느냐' 하는 평가 척도 중 하나로 여겨져 왔다. 국제회의나 지역회의에서 선진국들은 개발원조 예산과 실적을 발표하기도 하고, 향후 개발도상국의 사회경제적 발전을 위해 선진국들이 어떤 노력을 경주할 것인가에 대한 약속 (commitment)도 한다. 이러한 선진국의 약속은 주로 개발원조 예산의 배정 확대 약속으로 표현되곤 한다.

제2차 세계대전 이후 개발도상국의 개발을 위해 선진국 국민총생산(GNP)의 1%에 해당하는 자금 이전을 촉구하는 국제적 요구가 계속되어 왔는데, 이는 1960년 12월 유엔 총회에서 처음 공식화되었다. 그리고 1964년 제1차 UNCTAD 회의와 1968년 2차 UNCTAD 회의를 거쳐 선진국 국민총생산(GNP)의 1%로 구체화 되었다가 다시

1970년 9월 채택된 "제2차 유엔 개발 10년"[73]이라는 국제개발전략을 통해 GNP 대비 0.7%라는 기본목표가 채택되어 국제적 목표 기준으로 확립되는 계기가 되었다.

이에 한국을 포함한 경제협력개발기구(OECD) 개발원조위원회 (Development Assistance Committee, DAC) 회원국들은 매년 개발원조 예산 규모와 집행실적을 DAC를 통해 발표한다.[74] 이러한 개발원조 예산 규모 및 변화추이를 1960년대부터 간단히 그래프로 살펴보면 전 세계 개발원조 예산이 꾸준히 증가하고 있음을 보여준다(각 선진국 별로 분석을 해보면 국가마다 예산확대 추세에 차이가 있다).

〈1960~2013년간 공적개발협력(ODA) 예산 추이〉 (단위: 100만 달러)

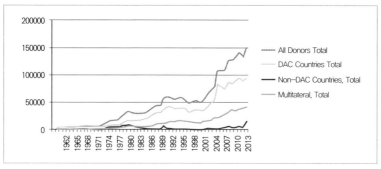

출처: OECD 개발원조위원회(DAC)

한국의 개발원조 예산 규모를 보면, 2013년 한국의 공적개발협력 (Official Development Assistance: ODA) 예산 규모는 2012년(15.9억 달러)에 비해 1.5억 달러(9.2%*) 증가한 17.4억 달러이다.[75] OECD DAC

회원국 28개국 중 16위 규모이며, 국민 1인당 38,000원 정도를 부담한 것이다. 한국의 공적개발협력 예산은 최근 몇 년간 크게 증가하고 있는 추세인데, 2011~2013년간 우리나라 ODA 규모는 연평균 9.2% 증가해 개발원조위원회 회원국 평균 증가율 2.85%를 크게 상회하고 있다.

〈2013년 우리나라 ODA 잠정 통계〉 (순지출 기준, 단위: 100만 달러)

구분	2011년	2012년	2013년	증감률(%)	비중(%)
ODA(A+B)	1,325	1,597	1,744	9.2	100.0
양자간 ODA(A)	990	1,183	1,299	9.8	74.5
－ 무상원조(KOICA)	575	715	800	11.9	61.6
－ 유상원조(EDCF)	415	468	499	6.5	38.4
－ 다자간 ODA (B)	335	414	445	7.4	25.5
ODA/GNI(%)	0.12	0.14	0.13	−0.01%	

출처: 한국수출입은행

이러한 선진국들의 원조예산 확대에도 불구하고 개발원조 효과에 대한 실증적 분석은 예산 확대가 자동적으로 더 효과적인 원조 집행과 결과를 보장해주는 것은 아니라는 것을 말해주고 있다. 실제로 국제사회는 몇 십 년간 엄청난 규모의 개발원조를 시행했음에도 불구하고 그 결과가 기대에 미치지 못했다는 자성의 목소리가 커짐에 따라 원조 방식에 대한 재검토 및 원조효과 제고 방안을 모색했고, 여러 차례 고위급 회담 및 관련 회의 등을 개최한 바 있다. 2005년 3월 파리에서 열린 '제3차 원조효과성 제고를 위한 고위급 포럼'에서 '파리 선언(Paris Declaration on Aid Effectiveness)'을 채택하고 개발원조 효과를 높이기 위해 5가지 원칙을 제시했다. 이 5개 원칙은 (1) 수원국의 주인의식(Ownership), (2) 수원국의 개발전략과 원조전략의 일치(Alignment), (3) 공여국 간 원조전략의 조화(Harmonization), (4) 원조의 성과관리(Managing for Results), (5) 상호 책임성의 강화(Mutual Accountability)이다.

이러한 훌륭한 원칙에도 불구하고, 문제는 이 원칙들이 구체적인 추진전략과 방법을 제시해주지는 않는다는 것이다. 따라서 한국의 개발원조기관들은 보다 구체적으로 한정된 개발협력 예산으로 개발도상국과 한국의 국익을 동시에 추구함과 함께 "개발원조 프로그램의 질적 효과(aid effectiveness)"를 어떻게 제고할 것인지를 깊이 고민해야 한다.

한편, 한국의 개발원조 예산의 양적 확대 필요성과 관련해 여러 시민단체 및 미디어에서는 OECD 회원국의 원조 규모와 비교할 때 우리나라의 개발원조는 아직도 작은 규모라며 예산의 확대를 촉구하고 있는데, 현재 우리나라의 원조 규모 증가율이 비교적 높기 때문에 몇 년 지나지 않아서 다른 선진국과 유사한 원조 규모를 갖게 될 것이다. 그러므로 이제는 원조예산 확대라는 양적 측면을 넘어 한국의 개발원조가 어떻게 질적인 효과를 제고할 것인가에 대해 고민해야 할 시기이다. 돈을 모으기도 힘들지만 현명하게 쓰기도 쉽지 않기 때문이다.

2. 한국의 국제개발협력의 질적 효과성 제고

이러한 맥락에서 한국의 국제개발협력[76]의 질적 효과를 제고하기 위해서 개발협력 프레임워크 및 집행전략의 개선이 필요한 듯하다. 어떻게 개선해야 할까? 쉬운 문제는 아니다. 제한된 개발원조 예산이 배정되는 현실 하에서 개발원조 목적을 효과적으로 달성하기 위해 어떠한 개발원조 집행전략을 수립할 것인가에 대해 고민해 보자. 몇 가지 제언을 하자면 다음과 같은 것들이다.

첫째, 한국의 개발원조 프레임워크를 개선하기 위해서는 몇 가지 중요한 질문이 먼저 명확히 선결되어야 한다. (1) 한국은 무슨 목적을 달성하기 위해 국제개발협력을 하고 있는가, (2) 수원국의 누구/ 무엇을 주요 목표(target group) 또는 파트너로 개발협력을 수행하는가, (3) 구체적인 집행을 위한 우선순위 분야, 한국 내 집행기관의 결정, 주요 파트너들, 가능한 수단, 프로세스, 필요한 제도 등을 포함한 한국의 원조집행전략(ODA implementing strategy)은 무엇이며, (4) 한국의 원조집행전략의 효과적 수행을 가능케 하는 주요 요소(drivers)는 무엇인가 라는 질문들이다. 결론적으로 이러한 질문들에 대한 답이 한국형 국제개발협력 프레임워크 및 한국형 개발협력 모델의 주요 요소를 구성할 것이다.

첫째, 한국은 무슨 목적을 달성하기 위해 국제개발협력을 지원하고 있는가? 많은 개발협력 관련 책에서 정치적 영향력 확대, 경제적 이익, 인도주의적 이유 및 식민지의 역사적 배경에서 개발도상국을 지원한다고 설명하고 있지만, 현대의 복잡한 정치경제학적 구조 하에서 정치적, 경제적, 인도주의적 이익을 칼로 자르듯 명확히 구분하는 것은 큰 의미가 없어 보인다.

한국이 국제개발협력을 실시하는 주된 목적은 단도직입적으로 말하자면 "한국의 국익에 부합하기 때문"일 것이다. 국익에 부합하지 않는다면 단발적 개발원조는 가능하겠지만 장기적인 개발원조 제공은 가능하지 않았을 것이고, 앞으로도 가능하지 않을 것이다. 아무리 착한 사람이라도 장기적으로, 일방적 개발원조를 제공할 것이라고 생각하는 것은 순진한 가정이라고 보아야 할 것이다. 이 목적을 교과서적으로 좀 더 우아하게 표현하자면 "개발도상국의 경제발전 기여를 통해 한국의 경제발전도 추구하는 상생(win-win)적 성장전략"으로서 공적개발원조를 수행하는 것이라 할 수 있겠다.

이런 맥락에서, 조건부 원조(tied aid)에 대한 비판도 많지만, 수원국에 대한 기여와 동시에 원조공여국(donor country)의 이익도 함께 고려하는 개발협력(개발원조)을 반드시 나쁘게 볼 필요는 없다. 원조공여국의 이익과 관계없이 무조건적 원조(Untied aid)를 제공해야 원조효과가 더 크다는 '파리 선언 원칙'은 이론적으로 타당하지만, 반드시 이 원칙이 지속가능한 개발원조체제의 개선을 가져온다고 생각하지 않는다. 개발원조가 원조공여국(한국)의 장기적 국익에 기여하는 바가 없다면 국민세금으로 충당되는 개발원조 및 개발원조 예산이 지속적으로 제공될 수 있었을까 하는 현실적 한계를 고려해서 수원국에 대한 실질적인 기여뿐만 아니라 원조공여국인 한국의 국익에도 동시에 도움이 되는 방향으로 개발협력 집행전략을 수립해야 한다.

중요한 것은 교과서적인 정의가 아니다. 정치적 목적이든, 경제적 목적을 추구하든, 어떠한 원조 목적이든 간에 보다 중요한 것은 "국민들이 개발원조의 목적과 비전을 공유하고 있는지 여부"와 "개발도상국과 한국의 국익(반드시 경제적 이익만을 의미하는 것은 아니다)에 도움이 되는 개발원조인지 여부"이다. 이것이 개발원조의 효과를 높이면서 지속가능하게 하는 동력이기 때문이다.

두 번째로, 위에서 언급한 개발협력의 비전(vision) 또는 목적(goal)이 명확히 인식되면, 다음 단계로 이러한 비전과 목적을 어떻게 효과적으로 집행할 것이냐에 대한 국제개발협력 집행전략의 정립이 필요하다. 전략은 영구불변이 아니라 3~5년의 중단기이다.

효과적인 국제개발협력 집행전략을 수립하기 위한 제언은 어떤 기준으로 지원할 개발도상국 선택을 할 것이냐, 그 개발도상국 내에서 무엇(어떤 분야 및 사업)이 우선순위이냐, 개발도상국 내의 누구와 협력해 사업을 집행할 것이냐 등의 우선순위 선정 문제가 나온다. 한국의 원조대상이 (1) 수원국의 근본적 시스템 개선을 목적으로 하는지, (2) 5개년 국가개발계획처럼 국가 계획의 집행을 일부 지원하는 것인지, (3) 운영관리 역량을 강화하는 것인지, (4) 기술능력 향상 및 신기술 이전을 목적으로 하는 것인지, (5) 빈곤층(poverty group)의 가난극복, 또는 주택 및 인프라 등을 우선순위로 하느냐에 따라 원조

집행전략 및 기대 결과도 달라지기 때문이다.

세 번째로, 지구 온난화 및 재난 복구 등 세계적 주요 이슈(다자간 개발원조)와 개별국가 주요 이슈에 대한 지원(양자 간 개발원조) 간의 균형이 필요하다. 물론 교과서적인 답으로야 균형적 접근이 바람직하지만, 상대적으로 한국의 개발원조가 세계적 이슈에 대한 적극적인 리더로서의 역할이나 선점 전략이 취약하다는 점에서 다자 간 개발원조의 강화를 통한 글로벌 이슈 선점 전략을 보다 강화할 필요가 있다.

기후온난화, 환경오염 같은 세계적 주요 및 관심 이슈에의 동참과 선점은 세계적으로 그리고 장기적으로 국가 이미지를 강화할 뿐만 아니라, 세계적 언론에 자주 이름이 거론됨으로써 국가 홍보 효과가 극대화되고, 심지어 관광 효과까지 가능하게 된다는 점에서 원조의 효과가 극대화되는 분야이므로 적극적으로 접근할 필요가 있다. 이를 대표적으로 잘 활용하는 국가가 노르웨이, 일본, 싱가포르이다.

일본은 특히 선점 전략에 강하다. 1992년에는 제1차 기후변화협약 관련회의를 교토에 유치하고 교토 의정서(Kyoto protocol)를 체결해 일본과 교토의 이름을 역사에 남기고, 기후변화에 적극적으로 대처하는 일본의 이미지를 확립했으며, 2000년 기타큐슈에서 제4차 아시아 태평양 환경개발장관회의를 유치해 기타큐슈 의정서(Kitakhyshu Initiatives)를 채택하고, 깨끗한 도시로서의 일본의 이미지를 제고시켰다. 2005년에는 효고 현(縣)에서 유엔 기구와 함께 재난감축 국제회의를 주도해 행동 효고 프레임워크(Hyogo Framework for Action; HFA 2005~2015)라는 행동 전략을 채택했으며, 2015년 3월에는 일본 센다이(Sendai)에서 세계재난경감회의(World Conference on Disaster Risk Reduction)를 유치하는 등 이를 통해 재난에 적극적으로 대처하는 일본의 이미지를 강화하고 있다. 2008년에는 벳부에서 제1차 아시아 태평양 물 정상회의(First Asia Pacific Water Summit: APWS)를 유치해 아시아 태평양 지역의 물 문제를 해결하는 선도적 역할을 천명하기도 했다. 이와 같이 일본은 국제적 이슈에 대한 첫 국제회의를 자국에서 개최하고, 일본의 도시명을 딴 국제 이슈 이니시어티브(initiative)를 채택한 후 이를 개발원조와 연결하는 등 주요 국제 이슈의 선점 및 주도국가로서의 이미지 확보라는 국가 전략을 사용하고 있다.

싱가포르는 물 부족을 '새로운 물(NEWater)'이라는 국가정책으로 통합해 물의 관리에 있어서는 선도국가라는 이미지를 확고히 하는 한편, 매년 싱가포르 물 주간(Singapore Water Week)을 지속적으로 개최해 아·태 지역의 물 문제 해결을 위한 선도적 국가로서의 이미지를 높이고, 이를 통해 자국의 물 산업을 육성, 수출하는 전략을 추진하고 있다. 실제로 멤브레인(membrane) 제품 등 싱가포르에서 사용되는 많은 기술과 제품들은 이미 한국에서 개발되어 사용되고 있음에도 불구하고, 국제사회에서 싱가포르가 한국보다 멤브레인을 포함, 물 문제에 관한 한 선진국처럼 여겨지고 있는 이유가 싱가포르의 국가 전략에서 온 것이다. 또한 싱가포르는 2009년에 제1차 세계 도시 정상회의(First World Cities Summit)를 주최해 지속가능 발전도시로서의 이미지도 강화하고 있다. 한국도 이러한 주요 이슈 선점 전략을 적극적으로 활용해야 하지 않을까?

노르웨이는 스리랑카 등 각 지역적 분쟁에 적극적으로 개입해 중재자 역할을 수행하고, 아울러 분쟁 억지에 필요한 개발재원을 자국의 원조재원과 연결시켜 지원함으로써 세계적 평화 중재자 및 관리자로서의 이미지를 구축하고 있다. 이는 노르웨이의 깨끗하고 도덕적 이미지를 제고하는데 큰 역할을 했다.

이러한 전략의 성공은 단순히 하루아침에 가능하게 되는 것은 아니다. 중요한 국제 이슈를 선점하기 위해서는 무엇이 필요할까? 이를 위해서는 현재 그리고 앞으로 중요하게 될 국제 이슈가 무엇인지를 파악할 수 있는 안목이 갖추어져야 하는데, 세계적 주요 이슈에 대한 지속적 관심 및 국제기구와의 협력 등을 통해 꾸준히 국제사회의 현안에 대해 지속적으로 학습하는 것이 필요하다.

아울러 새로운 국제 이슈를 선점하고 주도하기로 결정이 되면 후속조치로서, 그리고 선점 이슈의 선방 및 후방 조치로서 한국의 개발원조와의 통합전략이 필요하다. 한 번의 국제회의 유치가 국제 이슈의 주도를 의미하는 것은 아니다. 국제 이슈에 대한 국제회의 유치가 결과물을 상징적으로 나타내기는 하지만 주요 이슈를 선점 및 선도하기 위해서는 회의 전에 사전 정지작업과 사후의 후속 개발원조 조치가 함께 뒤따르지 않으면 단발성 회의로 끝나고 말 것이기 때문이다. 예를 들어, 일본의 경우 2000년 깨끗한 도시라는 기타큐슈 이니시어티브(Kitakhyshu Initiative) 발표 후 약 10여 년간 개발도상국의 연수생 훈련, 프로젝트 사업 등 일본의 개발원조 프로그램을 통해 기타큐슈 이니시어티브를 확립하는 것을 지원한 바 있다.

　네 번째로, 거시적 접근과 미시적 접근 전략 간의 선택과 균형 문제이다. 우리나라는 개별단위의 학교, 병원 및 직업훈련원 건립 등 하드웨어 타입의 미시적 차원의 지원을 주로 시행하고 있으며 많은 경험을 축적하고 있다. 이 같은 하드웨어 타입의 프로젝트 사업 지원도 반드시 필요하지만, 해당 수원국의 교육, 환경, 보건, 노동정책 등 수원국이 추진하는 거시적 정책과 일치하는 방향 하에서 지원하는 노력이 필요하다. 또한 개발도상국이 추구하는 거시적 목적과 원조기관이 지원하는 미시적 목표 간의 간격(개발도상국은 5~10년 단위의 대규모 목적, 원조기관은 1~3년 단위의 단위별 목표)이 발생하는데 이에 대한 법적, 제도적 완충장치가 필요하다.

　예를 들어, 앞장의 기술 관련 부분에서 설명한 바와 같이 미래사회가 기술 기반의 자동화 사회로 이동하고 있음을 동의한다면, 기존의 학교나 교육훈련 프로그램 분야를 지원하더라도 그 내용은 크게 달라져야 한다. 즉 개발도상국의 교육정책이 이러한 자동화 사회의 부정적 영향을 흡수하는 쪽으로, 즉 직업훈련원 졸업 후의 취업 등도 함께 고려해서 기계가 할 수 없는 분야로의 교육훈련 특화가 이루어져야 한다. 이는 국가 기본교육훈련정책의 패러다임 변화 없이는 어려운 일인데, 이러한 거시적 정책의 패러다임 변화에 대한 지원을 보다 강화할 필요가 있다

　다섯 번째로, 지원 분야를 선정할 때 어떤 기준이 적용되어야 할까? 당연히 한국이 전략적으로 비교우위를 만들거나 혹은 이미 비교

우위에 있는 분야, 예를 들어 지속가능한 신도시 건설, 수자원 및 에너지 자원, 전자 및 통신, 교육, 기술 응용 및 공정기술 등의 분야를 비교우위 분야로 생각해볼 수 있겠다. 그렇다면 이러한 한국의 비교우위 분야를 어떤 전략으로 지원해야 할까? 먼저 개발도상국이 발전하기 위해서는 4가지 요소가 필수적인데 인프라(Infrastructure), 우수한 인력확보(human capacities), 기술(technology), 그리고 정부의 조직능력(government organizational capability)이다.

따라서 수원국과 한국의 공동 이익을 극대화하기 위해서는 한국이 우위에 있는 섹터에서 인프라 구축, 개발도상국의 인력 능력 향상, 기술 응용 공정능력 향상, 그리고 정부가 필요한 요소들을 생산 시스템에 조직적으로 참여할 수 있도록 하는 국가 조직능력 강화를 우선순위로 지원하면 어떨까 하는 생각이다.

여섯 번째로, 중요하게 생각해봐야 할 점은 원조를 집행하는 기관 및 직원들의 원조에 대한 공유된 비전(shared vision)과 끊임없는 능력향상(capacity building programme) 노력이다. 원조기관에서 일하는 인력들은 한국의 얼굴이다. 이들 기관에게 충분한 인력과 교육이 제공되어야 하며, 자부심을 갖도록 하는 인센티브의 제공이 선행되어야 한다. 인재 훈련과 우수한 원조 인프라 구축 없이 질 높은 원조전략이 집행될 수 있다고 기대하는 것은 넌센스이다.

그런데 인재 훈련은 어떻게 이루어져야 할까? 현재 원조기관에서 근무하는 인력들이 가장 갖추어야 할 업무 능력은 현재 강조되고 있는 '집행 능력' 이외에도 '전략적 기획 능력(strategic planning

capabilities)', '모니터링 능력(monitoring capabilities)' 그리고 '분석 능력
(analytical capabilities)'이다. 개발원조의 실제 집행은 협력기관(한국의
우수한 공공기관과 민간기업)을 통해 실시하면 되므로 원조기관은 집행
능력 이외에도 전체적인 전략 기획 능력, 모니터링 능력, 그리고 분
석 능력의 향상을 위해 노력할 필요가 있다.

끝으로, 국제개발협력은 개발도상국과 한국이 서로에게 도움이 되
는 몇 안 되는 상생 전략 분야(win-win strategy)라는 점을 다시 한 번
강조하고 싶다. 개발원조가 외국의 개발도상국에게 낭비되는 자원이
아니라, 개발도상국과 우리의 미래를 향한 투자라는 점이 국민들 사
이에 잘 이해되기를 희망하며, 이러한 국민적 지지 하에 한 단계 업
그레이드된 한국의 국제개발협력 전략의 수립을 기대한다.

18

국제개발협력에서 전문가 활용

개발협력을 수행하거나 개발문제를 해결하기 위해서는 많은 것이 필요하다. 이러한 필수 요소들은 시스템 안에서 자연적으로 발생하거나 공급되는 부류의 것이 아니다. 개발협력 집행수단은 크게 3가지로 나눌 수 있는데 사람, 물건, 기술이다. 이 중에 사람(human resource)이 매우 중요한 요소라는 점에는 이견이 없을 것이다. 왜냐하면 경제발전의 기획, 집행, 자원의 효율적 배분 등 개발협력의 대부분은 결국 사람이 하는 일이기 때문이다.

그렇다면 개발원조의 효과를 제고하기 위해서는 훌륭한 능력을 가진 개발인력 및 전문가를 육성 또는 확보해야 하는데, 어느 나라든 간에 이러한 개발인력 및 전문가 확보 시스템이 잘 작동하지 않고 있는 듯하다. 즉 능력 있는 개발인력이나 전문가는 항상 부족했다.

훌륭한 개발원조 전문가와 보통 수준의 인력에 의한 개발협력 효과의 차이는 얼마나 될까? 극단적으로 말하자면 개발원조 프로그램 전체 예산의 약 10%에 이르는 개발사업 효과 증대로 상정해볼 수 있겠다. 10%라면 우리나라 개발원조 예산이 2013년 기준으로 약 17.4억 달러이므로 약 1.7억 달러(약 1,870억원)의 개발원조 효과가 추가로 발생하는 셈이다. 이론적으로 우리가 매년 10%씩 개발협력 효과를 증진할 수 있다면 5년이 지나면 세계에서 가장 효과적인 원조기관이 될 것이다.

이렇게 보면 개발협력 효과를 개선하는 답은 간단하다. 좋은 개발원조 전문가를 확보하면 된다. 그런데 왜 작동하지 않았을까? "개발원조 인력의 처우를 개선해야 하지 않을까?" 또는 "우수한 전문가들이 어떻게 개발협력을 계획 집행하는지 노하우를 널리 공유해야 하지 않을까?" 하는 등의 생각들이 머리에 떠오를 것이다. 그런데 실제로 이러한 좋은 생각들이 잘 실천되지 않고 있다는 점에 문제가 있다.

좋은 전문가란 경험이나 나이가 많은 전문가를 생각할 수도 있겠지만, 항상 그런 것은 아니다. 개발원조를 계획 및 실행하는 능력은 경제발전 원인과 현상에 대한 복합적 사고와 판단력을 가질 수 있어야 하는데, 본인이 지속적인 공부를 하지 않으면 보통의 경우 개발협력 분야에 입문한 지 3년 정도가 지나면 작년에 했던 것을 되풀이하는 보통의 인력이 되어 버리는 경우가 대부분이다. 박사학위가 있으면 더 잘 하지 않을까라고 생각할 수도 있지만 박사학위도 큰 차이를 주지 못한다. 특정주제에 대한 깊은 연구로 박사학위를 받는 것과 개발협력 사업계획을 잘 수립하는 것은 서로 다른 능력이다. 개발협력 전문가에게 주는 임금의 기준은 크게 두 가지인데, 매년 연수에 따라 급여가 올라가는 시스템과 학위에 따른 차등 지급이 그것으로, 사실상 두 기준은 좋은 개발협력 전문가가 되는 것과 별로 상관이 없다.

다양한 개발협력 분야에는 각 분야별로 일을 잘하는 사람들이 있다. 그러한 전문가의 지식 및 경험이 개발원조 계획 및 집행에 반영되어 개발협력 프로그램의 평균 수준을 높이도록 한다거나, 그러한 사람들을 개발협력 시스템 또는 제도 안에 안착하도록 만들지 못했던 것 같다. 예를 들어, 한국의 개발원조기관에서 경력직의 채용이라는 것은 거의 없는 편이다. 대부분 신입직원으로 뽑는다.

좋은 기관을 보면 몇 가지 공통적 특징이 있는데 팀워크를 한다는 점, 그리고 팀워크를 통해 소속 인력의 능력과 업무 품질을 향상시킨다는 점, 독립적인 평가기관이 존재한다는 점, 개발 프로젝트 결과 등의 구체적 데이터 및 피드백 시스템 등이 존재한다는 것들이다. 이런 시스템을 통해 프로젝트 담당자는 사업의 질을 높이기 위해 노력하게 되는 것이다. 관리자의 경우는 단순히 서류에 사인만 하는 것이 아니라, 비전을 제시하고, 프로젝트 담당자들이 계속해서 주요 이슈에 포커스를 맞추도록 소통하고, 팀 내 지적 토론이 활발하게 이루어지게 하는 등의 역할이 있어야 한다.

많은 기관은 기본적 데이터 축적에 관심이 부족하고, 당연히 피드백도 없으며, 따라서 우수한 인력이 잘 해보려고 해도 평가할 데이터가 부족해 좋은 전문가를 구별해내는 것이 쉽지 않고, 결국 대우도 똑같게 된다. 결국에는 잠재성이 높은 우수한 인력도 기존 시스템에 안주하게 되거나, 떠나게 되는 현상이 발생한다. 결론적으로 개발인력의 성과(performance)를 잘 측정할 수 있는 다양한 방법을 개발해 우리의 현 위치를 진단하고, 그래서 누가 잘하는지를 구별할 필요가 있다.

이렇게 확인된 우수 전문가를 통해 프로젝트 기획 및 집행방법을 공유하는 것이 한 가지 개선 방안이 될 수 있을 것이다. 예를 들어, 노하우를 전달하는 동영상을 만드는 데에는 돈이 거의 들지 않는데, 개발인력 및 전문가들이 지적 토론(intellectual debate)을 통해 노하우와 테크닉을 공유하도록 토론 및 소통의 장을 만들어주는 것도 한 방법이다. "제가 이렇게 해보니까 잘 되더라, 이러한 문제가 있는 것은 어떻게 해결해야 할까? 이렇게 하니까 하나도 먹히지 않더군요…" 하는 방향으로 좋은 원조기법을 공유할 수 있도록 해주어야 한다.

또한 개발원조 전문가를 양성하는 전문기관도 활성화할 필요가 있다. 이런 의미에서 한국국제협력단 안에 설치된 ODA 교육원의 질을 지속적으로 강화할 필요가 있다.

정부 차원에서 개발원조 전문가 평가 시스템 및 인센티브를 줄 수 있는 피드백 시스템을 구축해주어야 한다. 정부의 힘만으로는 적절한 자원을 적절한 장소에 배치할 수 없다. 경제논리에 따라 굴러가는 시장과 민간 부분이 그러한 능력이 없는 것은 마찬가지이다. 열정을 가진 훌륭한 전문가들이 일할 수 있는 환경을 만들어주는 시스템적 접근이 필요하며, 이렇게 우수한 인력의 제대로 된 활약을 통해 우리는 더 잘할 수 있을 것이며, 많은 삶을 개선할 수 있을 것이다.

19
개발협력 매니저의 필수지식과 능력

성공적인 경제발전을 이룩한다는 것은 매우 어려운 과제이다. 지난 100여 년간 세계적으로 경제발전에 성공한 나라가 한국, 싱가포르, 대만, 중국을 꼽을 수 있을 뿐이라는 사실에서도 경제발전은 어떻게 보면 예외적인 현상이라 여겨지기도 한다. 따라서 가난한 개발도상국을 효과적으로 돕기 위해서는 단순히 인본주의적 온정으로는 한계가 있으며, 체계적으로 그리고 전략적으로 이들을 지원해주는 개발협력 시스템을 구축한다는 것도 역시 매우 도전적인 일이다.

우리가 사는 사회는 너무 복잡해서, 복합적 상호작용의 메카니즘을 이해하기도 어렵고, 우리 스스로도 자신의 행동이 낳을 구조적이고 장기적인 영향에 대해서두 깊이 이해하지 못하고 있다. 특히 국제개발협력 분야에서 활동하는 사람들은 경제발전이 어떻게 이루어지는지에 대한 원리를 충분히 이해하지 못하면, 본인의 선의의 의도와는 달리 오히려 가난한 국가에 부정적 결과를 초래할 수도 있다. 특히 기술발전으로 인한 기술기반시대는 더욱 복잡한 사고와 능력을 요구하고 있다.

예를 들어, 아프리카의 가난한 마을의 뒤처진 농업 상황을 보면 그곳의 농업을 더 효율적으로 만듦으로써 그들을 돕고 빈곤을 극복하도록 해주고 싶어 하는 것은 당연하다. 그러나 적극적인 지원으로 농산물 생산이 증대된다 해도 농산물에 대한 시장이나 수요가 없다면, 농산물 생산의 증대는 오히려 가격 폭락을 가져올 수도 있다. 따라서 진정으로 효과 있는 도움을 주기 위해서는 농업에 직접 지원해서 산출물을 높이는 것도 의미가 있겠지만, 계몽주의 철학자이자 경제학자인 데이비드 흄(David Hume)이 강조한 것처럼 "농업을 개선하려면 제조업 기반의 농업 형태로 생산 패러다임을 개선하는 우회로를 통하는 것이 최선이다"와 같은 눈에 보이는 않는 복잡한 생산 및 부의 메카니즘을 이해해야 한다.

그렇다면 개발도상국의 경제발전을 효과적으로 지원하기 위해서 국제 개발협력 분야에서 활동하고 있는 개발협력 정책자, 전문가, 프로젝트 매니저 등은 어떠한 기본적 지식이나 능력을 함양해야 할까?

첫째, 개발도상국이 선진국으로 발전할 때 사용했던 개발정책의 원인과 정책적 환경, 그리고 집행 프로세스에 대한 기본지식과 이해를 가지고 있어야 한다. 즉 현재의 선진국들이 과거 개발도상국일 때 어떠한 정책을 사용해 개발에 성공했는지에 대한 실증적 사실과 개발 성공 사례에 대한 지식을 가지고 있어야 한다. 1485년 영국의 헨리 7세의 경제정책으로부터 현재 중국의 개발경제정책까지 경제발전에 성공한 국가들이 어떠한 정책과 전략을 사용했는지에 대해 공부할 필요가 있다. 예를 들어, 한국이 1960~2010년대를 통해 어떤 고민을 했고, 어떠한 정책적 논쟁을 거쳤으며, 어떤 전략을 사용해서 경제발전을 이룩했는지를 모른 채 현재의 발전된 상태의 정책만을 개발도상국에 전파한다는 것은 실패를 가져올 가능성이 높다. 이와 관련한 책을 추천한다면 장하준 교수의 〈사다리 걷어차기(kicking away the ladder)〉로 시작하라고 권하고 싶다.

앞에서 설명했던 선진국들의 발전 전략을 다시 한 번 요약하면, 1480년대 영국을 거쳐 유럽, 미국, 일본, 한국, 중국에 이르기까지 500여 년에 걸쳐서 거의 모든 선진국들은 (1) 그 당시 이웃 선진국의 우수한 기술과 제도를 모방하고 수정 적용시켰으며, (2) 수확체증 분야[77]인 제조업을 의도적으로 선택하고 집중했으며, (3) 도시적 환경 조성을 통해 혁신 및 시너지를 증대하고, (4) 원자재는 수입하고 제조업 제품은 수출하는 전략과, 전략산업 육성을 위한 일정기간의 보호무역정책을 실시하고, (5) 고부가가치의 기술집약적 산업을 보조금 및 세금우대 등으로 지원하고, (6) 생산성이 높은 산업 활동에 능력 있는 개인들을 조직적으로 참여시키는 국가 조직능력을 강화하고, (7) 어느 정도 경제성장이 이루어진 후 조세 및 사회보장제도 등을 통해 중간소득계층 확대정책 등을 실시했다.

두 번째로 함양해야 할 자질은 경제발전 현상과 개발 도전과제를 분석할 수 있는 분석 능력이다. 이를 위해선 현상을 분석하는 본인의 프레임 구축이 필요하다. 본인의 분석 프레임이란 "어떤 개발과제를 본인의 분석 렌즈를 통해서 원인 및 현상을 분석하고, 이에 대한 해결책을 찾는 능력을 의미한다." 이러한 능력을 함양하는 것은 쉽지도 않고, 단시간에 이루어지지 않는다.

물 문제를 예로 들어보자. 물 분야는 물 공급, 빗물 관리, 하수 문제, 빗물에 의한 홍수, 강 유역의 관리, 댐 및 파이프 같은 수자원 인프라, 멤브레인 같은 물 산업, 물 정제기술 등 너무나 다양하다. 뿐만 아니라 물의 대기 순환과 같은 환경 문제, 물과 에너지의 결합 문제, 기후변화와 물, 물과 농업 문제 등 복잡하고 다양하다. 이렇게 개발과제가 복잡할수록 이를 단순화해서 이해할 수 있는 분석 프레임(틀) 능력의 함양은 개발협력 담당자들이 근원적인 원인들에 접근할 수 있도록 해준다. 일례로, 물의 근원적 문제를 아주 단순화해서 보면 국가 및 지역에 따라 (1) 너무 물이 적거나(가뭄), (2) 물이 너무 많거나(홍수), (3) 물이 더러움(하수 및 오염)이라는 세 가지 문제로 귀결된다. 따라서 이에 대한 정책도 크게 3가지로 프레임화 해서 개발 프로젝트를 세울 수 있을 것이다.

어떻게 이러한 능력을 함양할 수 있는가? 가장 좋은 것은 훌륭한 상급자를 만나 지속적으로 지적을 받고, 생각을 수정하면서 일정 기간 지적 훈련을 하는 방법이다. 독서를 통해서 이러한 능력을 형성하려 할 경우에는 기존 사고 프레임에서 벗어나기 힘들거나, 시간이 오래 걸리는 등의 한계가 있다.

세 번째로, 개발과제에 대한 근본 원인과 해결 가능성에 대한 분석을 구체적인 액션으로 전환할 수 있는 실행 및 조직 능력의 함양이 필요하다. 이를 위해서는 특히 필요한 인력 및 자원을 문제해결 과정에 조직적으로 참여하게 할 수 있는 조직 능력[78]이 중요하다. 이 조직 능력에는 개발과제 해결이라는 목적과 이용 가능한 수단을 전략적으로 연결해 수행전략을 수립할 수 있는 전략 수립 능력을 포함한다.

네 번째로 고려해야 할 능력은 기술혁명으로 인한 자동화 및 로봇화 시대가 가져오는 긍정적 영향과 부정적 영향에 대한 깊은 통찰력과 지식이다. 특히 로봇으로 인해 국가 생산성은 증가하는데 일자리는 줄어드는 디커플링(de-coupling) 현상과 같은 새로운 흐름을 잘 이해해야 한다. 예를 들어, 거의 2010년까지는 기술이 발전하면 일자리도 같이 창출되어 개별 국민소득도 향상되었다. 그러나 지금은 기술이 발전하면 일자리가 대규모로 줄어드는 시대로 들어섰다. 소비자의 입장에서는 기술발전으로 인한 자동화로 생활이 편리해지고 좋아졌으나, 생산자/노동자의 입장에서 자동화가 노동자의 일자리 해고로 나타나게 된다.

이러한 새로운 기술사회에 대한 이해와 지식 없이 집행한 개발협력 프로그램은 효과가 적거나, 오히려 부정적 결과를 가져올 수도 있다. 예를 들어, 선의를 가지고 수행한 교육 프로젝트라 하더라도 과거 방식의 교육훈련 프로그램은 로봇 자동화로 인해 학교 졸업 후에도 취업을 하지 못하고, 지식 인력의 실직자만 양산할 수도 있기 때문이다.

다섯 번째로, 디지털 혁명(digital revolution)으로 발생하는 대규모 데이터(big data)의 관리와 정보의 사용 능력이다. 우리는 아날로그에서 디지털 시대로 진입하면서 세계의 정보량은 2000년 이후 급격히 증가하고 있다.

물론 과거에도 정보는 값어치 있는 상품이고, 중요한 요소였다. 그러나 현대에 와서 달라진 것은 '정보의 희귀성'에서 '정보의 과다'로의 전환이다. 과거에는 정보의 획득에 비용이 소요되었으나, 현대에 와서는 많은 정보 중 필요한 고급정보를 얻기 위한 필터링에 더 많은 비용이 사용되고 있다. 이러한 정보의 폭발 속에서 고급 필요정보를 적절히 관리하는 능력을 키우지 못하면 정확한 상황분석과 올바른 정책을 만들기 어렵게 된다. 따라서 데이터 관리 및 정보사용 능력의 함양이 중요하며, 이는 미래에 더욱 중요하게 될 것이다.

20

개발협력의 좋은 모델,
한국의 새마을운동

　한국의 새마을운동은 1970~80년대 한국의 산업화 및 도시발전으로 인하여 농어촌 인구의 도시로의 급격한 이동이 발생하고, 도시 빈민의 문제가 심각해짐에 따라 도시에 비해 상대적으로 뒤처진 농어촌의 소득증대와 빈곤탈출을 목적으로 시작된 정부 주도의 범국민운동이다.

　실제로 1960년대 전반까지만 해도 농가소득이 도시근로자 가구소득보다 많았지만, 1970년에 접어들면서 농가소득은 도시근로자 가구소득의 70% 선으로 급락하게 된다.[79] 이러한 배경 하에서 새마을운동은 빈곤을 벗어나 농어촌에서도 노력하면 중산층이 될 수 있다는 강한 희망적 메시지와 동기를 부여함으로써 실제로 농어촌마을의 소득증대와 함께 삶의 질을 개선하는데 큰 기여를 했다. 이러한 새마을운동의 긍정적 효과는 1980년대 중국의 덩샤오핑(鄧小平)이 개혁·개방 정책을 구상하면서 한국의 새마을운동을 중국의 농촌개발정책의 모델로 참고했다는 사례에서도 잘 드러난다.

반면에 새마을운동은 1930년대 조선총독부가 추진한 농촌진흥운동(아타라시이 무라 쓰쿠리)을 복제한 것이라는 비판, 새마을운동을 정권유지의 한 수단으로 사용했다는 비판, 농촌 소득증대에도 불구하고 농촌에서 도시로의 이주가 계속되었다는 비판 등도 있다.

이에 대한 본인의 생각은 일본의 사례라도 좋은 것이면 활용하는 것이 바람직하고, 어느 정부든 정책을 정권유지의 수단으로 활용해 왔으며, 새마을운동이 없었다면 농촌은 더 빨리 피폐화되거나 빈곤층으로 전락했을 가능성도 고려할 필요가 있다고 생각한다.

하지만 이러한 공과를 떠나, 이 장에서는 한국에서 성공한 '새마을운동'을 국제무대, 즉 다른 개발도상국이나 국제기구에 잘 팔 수 있는 상품이라고 보고, 이를 잘 세일즈하려면 어떤 전략을 통해서 추진해야 할지를 하나의 개발과제로 접근해 보고자 한다. 이는 전 세계적으로 국가 전체 차원에서 새마을운동처럼 성공적인 사례를 찾아보기가 쉽지 않고, 또한 새마을운동이 다른 가난한 개발도상국의 농어촌 개발에 좋은 모범사례가 될 수 있다고 생각하기 때문이다.

1. 새마을운동의 성공요인

먼저, 새마을운동의 시작 배경을 간단히 살펴보자. 1969년 8월 4일, 박정희 대통령은 수해를 입은 지역의 복구사업을 순시하다가, 경상북도 청도군 청도읍 신도리 마을주민들이 "재해로 쓰러진 마을을 복구하는 과정에서 마을길도 넓히고, 지붕도 개량하여 더 깨끗하

216

고 살기 좋은 마을로 만들어가는 노력"에 크게 감동했다고 한다. 박 대통령은 이듬해인 1970년 4월 22일 재해대책 지방장관회의에서 신도리 마을 사례를 들며 농촌에서 '새마을 가꾸기' 추진을 처음 제안했는데, 1970년 10월부터 1971년 봄 기간 동안에 정부가 전국 3만5천 개 마을에 각각 300여 포대의 시멘트를 무상으로 제공하여 마을도로 확장, 공동 빨래터 및 우물시설 설치 등 마을공동사업을 중점적으로 지원하면서 본격화 되었다. 이렇게 정부 주도로 시작된 새마을운동은 마을주민 및 국민의 호응을 받으면서 본격적인 탄력을 받게 되고, 전국적으로 농어촌의 소득과 삶의 질을 개선하는 큰 효과를 가져왔다.

새마을운동은 다른 개발도상국의 농촌개발운동과 어떤 다른 특성을 가졌기에 성공했을까? 그 주요 내용을 요약하면 이렇다.

첫째, 새마을운동은 위로부터 아래로(Top-down) 시작된 정부 주도형 개발전략이었다. 나중에는 국민들의 적극적인 지지를 받아 범국가적 국민운동으로 확산되었으나, 그 본질은 정부 주도형 개발로서 새마을운동 기본 프레임워크, 추진원리 및 사업집행전략 등의 수립과 성공은 정부 공무원들의 섬세하고 헌신적인 노력 덕분이다.

사족을 붙이자면 이상적으로는 마을주민이 먼저 주도적으로 시작하여 정부가 호응하는 상향식 개발방식(Bottom-up)이 주인의식이나 효과 면에서 더 바람직하지만, 역사적으로 볼 때 민간 주도로 시작된 사업은 용두사미로 실패한 경우가 많고, 오히려 정부 주도의 사업이 더 성공한 사례가 많았음을 주지할 필요가 있다.

둘째, 새마을운동은 '농어촌의 생산-도시의 소비'라는 통합적인 개발 패턴을 수립하여 집행함으로써 성공할 수 있었다. 이는 매우 중요한 요소인데, 농산물이나 어류 등은 장기간 저장하기 어려운 상품들로서 다른 개발도상국의 경우 유통 인프라 지원이 없어 농어촌 개발사업이 항구적인 소득원 확보에 어려움을 겪고, 많은 경우 중도에서 실패한 사례가 있었다.

그런데 새마을운동은 농어촌 개발의 주요 목표 중 하나인 '부의 창출'을 위해, 정부가 농어촌의 채소와 수산물들이 도시에서 제값을 받고 신속히 소비될 수 있도록 협동조합 지원을 육성하고, 도심지 외곽에 농산물 종합물류 냉동시설이나 집하장 같은 유통 인프라를 건설하여 통합적 물류 인프라를 지원했던 것이 큰 역할을 했다. 아울러 농산물 품질인증제도 등을 구축하여 보다 우수한 농산물이 적정가격으로 구매될 수 있도록 함으로써 농어촌의 항구적인 소득 증대에 기여하고, 도시에서도 좋은 제품이 신속히 그리고 적정한 가격으로 소비될 수 있도록 농촌-도시 통합 시스템을 구축한 것이 새마을운동의 성공요인이다. 즉 새마을운동은 단순한 우물파기 및 마을회관 건립을 넘어서는 통합적 농어촌 개발사업이었다.

셋째, 새마을운동은 개인 단위가 아닌 '마을 단위의 협동사업'으로 추진한 것이 중요한 성공요인이었다. 방글라데시에서 시작된 소액금융 모델(microfinancing)은 개인 단위로 금융지원을 함으로써 개인 간 경쟁이 격화되고 이에 장기 소득이 감소됨에 따라 사실상 빈곤 퇴치에 효과가 적었다. 이에 비해 한국의 새마을운동은 개인 단위가 아닌 마을 단위 개발 모델로, 농어촌 공동체 주민들이 마을 숙원사업인 공동사업 목표를 향해 공동의 노력을 경주함으로써 시너지를 발휘하고, 마을 단위 전체에게 골고루 소득이 분배되었으며, 우수 마을 단위로 정부가 추가적인 인센티브를 제공하는 개발 패턴을 취한 것이 새마을운동의 중요한 성공요인 중 하나이다.

넷째, 정책결정자의 확고한 정책적 의지, 정부 공무원의 섬세한 집행전략과 헌신적인 노력이 또 하나의 중요한 성공요인이다. 정부는 각 마을의 발전 정도를 기초마을, 자조마을, 자립마을로 등급화하여 차별적 지원전략을 택했고, 마을을 단계적, 선별적으로 육성시키는 단계별 집행전략을 수행했다. 아울러 새마을운동 지도자를 육성하고, 마을을 협동조합 형태로 조직화하여 마을의 공동 목표와 이익을 명확히 표출되도록 했고, 이와 동시에 교량이나 공동우물시설 등 농촌마을 숙원사업을 우선순위로 집행함으로써 주민 이익과 직결되고 그 혜택이 주민들에게 균등하게 배분되도록 하여 농촌마을 주민의 협력을 유도하였다.

또한 농촌마을 단위로 사업성과가 우수한 마을을 선정하여 마을의 명예의식 고취[80]와 시멘트와 철근 등 인센티브를 추가로 제공함으로써 농촌마을 단위의 경쟁원리와 차등지원이라는 정책을 잘 적용했다. 이러한 정책결정자의 지속적인 지원, 정부 공무원들의 섬세한 계획과 헌신적인 노력이 새마을운동을 성공으로 이끌었다.

결론적으로, 새마을운동은 최고정책결정자의 확고한 비전과, 탁월한 집행전략을 수립하고 이를 헌신적으로 집행한 공무원의 노력,

아울러 마을지도자들의 노력과 주민 리더십을 통해 주민참여와 협동이 이루어낸 결과이다. 이러한 새마을운동은 세계에서 보기 드물게 농어촌의 소득과 삶의 질을 획기적으로 개선한 성공 사례가 되었다.

2. 새마을운동의 국제 세일즈

이제 국내에서 성공한 새마을운동을 개발의 한 상품으로 상정해 보자. 새마을운동이라는 상품을 어떻게 해야 국제사회에 잘 팔 수 있을까? 우선 파는 사람 입장(한국)에서 바라보면, 새마을운동 상품은 이미 한국 국내에서 증명된 성공한 제품이라는 것, 파는 사람이 제품의 질이나 외국에서의 성공 가능성에 대해 확고한 믿음이 있다는 점, 농촌개발은 외국에서도 관심이 매우 높은, 즉 수요가 많은 상품이라는 점에서 팔릴 가능성이 아주 높은 상품이다.

그런데 한국 정부의 적극 지원에도 불구하고 아직도 새마을운동은 국제사회에서 누구나 알고 있고, 누구나 사고 싶어 하는 훌륭한 상품으로 인정받고 있지는 않는 것 같다. 무엇이 문제였던 것일까? 간단히 말하자면 새마을운동을 살 수요자(개발도상국)의 입장에서 상품화하지 않고 공급자 입장에서 상품을 팔아왔기 때문이다. 구체적으로 어떤 전략을 통해 국내에 국한된 상품이었던 새마을운동을 국제적으로 호평 받는 개발상품으로 인정받도록 할 수 있을까? 본인의 의견을 몇 가지 제안한다.

첫째, 새마을운동의 용어 및 개념적 프레임워크의 일반화 및 범용화(universalization) 필요성이다. 새마을운동을 개발도상국이나 국제시장에서 인기 있는 개발상품으로 팔기 위한 첫걸음이 '새마을운동의 일반화(범용화)' 노력이다.

먼저 세계화(국제화)와 일반화(범용화)를 잘못 이해하는 경우가 종종 있는데, 쉽게 설명하자면 세계화(국제화, Globalization)란 이미 국제적으로 확립되어 적용되고 있는 국제적 기준 및 표준에 한국이 맞추어 나가는 것을 의미한다. 이에 비해 일반화(범용화, Universalization)란 한국적 기준, 관습 및 제품을 다른 국가들이 쉽게 받아들일 수 있도록, 그리고 지구촌 어디서나 쉽게 적용 또는 통용되도록 범용성을 갖도록 하는 것을 의미한다. 즉 다른 개발도상국 정부 공무원이나 국제기구 공무원들이 새마을운동의 주요 개념, 프레임, 작동원리, 집행전략 등을 쉽게 이해하고 적용할 수 있겠다는 마음이 들도록 간결하면서도 명확하게 국제 개발용어로 범용화(일반화)를 해야 한다.

예를 들면, 우리나라 문서에는 새마을운동을 영문으로 'Saemaulundong'이라고 표시하는데, 자주적 입장을 강조하는 의도는 이해가 되나 개발도상국이나 국제기구에서 일하는 공무원들의 관점에서는 이 뜻을 쉽게 이해하기도 어렵고, 받아들이기도 어렵다. 이는 외국의 입장을 고려하지 않는 사고방식에서 나온 것으로, 제목부터 쉽게 마음에 와 닿지 않는데 어떻게 새마을운동의 작동원리를 이해할 수 있겠는가?

아울러 Saemaulundong으로 발음에 따라 문서 제목을 표기하는 것은, 국제무대에서 한국을 별로 지지하고 싶어 하지 않는 다른 국가들이나 국제기관들에게 새마을운동은 한국의 고유한 것이지 범세계적으로 활용될 수 있는 것이 아니라는 선입관이나 폄하할 수 있는 빌미를 제공하게 된다.

새마을운동은 한국이 특별한 상황과 조건 하에서 정부 주도로 시작되어 국민들의 호응을 받으면서 성공한 개발사례이다. 한국의 특별한 조건이나 상황이 다른 개발도상국들에 동률적으로 적용되기 어렵다고 가정하면, 다른 개발도상국 또는 국제기구들이 새마을운동을 훌륭한 농어촌개발 모범사례로 활용하게 할 수 있도록 새마을운동의 개념, 프레임워크, 집행전략, 작동원리 등을 쉽게 이해하고 적용할 수 있도록 범용화 노력을 지속적으로 추진해야 한다.

둘째, 새마을운동의 집행전략 수립을 위한 격렬했던 정책적 토론 및 논쟁 내용의 기록화 및 문서화 작업이 필요하다. 실제로 개발도상국이 알고 싶어 하는 내용은 농산물 집하장의 건립과 인증제도 같은 새마을운동의 결과물 이외에도, 농산물 집하장 및 인증제도 같은 새마을운동 집행전략을 수립하기 위해 당시의 정책결정자 및 각 부처 관련 공무원들이 치열하게 논쟁하고 무엇을 고민했는지를 보여주는 자료와 토론 기록이다. 이 문서화 작업은 간단한 것이 아니다. 한 마을을 단위로 새마을운동의 성공 여부를 평가한 문서는 종종 있지만 여기에서 말하는 새마을운동 문서화는 1970년대로 거슬러 올라가 초기 새마을운동 정책 논쟁 문서, 국회 등의 연설문, 5개년 개발 정책에서의 새마을운동 기록, 예산 편성안, 팜플랫, 초판본 새마을운동 책 등을 다시 찾아내 후학이나 다른 가난한 개발도상국과 국제기구 관계자들이 쉽게 이해할 수 있는 범용화된 용어로 다시 재조명하는 방대한 작업이기 때문이다.

이러한 기록의 재정리화를 바탕으로 새마을운동 전체를 한눈에 보여주는 개념적 프레임워크(conceptual framework)를 개선할 수 있을 것이다. 이 프레임워크에는 한국의 새마을운동이 다른 나라의 농촌개발 모델과 어떻게 다른지에 대한 내용, 즉 수요창출형 정부 주도 새마을운동 내용, 새마을운동 마을지도자 육성 방안, 인센티브(당근) 사용 방법, 정책결정자의 역할, 예산 배분 정도, 주민 숙원사업 우선 선정과 같은 주민참여 유도전략, 주민조직화 방안 등이 포함되는 것이 바람직하다. 단순히 '우리도 잘 살아보세'라는 새마을운동 구호를 사례로 들면서, 개발도상국 국민의 정신개조가 중요하다고 강조하는 것은 개발도상국에 별로 도움이 되지 않는다.

셋째, 새마을운동을 개발도상국과 국제기구가 쉽게 이해할 수 있도록 매력적인 디자인의 새 상품으로 재포장하여야 하며, 아울러 적절한 협력 미디어를 통해 국제 광고를 잘 수행해야 한다. 이를 위해 생각해볼 방법은 2가지이다.

먼저, 새천년개발목표(MDGs) 또는 지속가능개발목표(SDGs)와 같이 국제적으로 개발도상국 및 국제기구에 친숙하고, 범지구촌으로 추진하는 국제 공동개발 어젠다와 연결하여 홍보하는 것이다. 예를 들어, 새마을운동을 지속가능개발목표를 달성할 수 있는 실질적인 실천방안 중 하나라고 포장하게 되면 다른 국가들이나 국제기구의 일차적인 관심과 협력을 유도하기가 상대적으로 쉽다. 이는 새마을운동의 범용화 노력과 일맥상통한다.

다음으로, 적절한 국제기구, 특히 농촌개발 및 빈곤 문제 등을 강조하는 유엔과 같은 국제기구와 공동사업을 실시함으로써 새마을운동의 홍보나 협력이 가능할 수 있다. 이것은 국제기구에 일방적으로 자금을 주라는 의미가 아니다. 새마을운동을 제대로 이해하지 못하는 상태에서 국제기구에 자금만 제공하는 것은 낭비가 될 것이다. 반드시 국제기구와 한국이 공동으로 추진하는 사업 형태로, 적절한 국제기구 및 파트너를 골라 함께 추진계획을 수립하고 집행하는 방식이 되어야 하며, 이러한 국제기구와 협력을 통해 새마을운동의 내용과 집행전략이 자연스럽게 추진될 것이다.

한편, 유럽연합이 자주 사용하는 분산화 전략을 고려해보는 것도 한 방안인데, 사업당 약 30~50만 달러 규모로, 다수의 해외 국제개발기관에 새마을운동 사업자금을 분산 제공하는 방식을 고려할 필요도 있다. 이러한 방식을 통해 국제기구와 지원을 받은 국제기관 및 NGO 등은 사업추진과정에서 발표 자료나 책자 등을 통해 한국이 스스로 새마을운동을 홍보하는 것보다 몇 배의 효과로 홍보를 해주게 될 것이다.

새마을운동의 국제사회에서의 범용적 활용을 기대한다.

21

경제 불황에는
개발원조 확대가 필요하다

세계 경제의 위기가 다시 더블딥(Double dip, 이중침체)[81] 형태로 악화되어 가는 양상이다. 미국을 제외한 유럽과 일본이 더블딥으로 기울어지고 있다는 관측 하에 독일과 프랑스, 네덜란드 등 유럽의 주요 경제국가들에서도 경기 후퇴가 발생하고 있다는 새로운 경제지표가 발표되고 있다. 국제통화기금(IMF)은 2015년 세계경제성장률을 3.5%로 하향 조정했다(2015. 1. 19, 세계경제전망 보고서). 이에 미국을 제외하고 세계는 저성장의 시대로 접어드는 것이 아니냐 하는 우려가 확산되고 있다.

이러한 세계 경제의 위기 원인에 대해서는 신자유주의 정책의 한계, 과도한 소비, 금융 시스템의 문제, 기술발전으로 경제성장과 고용과의 디커플링 등의 여러 가지 설명이 있지만, 이러한 경제위기의 해결책으로 클린턴 정부에서 노동부장관을 역임했던 로버트 라이시(Robert Reich) UC 버클리대 교수, 노벨 경제학상 수상자인 조지프 스티글리츠(Joseph Stiglitz) 컬럼비아대 교수, 장하준 캠브리지대 교수 등 진보경제학자들은 부자들의 자산 및 금융 불로소득에 대한 과감한 증세와 더불어 재정 및 통화정책의 확대 강화를 통해 고용과 성장을 추진해야 한다고 조언하고 있다.

즉 경제위기 극복을 위해 미국, 유럽, 일본 등 많은 국가들이 감세 및 통화량 확대 등의 통화정책을 주요 해결책으로 추진하고 있는데, 이러한 통화정책은 기본적으로 경기조절정책이며, 경제위기를 더욱 심화하거나 연기할 뿐이다. 경제성장이 급격히 둔화되고 실업이 이미 심각한 상황에서 저금리의 통화정책 하나로는 경제위기를 해결할 수 없고, 공공투자 등 재정확대정책이 함께 추진되어야 한다는 점에서는 많은 사람들이 공감한다.

그러므로 오히려 부자 및 불로소득에 대한 증세, 저소득층 및 중산층의 일자리 창출을 위한 과감한 재정투자정책이 필요하며, 이를 통해 국민소득을 증가시키고 민간소비를 확대시켜 경제성장을 이루어야 한다. 경제위기 하에서는 재정지출 확대로부터 발생할 국가 부채에 대해 우려해 재정지출을 축소하는 것보다 과감한 재정확대정책을 통해 미래에 국가가 부채를 감당할 수 있는 국가 역량 자체를 확대하는 것이 더 바람직한 처방이라고 주장한다.

이러한 재정확대정책과 관련해서 개발원조가 할 수 있는 중요한 역할에 대해 관심을 환기할 필요가 있다. 1997년 동아시아 경제위기와 2007년 선진국의 금융위기에서와 같이 세계적인 경제위기는 개발원조 예산의 동결 또는 삭감으로 이어진다. 통상적으로 개발원조는 남는 예산으로 개발도상국을 시혜적으로 돕는 것이라는 인식이 강하기 때문에 경제위기 시에 제일 먼저 삭감 대상에 오르기 때문이다.

그러나 불황이나 경제위기 시에도 개발원조는 여전히 중요하다. 그 이유를 설명하면 아래와 같다.

첫 번째로, 외국과의 대외무역 의존도[82]가 높은 한국의 경제구조와 지정학적으로 국제협력 관계가 매우 중요한 특수성을 고려하면 개발원조는 단순히 어느 정도 경제가 성장해서 잘 살게 된 후, 외국의 가난한 국가를 돕는다는 인도주의적 차원을 넘어, 한국 상품 및 기술형 플랜트 수출 등을 통해 한국의 장기적 경제발전 및 정치적 안정화에 중요한 역할을 수행하기 때문이다. 즉 개발원조는 수출입과 똑같이 해외에서 일어나는 대표적 '해외재정정책'이며 투자이다.

실제로도 개발원조의 사업 집행은 한국의 중소기업이 수주해 집행하는 경우가 대부분이어서, 중소기업에게는 새로운 사업의 확대 및 해외진출의 중요한 계기가 된다. 국내에서 인프라 및 주택 건설 등에 정부 투자를 확대하는 것도 반드시 필요하지만, 국내시장이 성숙화되고, 포화 상태에 있는 상황 하에서 해외에서 활동하기를 희망하는 한국 기업들에게 개발원조 예산의 투입을 통해 새로운 사업기회를 찾을 수 있도록 지원하는 것이 바람직하다.

또한 경제위기시 세계 각국은 중·단기적으로는 인프라에 대한 재정지출 확대를 통해 경제위기를 극복하려 할 것이며, 이러한 세계적 흐름에 개발원조를 이용해 어떻게 이러한 대형 인프라 건설에 참여할 수 있을 것인지 등의 전략적 지원을 제공해줄 수도 있다.

둘째, 개발원조 예산의 확대는 가난한 개발도상국의 저소득층 소득 향상 및 경제발전에 직접적으로 기여한다는 점에서 인간적이고 도덕적이다. 경제위기가 발생해서 형편이 좀 어렵게 되었다고 이웃 개발도상국에 대한 개발원조 지원을 줄인다면, 이것은 우리 형편에 따른 시혜적, 불규칙적 개발원조라는 의미로 좋은 지원효과도 기대할 수 없게 된다. 경제위기 시에 한국이 오히려 개발원조 예산을 확대한다면, 개발원조 예산을 삭감하는 외국 원조국과 대비되어 한국이 자국이익뿐만 아니라 세계평화와 공동번영을 추구하는 도덕적 국가라는 국가 브랜드 및 한국 상품 브랜드를 강화하고, 한국과 개발도상국 간 장기적 동반성장관계 형성에도 기여를 하게 될 것이다. 물론 한국민의 자부심 제고에도 크게 도움이 된다.

셋째, 해외개발협력에서 가장 흔한 비판이 원조액 일부가 부정부패로 낭비된다는 것인데, 일부는 그런 측면도 있지만, 현대에 올수록 이러한 문제는 훨씬 줄어들고 있다. 마이크로소프트사의 전 회장이었던 빌 게이츠는 정부 관리가 허위로 출장비를 청구하는 등의 소규모 부정부패는 심지어 원조액에 붙는 세금이라고 생각할 수 있는 수준이라고 평했다(빌과 멜린다 게이츠 재단 2014. 1. 14, 〈월스트리트저널〉). 이러한 비효율을 줄이려고 노력해야겠지만, 마치 우리가 정부의 프로그램과 모든 기업에서 낭비를 완전히 없앨 수 없는 것과 마찬가지로 부패를 완전히 제거할 수는 없다. 소규모 부정부패가 생명 하나를 살리는데 드는 2% 정도의 세금이라고 생각해 보자. 물론 세금을 줄이

228

려고 노력해야 한다. 하지만 줄일 수 없다고 해서 생명을 살리는 것을 그만둬야 하는 것은 아니다.

우리는 작은 부정이 발견되면 해외개발원조 프로그램을 폐지해야 한다고 외치는 사람들을 목격하곤 한다. 그러나 과거 우리나라에서도 일부 공무원은 물론 공기업 사장 등이 부정부패로 수감됐지만 이로 인해 우리의 학교나 고속도로를 폐쇄해야 한다고 외치는 사람은 한 명도 없다. 1960년에 태어난 아기는 5살이 되기 전 사망할 확률이 18%였지만 오늘날 태어난 아기의 5살 이전 사망 확률은 5% 이하다. 인류 복지에서 60년 만에 이만큼 발전한 사례는 찾아보기 힘들다. 개발원조는 낭비가 아니라 인류에 대한 투자이다.

마지막으로, 지속적으로 개발원조 예산이 확보되기 위해서는 국민에게 당당하게 말할 수 있을 만큼 높은 개발협력사업의 효과가 담보되어야 한다. 이를 위해 원조효과를 높이기 위한 지속적인 노력과 전략이 필요하다. 예를 들어, MDGs와 같은 저성장의 증상에 집착하는 개발협력보다 개발도상국의 부를 창출하는 개발 접근으로의 전환도 필요하다. 즉 빈민을 위하더라도 빵을 나누어 주는 것보다는 빵이 왜 없는지, 빈민에게 물을 공급해 주는 것뿐만 아니라 왜 물이 공급되지 않고 있는지, 빈민에게 보조금을 주는 것보다는 스스로 돈을 벌 수 있는 괜찮은 직업 기회 제공을, 그리고 의료비 및 교육비 등 기본생활 비용을 줄여주는 사회보장 인프라 구축과 사업집행 시스템 구축 등에 우선순위를 두어 지원함으로써 개발원조의 효과를 높일 수 있을 것이다. 즉 새로운 개발협력체제 하에서 빈곤보다는 발전을, 분산된 지원보다는 시스템 디자인을 통한 통합적 지원을, 단기적 목표보다는 장기적 목표 하에서 개발인재를 키우는 개발협력으로 발전해 자랑스런 한국의 개발협력이 되기를 희망한다.

22

비정부기구(NGO)에 대해
알아야 할 것들

비정부기구(Non-governmental Organization: NGO)는 긴 활동 역사를 가지고 있으며 인권, 평화, 개발, 환경, 보건, 교육 등 다양한 분야에서 활동을 하고 있다. 현대 개발협력에서도 NGO의 규모나 활동이 점점 더 중요한 위치를 차지하고 있고, 한국 정부는 개발협력 관련 예산 중 일부를 NGO를 통해 대외개발협력사업을 지원하고 있다. NGO를 통한 개발협력사업은 특히 가난한 개발도상국의 빈곤 퇴치와 사회적 소외계층 구제 등에서 큰 역할을 하고 있으며, 그 중요성은 각국 정부나 국제기구에 의해서도 인정받고 있다. 유엔도 이러한 민간기구와의 협력을 강화하고 있다.

개발원조에 제기되는 가장 핵심적 질문은 "개발원조가 개발도상국의 경제발전이나 삶의 질을 효과적으로 개선시켰느냐?(Does development aid makes any difference?)" 하는 것이다. 이 질문은 비정부 개발협력단체(Nongovernmental organizations: NGOs)에도 그대로 적용될 수 있다. "어떤 변화를 가져왔는가?(Do NGOs make any difference?)."

순수하고 선의에 기초한 것이라 하더라도 모든 NGO 사업들이 단기적 그리고 장기적으로 개발도상국의 사회경제 발전이나 빈곤 퇴치, 그리고 그들의 삶의 질을 자동적으로 개선했다고 단정하는 것은 아주 순진한 생각일 것이다. 많은 NGO 활동들이 단기적으로 몇몇 가난한 마을의 수익 개선이나 빈곤층의 지원, 사회적 약자 보호 등 긍정적인 효과를 냈다 하더라도, 이들의 활동이 장기적인 관점에서 바람직한 결과를 가져왔는지에 대해서는 더 많은 분석이 필요하다.

많은 연구 및 분석 자료들이 NGO의 간단한 역사, 주요 분야, 규모, 효과, 성공적 사례, 한국 정부의 지원액 등에 대해 이미 잘 다루고 있으므로 여기서는 NGO의 구조적인 이슈에 대해서 주로 다루려 한다. 아울러 이미 잘 아는 바와 같이 NGO는 개별 NGO의 책임 하에 진행되며, 분야도 너무 다양해서 여기서는 일반적인 사항을 정리한 것임을 미리 말해두고 싶다.

NGO와 관련된 구조적 논점 중 첫 번째는 NGO 존립 및 활동의 정당성/근거 이슈이다. NGO 존립 및 활동의 정당성은 "자국 국민들의 개발협력과정에의 보다 직접적인 참여, 다양한 민주적인 참여 방법을 통한 글로벌 과제의 해결에 기여, 현지 상황과 자치성에 대한 존중, 공적개발원조의 보완가능성 등"으로부터 온다. NGO는 정부 개발원조기관에 비해 상대적으로 유연한 조직구조, 직접적인 개발도상국 국민과의 상호작용, 현지 실정에 기초한 사업지원, 개발도상국 정부로부터 소외된 지역, 계층, 사회적 약자 등에 대한 틈새 지원이 가능하다는 점에서 공적개발원조의 주체와는 다른 장점을 가진다.

반면에 NGO는 민주적인 투표 절차를 통해 수립된 것이 아니라는 한계를 가진다. 즉 정부는 국민의 투표로 선출된 법적, 정치적 정당성을 확고하게 가지고 있으며, 이에 근거한 공적개발원조도 이런 맥락에서 정당성을 갖는다. 그러나 NGO는 자발적인 조직으로 국가, 정부 또는 어떤 국민들의 집합을 대표하는 조직이 아니며, 아울러 그 누구도 이러한 정당성을 부여하지 않았다. 그렇다고 해서 실체적으로 존재하고 활동하는 NGO를 마치 없는 것처럼 생각하거나 NGO의 중요한 역할이나 기여를 무시하자는 것이 아니다. 이러한 정당성 및 권위의 부재는 각 NGO들이 각고의 오랜 시간 노력을 통한 명성(reputation)을 증명해야 하는 한계를 갖는다. 대부분의 신생 NGO는 활동 초기에 '유령조직 아니냐'는 진정성, 순수성에 대해 의심의 불편을 겪게 되는 것이 일반적이다.

두 번째 구조적인 논점은 일반적으로 대부분의 NGO의 활동이 '규모의 경제 원리(principle of economies of scale)'를 활용하지 못한다는 것이다. 모든 경제 및 기업 활동에는 최소한의 효율적인 규모(an accepted minimum efficient scale of production)가 있다. 한국을 포함한 모든 선진국은 최소한 이상의 규모의 경제를 통해 생산성 증가 및 생산비 감소를 이룩했고, 이는 경제성장의 기반이 되었다. 그러나 개별 NGO 사업 단위는 너무 작은 경우가 대부분이어서 이러한 규모의 경제로 인한 효용성 증대를 기대하기 어렵다. 따라서 어떤 개발

도상국 마을의 일부 빈곤층을 대상으로 소득증대 사업을 실시하더라
도 이들 소규모 사업이나 소기업들이 규모의 경제의 부재로 효과적
인 생산성을 창출하기 어렵고, 장기적으로 그 지역시장에서 살아남
기 어렵다.

  아울러 NGO가 지원한 소규모 사업이나 소기업들이 시장에 과다
공급될 경우 그 지역의 자생적인 중소기업의 활동에도 악영향을 미
칠 수 있다. 예를 들어, NGO 지원의 소규모 기업도 살아남기 위해
가격을 할인해서 팔기 시작하면 그 지역의 다른 중소기업의 수익에
부정적인 영향을 미치기 때문이다. 또한 NGO 중점사업 수익 모델
로 여기고 있는 '개인소액금융(micro-finance) 모델[83]'도 마찬가지로
대부분 실패하거나 빈곤을 구조적으로 심화시킬 우려가 있다(밀포드
베이트만, Milford Bateman). 보스니아에서 실시한 우유 생산을 위한 1
인 1소 젖소구매용 소액금융(one cow farm)은 초기 개인 소득증대에
크게 도움이 될 것 같았으나, 곧 지역시장에 우유 과다공급을 가져와
우유 가격을 폭락시키고, 기존 우유 산업에도 악영향을 미쳤다. 아
울러 소액금융을 빌렸던 빈곤층은 더 깊은 빚을 지게 되는 결과를 낳
았다.

  NGO가 대상 지역시장 분석, 향후 경제 전망, 수익 모델 개선 등
을 통해 틈새시장에서의 소규모 창업이나 소규모 기업 육성을 성공
적으로 지원할 수 있을지 여부는 개별 NGO 능력에 달려 있겠지만,
NGO의 전반적인 낮은 급여 등으로 우수한 인력이 지속적으로 유출
될 수 있는 상황 하에서 NGOs가 이러한 한계를 극복할 수 있을지는

회의적이다.

세 번째 구조적 이슈는 세계 각국 NGOs의 활동은 잘 조율 (coordinated)되지 않고 각각의 사업 플랜에 따라 시행되는 경우가 많으며, 대상 지역이나 대상 수원국가의 '통합적 지역경제(well-connected and integrated local economy) 육성'과 같은 전략적 목표 및 방향에 대한 고려가 상대적으로 부족하다는 점이다. 또한 지속적인 자금조달(funding)이 보장되지 않기 때문에 장기적, 전략적, 거시적 목표를 수립하고 추진하기가 상대적으로 어렵다.

한국의 마을 단위의 새마을운동이 소득증대에 성공한 것은 경쟁적인 개인주의(competitive individualism)가 아니라 집단적 공동 노력 (collective endeavors)에 의한 결과였다는 것을 고려하면, 분산된 각각의 NGO 활동 지원들은 개발도상국 대상 그룹들이 중요한 기업/산업 클러스터(cluster)로 성장하는데 있어 구조적 한계로 작용한다.

네 번째로, 쉽게 간과되는 것이지만 중요하다고 생각하는 것인데, 정부기관과 NGO가 협력해 개발도상국을 공동으로 민관협력 지원 사업을 실시할 경우 NGO는 결과물을, 정부기관은 과정을 중시하는 서로 다른 업무환경으로 인해 실질적인 협력이 잘 안 되는 경우가 발생한다. 공공기관의 입장에서 NGO의 문제점 중 하나가 행정 및 기획문서 작성 능력이 떨어진다는 점이다. 특히 충실치 않은 예산·결산 문서가 공공기관과 NGO 간 협력의 장애요인으로 나타나는 경우가 많다.

예를 들어, 행정문서나 예산·결산문서는 NGO가 보기에는 "사업 결과물이 중요하지 서류나 영수증이 뭐가 중요해?"라고 생각하는 반면, 행정절차 및 회계감사 등에 익숙한 공공기관의 입장에서는 이러한 문서행위가 사업의 투명성 및 정당성을 말해주기 때문이다. 다시 말하자면 NGO는 개발협력의 산출물에, 공공기관은 과정에 무게 중심을 두고 대화를 한다. 이러한 사유로 서로 대화가 잘 안 되는 것이다. NGO의 문서작성 및 결산 등의 행정능력의 문제는 아마도 NGO에서의 잦은 인력 교체와도 관련이 있을 것으로 생각된다.

다섯 번째로 생각해볼 이슈는 NGO의 개발협력 사업의 경우 개별적 책임 하에 진행되는 경우가 대부분이어서 큰 그림에서 보면 예상치 못한 부작용이 발생하곤 한다. 2004년의 쓰나미의 경우를 예로 들어보자. 역사상 유례없는 쓰나미 대참사로 스리랑카에도 많은 원조기관과 NGO들이 지원물자와 인력을 파견해서 재건을 도와준 적이 있다. 쓰나미가 휩쓸고 간 뒤 많은 NGO 소속 인력들이 스리랑카에 도착했다. 문제는 각 NGO-대사관-스리랑카 정부 간에 충분한 협의 없이 스리랑카로 인력을 보냈다는 것이다. 선의에서 한 행동이지만, 세계 각국에서 동시에 이러한 인력을 보냈으니 이들을 지원하기 위한 우수한 현지 인력의 낭비, 스리랑카 내 숙박비 및 생필품 가격을 포함한 물가 폭등 등 많은 사회적 부작용을 가져왔다. 한국의 젊은 봉사단원들은 잠잘 곳을 구하지 못해 대사관 마당에 텐트를 치고 숙박을 했고, 어디에 가서 어떤 지원을 해주어야 하는지도 사전에 협의되지 않아 며칠 동안 수도 콜롬보에서 시간을 낭비하기도 했다. NGO가 도착하자마자 활동할 수 있도록 적절히 사전에 준비하지 못했다는 비난은 대사관 몫이었다(당시 대사관에는 대사 포함 4명, 한국국제 협력단 직원 2명이 전부였다). 따라서 개별 개발활동을 하는 NGO라도 수원국가기관, 관련기관 또는 다른 국제 NGO 등과의 협의를 통한 개발활동을 조율하는 문화를 높이는 것이 바람직하다.

위의 내용들을 요약하면 NGO는 공적개발원조가 커버하지 못한 지역이나 분야를 지원함으로써 공적개발원조의 부족한 점을 보완해 주고 있고, 산출물(output) 중심의 그리고 현지인과의 직접적인 협력을 통한 풀뿌리 사업을 주로 집행함으로써 비용 대비 효과가 높은 프로젝트를 집행한다. 그렇다 해도 한계가 없는 것은 아니다. 관건은 분산된 소규모의 NGO 개별 활동으로 "규모의 경제"를 통한 효율성 제고에 취약하다는 것, 개별 단위의 사업집행으로 NGO 간 중복이 발생할 수 있으며, 지역경제 활성화라는 공동된 큰 목표를 향해 집합적으로 협력하는 것이 취약하다는 점 등이다.

이러한 한계에도 불구하고 NGO의 장점과 향후 역할에 대한 기대는 매우 크다. 우리 사회도 NGO가 보다 많은 긍정적 효과를 낼 수 있도록 아래와 같은 지원을 고려할 필요가 있다.

첫째, 상호업무에 대한 이해증진을 통해 공공기관과 NGO 간 정기적인 협의 시스템이 계속 가동되어야 한다.

둘째, NGO에 자금을 제공하는 기부자나 기부기관 및 사회가 양질의 NGO 직원에게 높은 급여를 지급하는 것이 당연한 것으로 받아들여지는 사회적 인식의 전환이 있어야 한다. NGO에서 일하니까 낮은 급여를 감수하라고 하는 것은 단기로는 가능할지 몰라도, 전문가로 성장하고, 가족의 생계를 책임져야 하는 사회 일원으로서 낮은 급여는 장기적 관점에서 좋은 인력을 놓치고 프로젝트의 질을 떨어뜨리게 된다.

셋째, 기부자 및 사회는 현재 너무 낮게 설정되어 있는 NGO 사업의 간접비용(overhead cost)의 한도를 증액하는 것을 인정해야 한다. 기부 총액 중 간접비 비중이 너무 높으면 이를 오용하는 것으로 받아들이는 사회적 인식이 바뀌어야 하는데, 간접비는 사업효과를 높이기 위한 필수적 비용이며, 이러한 비용을 이용해서 홍보를 강화하거나, 또 다른 기부금을 확보할 수도 있다. 증액된 간접비를 활용해서 더 많은 기부금을 확보한 경우를 국제적으로 적지 않게 찾아볼 수 있다.[84]

넷째, 일반적으로 NGO 활동은 개별 NGO의 책임 하에 진행되지만 정부의 재정지원을 받는 경우도 있다. 이럴 경우 가이드라인을 만들거나 모니터링 시스템을 구축하는 것이 필요한 데 독일, 노르웨이 등 선진국들은 NGO 사업의 기획과 평가를 위한 가이드라인을 발간하기도 했으므로 이를 참고하는 것도 좋겠다. 통상 이러한 가이드라인은 개발협력의 원칙과 정책, 기획과 사업집행, 소규모 사업과 신용금고 프로그램 등의 운영방식에 대해 소개하고 있다. 참고로 OECD는 각국의 NGO 지원 실적에 대해서는 특별한 기준으로 집계하지 않고 있다.

23
개발협력 용어 개념의 중요성

개발협력 분야에서 일을 하거나 이와 관련된 문서를 작성하다 보면 개발 관련 용어의 애매한 정의(concept)에 자주 마주치게 된다. 사전 및 개발용어 관련 모음집 등이 있지만, 어떤 용어의 정의는 실제 개발협력 프로그램에 사용하기에는 의미가 너무 광범위하거나 추상적이어서 충분한 이해가 되지 않는다. 그래서 목적과 수단이 명확하게 정리된 개발협력사업을 계획하기 위해서는 머릿속에 핵심 개발 용어의 명확한 이해가 필수적이다. 이러한 개념의 중요성을 환기하고 싶어서 몇 가지 용어 정의를 해보았다. 이는 단어의 정의를 학문적으로 깊게 들어가려는 의도는 아니다.

- Goal(목적) and Objectives(목표): Goal은 '목적'으로 해석하고, Objective는 '목표'로 해석하는 것 같다. 정답은 없다. 그런데 이 두 용어의 구별이 쉽지 않다. 이 두 단어의 구분을 어떻게

명확히 이해할 수 있을까를 고민한 끝에 찾아낸 방법이 이들을 노름판에 투영해서 생각해보면 그런 대로 개념이 명확해진다. 노름판에서 목적은 당연히 "돈을 따는 것"이다. 이것이 목적이다. 한편, 노름판에 참여한 여러 사람 중 특정 사람을 타깃으로 집중 공략할 수 있다. 돈을 쉽게 잃는 가장 만만한 참여자일 수도 있고, 특정 목적으로 어떤 사람을 집중적으로 공격할 수도 있다. 이때 "노름판에 참여한 누구를 목표로 해서 돈을 딸 것인가"가 목표이다. 즉 돈을 따는 것은 최종 목적, 누구의 돈을 딸 것이냐가 목표가 된다.

- Outputs(산출물) and Outcomes(결과): Output은 '산출물'이며, Outcomes는 산출물로 인한 '결과/영향'으로 해석하는 것 같다. 역시 정답은 없다. 산출물(Output)은 "어떤 행위를 통해 나오는 직접적인 물품, 서비스 및 시설 등"을 의미하는 경우가 많다. 영어로는 "Outputs are the products, services or facilities that result from an organisation's or project's activities"이다. 반면에 결과/영향(Outcomes)은 "어떤 행위로부터 나온 산출물로 인해 장기적으로 수혜자가 행동이나 마음이 변화되거나 제도의 변화를 가져오는 것" 등을 의미한다. 영어로는 "Outcomes are the changes, benefits, learning or other effects that happen as a result of your work"이다. 이두 용어는 혼용해서 자주 쓰일 뿐 아니라 그 경계도 매우 애매

한 경우가 많다. 하지만 이들 두 단어는 활동(activity)이라는 용어와는 확연히 구별된다.

● **국가 경쟁력(Competitiveness)**: 우리가 경쟁력을 말할 때는 시장의 가격 경쟁력을 말하는 경우가 많다. 따라서 많은 국가가 시장가격 경쟁력을 확보하기 위해 노력하고 있다. 그러나 반드시 그런 경우가 옳은 것은 아니다. 예를 들어, 외국에서 노동집약적 산업을 유치하려 할 경우, 이때 경쟁력은 유치하려는 국가들 중 누가 더 낮은 노동단가를 제시하느냐가 기준이 되곤 한다. 그런데 낮은 단가는 결국 총합으로 국가 수익이 낮아지는 것과 같아서 이것이 진정한 실익인지가 의심스러울 때가 있으며 가격 경쟁력을 갖추기 위해 노동단가를 지속적으로 낮추어야 하는 모순이 발생한다.

따라서 우리가 관심을 가져야 할 경쟁력은 개인 및 가격 경쟁력보다는 국가 경쟁력이다. 국가 경쟁력은 주로 성취도 또는 생산성 기준을 의미하는 경우가 많다. 따라서 경쟁력을 정의할 때에는 기술발전과 국민실질소득 증가라는 2개의 조건이 포함되어야 한다. 이를 정의해보면 "국가 경쟁력이란 기술발전을 기반으로 외국(또는 다른 기업)과의 경쟁에서 보다 우월한 제품이나 서비스를 생산하고, 이를 통해 국민 실질소득이 확대되는 것"이라고 할 수 있다. 영어로 하면 "the capacity that makes people more rich by producing more technology-based superior products and services" 이다.

- 선의의 거버넌스(Good Governance): 개발협력 분야에서 거버넌스
  처럼 애매한 단어도 드물다. 유엔이나 국제기구에서 많이 사용
  하는데, 일설에 따르면 유엔 회의에서 회원국(member States)에
  게 좋은 정부(good government)로 나아가라고 직접적으로 말하
  기가 껄끄러워 좀 더 부드러운 용어로 '선의의 거버넌스(good
  governance)'라는 용어를 만들었다 한다.

  세계은행의 정의에 따르면 거버넌스는 "사회문제를 해결하기
  위한 정치적 권위의 행사와 제도적 자원의 활용"이라 한다. 영
  어로는 "the exercise of political authority and the use of
  institutional resources to manage society's problems and
  affairs"로 되어 있다. 그런데 거버넌스의 개념이 정부가 전통
  적으로 하는 일, 소위 '행정(administration)'과 구별하기가 쉽지
  않다. 굳이 구별한다면 행정이 정태적 개념인데 비해 거버넌스
  는 동태적 과정 개념으로 볼 수 있을 정도이다. 많은 동료들에
  게 이에 대한 정의를 물어보았는데, 아직까지 확실하게 답해주
  는 이를 만나기 어려웠다.

- 제도(Institutions): 제도란 용어는 그 개념을 쉽게 이해하거나 암
  기할 수 있는 용어가 아니다. 그러나 자주 사용하는 용어이므
  로 외우는 것이 좋다. 일반적으로 제도란 "공통된 기대, 당연

시되는 가정, 서로 연결된 사회적 행위의 주체의 동기부여 및 행동들을 형성하는데 막강한 영향력을 미치는 기존의 규범과 일정한 상호작용 등이 이루는 체계적 패턴"이다. 영어로는 "Institutions are systematic patterns of shared expectations, taken for granted assumptions, accepted norms and routines of inter-action that have robust effects on shaping the motivations and behavior of set of interconnected social actors"[85]라고 표현된다. 아울러 제도는 일반적으로 정부나 회사와 같이 공식 규정과 법적 자격을 갖추고 조직화된 권력이 있는 기구 또는 조직에서 구현된다. 사실 이해하기가 쉽지 않아서 자주 반복해서 읽어서 외우는 수밖에 없다.

- 능력(Capacity): Capacity라는 용어만큼 개발협력에서 자주 쓰이는 단어도 많지 않을 것이다. Capacity란 사전에서는 "무엇을 할 수 있는 힘"을 의미하는데 영어로 "the ability to do something"이다. 그런데 개념상의 그 "무엇"이 너무 광범위하고 포괄적, 추상적이어서 해석이 서로 다를 수 있다. 개발과 관련해 능력(capacity)은 "현재의 상태에서 더 좋은 상태로 나아가기 위한 능력"으로 개념정리가 되기도 한다. 하지만 우리가 앞에서 언급한 국가 경쟁력 요소를 고려하면 "능력(capacity)이란 부가적 가치나 상품 및 서비스를 만들어낼 수 있는 시스템적 능력(overall ability of a system to create added value, products and services)"이라고 정의하는 것이 바람직하다.

아울러 Capacity에는 수행자 기준으로 개인 능력, 집단 능력, 국가 능력 등으로 나누어 생각할 수 있고, 또한 섹터별 기준으로 정책적 차원, 기획적 차원, 기술적 차원 등으로 나눌 수도 있다. 한편 capacity building이라는 용어를 사용할 때는 부가가치나, 제품 및 서비스를 제공할 대상이 누구냐에 따라 그 내용을 다르게 하는 것이 바람직하다. 예를 들어, 정책결정자를 대상으로 하는지, 아니면 기술관료들을 대상으로 하는지에 따라 그 내용이 달라져야 하기 때문이다.

24

유엔에 대한 기본이해

반기문 총장이 유엔(UN) 사무총장으로 선출된 후 최근 몇 년간 유엔에 관련된 서적도 많아졌고, 유엔에서 일하고 싶어 하는 젊은이들도 많이 늘었다고 한다. 그럼에도 유엔 직원의 경험에 근거한 자료나 정보가 충분한 것 같지는 않다. 실제로 유엔이 하는 일이 매우 광범위하고, 유엔 산하 유엔전문기구 및 프로그램도 다양하며, 관련 규정도 복잡해서 유엔을 어느 정도 이해하려면 최소 5년은 일을 해야 한다고 할 정도이다. 따라서 이 장에서는 유엔에 지원하기를 희망하는 사람들을 대상으로 유엔에 대한 이해를 돕고자 기본적인 사실 몇 가지를 소개하고자 한다.

- 유엔의 개요: 2014년 기준으로 유엔은 193개 회원국이 가입되어 있으며, 예산은 2년 기준(2014~15년) 약 55억 달러(약 6조원) 수준이며, 사무국 직원 수는 약 44,000명이다(유엔 프로그램 및

전문기구의 직원은 포함하지 않음). 유엔의 정규조직은 아래 표에서
보듯이 총회, 안전보장이사회, 경제사회이사회, 사무국, 국제
사법재판소, 신탁통치위원회인데, 신탁통치위원회는 거의 일
이 없어졌고, 그 외에도 평화유지군 사무소(약 28개), 유엔 프로
그램 및 유엔 전문기구(약 40개)가 존재한다.

〈유엔의 기본구조〉

직원 등급은 사무총장(Secretary General) − 사무부총장(Deputy
Secretary General) − 각 유엔기구 조직장(사무차장 등급인데 각각의 유엔
기구 내부에서는 사무총장이라 부름. 영문명은 Executive Secretary and Under
Secretary General) − 국장(Director) − 전문직 직원(Professional Staff)
− 일반사무직 직원(General Service)으로 나뉜다. 그 외 현지에서 채
용되는 국별 전문가(National Professional Officers), 단기 컨설턴트(보통
2년 이내), 초급 전문가(JPO: Junior Professional Officer)[86] 등이 있다.

● 유엔이란: 유엔에서 일하고 싶다고 할 때의 유엔이란 정확히 무엇을 의미하는가? 이때 유엔은 유엔 사무국이나 유엔 회원국이 설립한 유엔 프로그램, 유엔 펀드 및 유엔 전문기구를 의미한다. 유엔 프로그램, 유엔 펀드 및 유엔 전문기구(이후 유엔 전문기구라 표현함)들은 유엔 회원국이 개발, 식량, 수자원, 아동보호 등의 특별한 목적을 달성하기 위해 설립한 목적형 유엔 기구를 말하는데, 우리가 자주 들어보았던 개발목적의 유엔개발프로그램(UNDP), 어린이를 대상으로 하는 유니세프(UNICEF), 교육 문화 등을 목적으로 하는 유네스코(UNESCO), 환경보존 목적의 유엔환경프로그램(UNEP), 농업 목적의 유엔식량기구(FAO), 주택 목적의 유엔인간주거프로그램(UN-Habitat) 같은 기구들이다. 그 외에도 여성, 사막화 문제, 기후변화 등을 다루는 여러 유엔 전문기구가 존재한다.

이에 비해 유엔 사무국[87]이란 유엔이 수행하는 모든 일반적 임무와 사무와 관련된 일을 준비하고 처리하는 부처이며, 대표적인 일 중의 하나가 회원국이 정기적으로 국제 문제 및 예산안 등을 협의 및 처리하는 유엔 총회(General Assembly: GA)와, 특정 사안에 대한 총회/안보리 결의안(resolution) 준비 등의 업무를 수행한다.

● 유엔에서 주인은: 조금 웃기는 질문이기는 하지만, 누가 유엔에서 주요한 결정권을 갖느냐 하는 질문이다. 많은 젊은이들

이 유엔 하면 유엔 사무국이 유엔인 것처럼 오해를 하는 경우가 많다. 유엔의 주인이라고 하면, 정확히 말하면 유엔 회원국이며, 유엔 직원들이 일하는 공간은 유엔 회원국의 업무편의를 지원하기 위해 설립한 사무국으로, 사전적 의미로는 비서기관이다. 물론 유엔에서 다루는 일이 광범위해서 사무국과 전문기구 등의 역할이 매우 크지만, 유엔의 기본 정책 방향이나 국제적 문제의 해결 방안에 대해서는 기본적으로 유엔 회원국이 모여 주로 합의(consensus)에 의해 결정한다. 하지만 사무국이 전혀 업무결정권이 없다는 뜻은 아니다. 사무총장이란 유엔 사무국 및 기구들의 직원 수장을 의미한다. 결론적으로는 유엔 회원국과 유엔 사무국이 모두 협력해서 유엔을 운영하는 것이지만, 모든 중요 최종 결정은 회원국이 내린다는 점에서 유엔의 중심은 유엔 회원국이라고 보아야 할 것이다.

● 유엔 사무국과 유엔 전문기구(유엔 펀드, 유엔 프로그램)의 차이: 유엔 사무국과 유엔 전문기구[88]에서 일하는 것은 무슨 차이가 있는가? 간단히 말하자면 하는 일에 대해서는 큰 차이가 없다. 유엔 전문기구는 회원국이 위임한 전문적인 분야, 즉 환경이나 개발, 식량 등 기구마다 특별한 목적에 더 많은 중점을 두고 일하고, 사무국은 일반적인 사무에 관련된 부분이 더 많다는 차이 정도이다.

하지만 법적 지위나 직업의 안정성 면에서는 좀 차이가 있다.

유엔 전문기구는 유엔 회원국 중 그 특별한 목적 수행과 깊은 관련이 있어 별도로 추가 가입한 회원국 중심으로 움직인다. 예를 들어, 싱가포르는 유엔 회원국이지만 유엔식량기구(FAO)의 회원국은 아니다. 이러한 유엔 전문기구는 유엔 회원국 중 해당 기구에 추가적으로 가입한 국가들로 구성되며, 이 회원국은 추가 분담금을 내며, 특별목적의 사업계획 및 집행을 위해 별도의 집행이사회(governing council)를 가지고 있다. 주로 집행이사회에서 그 전문기구가 수행할 연간 사업계획, 인력계획, 예산 등을 뉴욕의 유엔 본부의 구체적 개입 없이 별도로 결정한다.

이러한 유엔 전문기구의 예산 및 급여의 약 80~90%는 각각 전문기구에 별도로 가입한 회원국이 내는 추가 분담금이나 자발적 기여금으로 충당하며, 뉴욕의 유엔 본부에서 오는 것은 0~10% 정도에 불과하다. 따라서 유엔 전문기구의 자리는 대략 1~2년의 계약직이 대부분이며, 사업예산이 없으면 자리가 없어질 가능성이 높아 직업의 안정성이 상대적으로 낮다. 하지만 좋은 사업을 통해 사업비[89] 및 운영비를 확보하려는 유엔 전문기구의 역동성은 상대적으로 사무국에 비해 높다.

반면 사무국의 경우 사무국 운영비 및 직원 급여의 약 80~90%가 뉴욕의 유엔 정규예산에서 할당되므로 상대적으로 자리(job) 안정성은 높다. 그러나 상대적으로 역동성은 유엔 전문기구에 비해 떨어지는 것 같다.

한편 유엔 전문기구는 기구마다 조금씩 다르지만 유엔환경프로그램, 국제노동기구의 경우 약 5년을 주기로 다른 지역 사무소나 국가로의 정기적 자리 이동(인사 이동)을 권고하며, 어떤 기관은 이를 강제하기도 한다. 그러나 사무국은 아직까지 그러한 권고나 강제적 조치가 없어 한 자리에 오랫동안 머물다가 은퇴하는 경우가 많다. 특히 뉴욕의 유엔 본부가 그렇다고 한다. 이에 반기문 총장 주도 하에 사무국 직원들을 대상으로 정기적인 자리 이동 시스템(mobility plan)을 만들어 시행하려 하고 있으나, 예산 등의 이유로 아직까지는 강제적으로 시행되고 있지는 않다.

위에서 언급한 바와 같이 사업예산의 변동성, 그에 따른 일자리(1~2년의 단기 프로젝트 일자리라 할지라도)가 새로 생기거나 없어지는 것은 유엔 전문기구에서 더 자주 일어난다. 따라서 유엔에서 처음 일하고 싶은 사람은 사무국보다는 일자리가 더 많이 공고되는 유엔 전문기구 홈페이지의 일자리 공고(Job vacancy)를 찾아보는 것을 권하고 싶다. 유엔 전문기구라도 일단 유엔 시스템 테두리 안에 들어오면 본인이 원할 때 사무국이나 다른 유엔 기구로의 이동은 상대적으로 수월한 편이다.

● 유엔의 예산: 유엔은 다른 국제기구에 비해 상대적으로 가난한 조직이다. 가난하다고 한 이유는 유엔의 예산은 2년 주기(biennium)로 설정이 되는데, 2014~15년 정규예산은 약 55.3

250

억 달러이다. 이에 비해 세계 평화 및 분쟁 해결을 위한 평화유지활동에 별도로 1년에 약 70억 달러를 사용하고 있다. 이러한 세계 평화유지 등에 사용하는 예산이 막대하다보니 상대적으로 가난한 개발도상국의 경제발전에 사용할 개발지원 예산은 적을 수밖에 없다.

회원국은 각 국가의 경제 규모에 따라 회원 분담금을 내게 되어 있는데, 미국이 유엔 정규예산의 약 22%를 부담하고 있다. 2014년 기준으로 대략 일본 10.8%, 영국 7.2%, 독일 7.1%, 프랑스 5.6%, 중국 5.1%, 스페인 2.9%, 한국 1.99% 정도를 부담하고 있다(자발적 기여금은 별도이다).

- 유엔과 세계은행: 국제사회에는 유엔 이외에도 훌륭한 국제기구들이 많다. 특히 개발도상국의 경제발전을 지원하는 기구로 세계은행(World Bank)과 아시아개발은행(Asian Development Bank) 같은 국제기구들이 폭 넓은 활동을 하고 있다. 이와 관련해 유엔과 다른 국제기구, 특히 세계은행과 같은 개발금융기구와의 차이점을 이해할 필요가 있다. 활동 목적에서 유엔은 세계의 평화 및 안전, 인권, 경제발전이 주요 목적인 반면, 세계은행은 개발도상국의 경제발전 지원을 주요 목적으로 한다.

유엔은 회원국이 부유한 국가인지, 가난한 국가인지에 상관없이 회원국 당 1표 체제로, 모든 회원국들이 동일 효력의 1표를 가진다. 따라서 가난한 개발도상국이 비록 회원 분담금을 내지 못할지라도, 동일한 목소리와 1표를 가진다. 이에 반해 세계은행은 1달러 1표 체제로 세계은행에 소위 자본금을 많이 낸 국가가 더 많은 의결권을 가지며, 이러한 이유로 세계은행 총재는 항상 미국이 정한다. 세계은행이 유엔보다 더 정치적일 수 있으며, 부유하며 개발예산도 많고, 직원 처우도 더 좋다고 알려져 있다.

- **경험 능력과 학위:** 유엔에서는 공식적으로 박사라는 명칭을 사용하지 않는다. 모든 명칭은 Mr. 또는 Ms.이다. 이러한 지침에도 불구하고 유엔 편지 등에서 간혹 박사라는 호칭을 사용하기도 하는데, 이는 상대방을 존중해서 부르는 호칭이지 유엔의 정식문서에는 박사라는 용어를 쓰지 않는다.

  유엔에서 직원을 뽑을 때 경험과 박사학위 중 각각의 분야에서 일한 경험이 더 중요한 요소로 고려된다. 물론 박사학위가 중요하지 않다는 말은 아니다. 이력서에 박사학위가 있으면 더 좋겠지만, 박사학위자라고 해서 선발에 가산점을 주거나 우대를 해주지는 않는다. 오히려 어떤 분야에서 어떠한 일을 수행했었는지, 그래서 어떠한 업무능력을 가지고 있는지가 더 중요하게 여겨지는 것 같다.

- **유엔 직원 처우:** 유엔은 현재 정년이 65세이고, 급여체계는 "유엔은 세계 최고 수준 급여를 지급하는 정부기관을 참고로 급여

를 결정한다"는 규정을 가지고 있어, 출범 이후 지금까지 미국의 국무부 직원 급여체계를 따르고 있다. 급여 이외에 주택보조비, 자녀학비 보조금이 대학까지 지원된다. 퇴직연금도 좋다고는 하는데, 현재의 저성장 및 저금리 상황을 고려할 때 미래에도 가능할까 하는 회의스러운 생각도 든다.

25

유엔에서 일할 때
좋은 점과 실망스러운 점

앞장에서 유엔에 대한 기본적인 내용을 설명했는데, 많은 후학들이 유엔에 대해 막연한 동경심을 가지고 있는 듯 해서, 이 장에서는 유엔에서 일하는 동안 실제로 좋았던 점과 실망했던 점을 정리해서 설명하고자 한다. 모든 일과 직장이 그렇듯이 소위 좋은 점과 실망스러운 점이 항상 공존한다. 세상에는 100% 무조건 좋은 직장이라는 것이 거의 존재하지 않는다. 따라서 아래 정리된 내용은 유엔에서 일하고 싶은 꿈을 가진 젊은이들을 위해 유엔 잡에 신청하기 전에 충분한 이해를 돕기 위해 개인적 경험을 기초로 정리했다. 이러한 경험은 유엔 직원들마다 시각차가 있음을 감안해서 참고용으로 읽어주기 바란다.

1. 유엔에서 일할 때 좋다고 생각된 점
- 유엔은 직원을 선발할 때 교통, 에너지, 도시, 수자원, 행정, 예

산 기획 등 분야별로 선발을 한다. 물론 최근에 와서는 유엔도 개발의제가 복합적이고 상호 영향을 미치는 점을 고려해서 다른 분야 및 다른 지역으로의 전환(mobility)도 장려하는 편이다. 그러나 이것은 아직 강제사항이 아니고 권고사항이어서 대부분의 직원은 한 분야에서 평생을 일하고 은퇴하는 경우가 많다. 한 분야에서 평생을 일하게 되면 자연스럽게 일정 수준의 전문가가 될 수 있다.

- 유엔에서는 직원을 각 분야 전문가로 대우하기 때문에 전체적인 유엔 국(局, department/division) 업무 방향 하에서 본인이 하고 싶은 특정 연구 분야나 프로젝트를 어느 정도 자율성 있게 수행할 수 있다. 국내 기관보다는 자율성이 많은 편이다.

- 유엔 직원들은 유엔이 지속가능발전, 녹색경제 등 새로운 개발의제나 새로운 방향에 대해 선도적 역할을 해야 한다고 생각한다. 새로운 개발의제 추진 시에 기존 참고자료가 적기 때문에 시행착오가 있을 수 있고, 복합적 사고를 많이 해야 한다. 따라서 사고 능력을 키우고 싶은 사람에게 좋은 직장일 수 있다.

- 연구나 사업계획시 자료가 풍부한 편이다. 필요한 페이퍼를 상대적으로 쉽게 구할 수 있고, 여러 국제 및 지역 기구 등에서도 자발직으로 신간자료를 보내오는 편이다(실제로는 정보가 너무 넘쳐 다 읽지 못하는 것이 문제다).

- 회의나 사업집행 등을 통해 각 분야의 교수 등 전문가 그룹과 업무적으로 연결될 기회가 많고, 새로운 시각이나 지식을 배울

기회도 많다.

- 연구자료든 유엔의 보통문서든 페이퍼 작성시 여러 직원들이 담당 부분을 분담하고 조율해서 공동의 성과물(연구보고서 등)을 만들어내는 조율적 협력문화(coordinated cooperation culture)가 발달되어 있다.

- 다른 시각의 동료들과의 지적 논쟁(intellectual debate)을 통해 본인의 생각을 정리, 확대 및 수정할 수 있는 기회가 상대적으로 많다.

- 다양한 문화의 직원들과 함께 일하므로 다양한 문화나 전통을 접할 기회가 있고, 생각의 영역을 넓히며, 다른 관습, 도덕, 문화 등에 대해 이해도를 높일 수 있다.

- 하루 종일 영어로 문서작성과 대화를 하기 때문에 자연히 영어 실력이 향상된다(물론 머리에서 열난다).

- 유엔 직원들의 영어 및 전문지식이 좋을 것으로 생각해서 별로 실력 테스트를 하려고 하지 않는다. 아울러 유엔 직원이 발표하는 내용이나 방향에 대해 긍정적으로 고려해준다.

- 국제회의에 참석할 기회가 많기 때문에 많은 사람들 앞에서 발표할 수 있는 담력과 노하우가 발전한다.

- 유엔은 외부에서 괜찮은 직장이라고 생각해주고, 어느 정도의 사회적 지위를 제공해준다. 아울러 유엔의 인지도가 높아서 다니는 회사에 대해 무슨 회사라고 구체적으로 설명해야 할 경우가 적다.

- 상대적으로 높은 재정적 지원을 해준다. 급여 수준도 무난하고, 자녀 학비의 일부를 대학(1명 1년 3만 달러 정도/방콕 에스캅 기준)까지 지원해주고, 주택 임차비를 일부 지원해준다. 연금 시스템은 상대적으로 많이 내고 많이 받는 구조로, 은퇴 후 어느 정도 생활을 유지할 수 있는 연금이 제공된다(유엔에서 최소 5년을 일해야 연금 수령 자격이 주어진다).

- 미국과 같은 몇 개 국가를 제외하곤 차량 면세 구입이 가능하다. 따라서 원한다면 한 번쯤 고급차를 사서 운전하고 다녀볼 기회도 있다. 태국의 유엔 에스캅의 경우 면세차량을 5년이 지나면 세금 없이 시중에 상당한 가격으로 팔 수 있다(하지만 고급차도 타고 나면 별거 아니다 라는 생각을 하게 되고, 본전 생각이 난다).

- 창이 있는 작은 개인 사무실을 제공해주고, 행정업무를 도와주는 비서가 있어 출장비 정산 등 잡일을 상대적으로 덜 하며 중요한 일에 더욱 집중할 수 있다.

- 많은 국가를 다니면서 다양한 경험과 여행을 할 수 있다. 물론 오지로 가서 고생할 때도 많다.

- 출장시 비행시간이 9시간이 넘거나, 중간 트랜짓 시간을 포함 11시간이 넘으면 항공좌석을 비즈니스석으로 준다(처음에는 개발도상국을 돕는다고 가면서 값비싼 비즈니스석을 타도 되나 하는 심리적 갈등이 있었으나, 장거리 밤 비행기를 이코노미석으로 타고 가면 다음 날 일하기가 좀 힘들다).

- 연차 등 각종 휴가 일수가 많은 편이고, 자기 휴가를 쓴다고 눈

치를 주는 사람이 상대적으로 적다(눈치를 주는 보스가 드물게 있기도 하다). 여름 및 겨울 휴가 시즌에 3~4주 휴가를 가는 것이 보통이다. 따라서 가족들과 많은 시간을 보낼 수 있고, 일과 가정의 균형된 생활을 할 수 있다.

- 정년이 65세까지로 원한다면 한국에 비해 길게 일할 수 있다. 2014년까지는 62세였는데, 총회 결의를 통해 2014년 12월 말에 65세로 연장되었다. 기존 직원은 62세와 65세 중 선택을 할 수 있지만, 신규 직원들은 무조건 65세까지 근무해야 한다. 30세에 들어오면 35년을 근무하는 것인데, 이것이 반드시 바람직한 것인지 직원 상황마다 다를 것 같다.

- 처음 유엔에 정규직원으로 들어오면 보통 2년 계약 형태로 시작하며, 2년마다 계약이 연장되는데 업무 능력이 낮다고 해고되는 사람을 거의 본 적이 없다. 선발시 우수한 직원을 선발한 이유이겠지만, 민간 기업에 비하면 직업 안정성이 매우 높다. 물론 부정부패나 다른 윤리적인 문제로 해고되는 경우는 종종 있다. 아울러 해고하는 절차도 매우 까다롭고 복잡해서 직업이 상대적으로 안정적이다. 이는 좀 더 설명이 필요한데 유엔 본부의 사무국 조직은 회원국들이 매년 내는 회비(분담금)로 구성되는 정규예산에서 급여가 나오기 때문에 직업이 안정적이나, 유엔 특별기구, 유엔 펀드 및 유엔 프로그램 등은 자체 예산이거나 비정규 예산(자발적 기여금) 등이 대부분을 차지해서 상대적으로 직업 안정성은 떨어진다고 한다.

- 자녀교육에 있어 상대적으로 한국의 극심한 학습경쟁보다 스트레스가 적다(한편으로 한국 학생보다 뒤처질까 걱정하기도 한다).
- 자녀를 국제학교에 보냄으로써 자녀들 영어 걱정은 안 해도 된다고 생각한다(반대로 한국어 걱정을 해야 한다).

2. 유엔에서 일할 때 실망스러운 점

- 쉽게 말하자면 회원국이 주인인데 주인이 너무 많아서 사기업과는 달리 거의 주인이 없는 조직처럼 생각이 되고, 상대적으로 역동성이 떨어진다.
- 생각보다 가난한 조직이다. 유엔의 2년 예산이 약 55억 달러인데, 세계 평화 및 안전에 들어가는 돈은 약 70억 달러라고 한다. 그래서 개발도상국 개발에 사용할 예산은 상대적으로 적을 수밖에 없다. 따라서 개발을 위한 정규예산은 적은 편이며, 일을 많이 하고 싶으면 프로젝트 예산을 본인이 열심히 구해야 한다.
- 전문가 집단이라고 생각했는데, 일반 사람들보다는 전문가이지만 세계 최고의 전문가 집단인지에 대해서는 의문이 있다.
- 유엔에서 발행되는 모든 자료가 반드시 신뢰성이 있는 데이터를 이용해서 만들었다고는 말하기 힘들다. 그 이유 중 하나는 많은 데이터가 회원국이 보내오는 기초 데이터를 이용해 자료를 만드는데, 회원국마다 데이터 기준에 대한 해석이 다르고, 가끔은 보내오는 원 데이터(raw data)에도 신뢰성 문제가 있을

수 있다.

- 세계 평화 및 발전을 위해 기여하는 순수한 집단이라기보다는 관료적 집단에 가깝다(국가 공무원과 비교하면 세계를 무대로 하는 국제 공무원이다).

- 하루 종일 영어를 써야 해서 머리에서 열난다. 영어를 하루 종일 사용하고 영어 문서를 작성하는 것이 한국 토종에게는 다소 스트레스다. 영어 한 단계를 넘으면 다른 영어 관문이 기다린다.

- 대학 졸업 후 유엔에 곧바로 입사한 경우는 책상이론만 강해 개발도상국의 현실을 모르는 공자님 말씀을 할 때가 많다. 직원 자신도 실제 경험이 없으면서 새로운 정책을 개발도상국에게 해보라고 하는 경우가 많다. 그래서 잘못되면 개발도상국의 부실한 내부 시스템(poor governance)으로 책임을 돌리는 경우가 종종 있다.

- 회원국에게 우리가 하는 방식대로가 아닌, 우리가 말하는 대로 따라하라고 말한다(Do as we say, not as we do). 예를 들어, 국제회의 석상에서는 민관협력(public private partnership)을 강조하면서, 유엔 직원이 민간기관과 같이 일하려고 하면 왜 이 민간기관을 협력자로 선정했는지를 추가로 설명해야 한다. 기후협약을 주도하는 유엔 기관에서 주관한 국제회의에 참석한 적이 있는데, 기후변화의 문제점을 강조하면서도 자신들은 기후변화의 원인인 물자의 과소비 및 절약에 대해 별 관심이 없는 것 같았다.

- 상급자가 하급자를 평가하는 시스템은 있지만, 하급자가 상급자를 평가하는 시스템이 없어서 보스 눈치를 많이 보는 상대적 계층 조직이다. 따라서 보스를 한 번 잘못 뽑으면 기구 전체가 이상한 방향으로 흐를 소지도 많다.

- 고용이나 승진하는 사람들을 보면 가끔은 정치적 결정이나 지역 연고에 의해 이루어지는 것이 아닌가 하는 의심이 들 때가 있기도 하다. 이는 각 유엔 직원 출신국가를 조사해보면, 재정적 지원을 하는 소위 잘 사는 나라 또는 원조국가(donor country) 출신이 상대적으로 더 많다는 점이 이를 방증한다. 이런 관점에서 한국인 직원은 혜택 받은 국민 중 하나이다.

- 다양한 사람들이 모인 집단이어서 이를 객관적인 규정으로 규제하려다 보니 상세할 수밖에 없지만, 지나치게 복잡해서 유엔 규정을 모두 다 잘 아는 사람은 없다는 농담이 있을 정도이다. 이러한 복잡한 규정이 업무 효율성을 감소시키기도 한다.

- 투명성을 강조하는 문화로 인해 업무 내용 및 절차는 훌륭하나, 이에 반해 효율성 및 목적성은 상대적으로 떨어진다. 또한 투명성을 강조하다보니 모든 규정을 준수해야 하고, 그래서 처리 프로세스가 늦다. 특히 한국처럼 '빨리 빨리 하는 문화'에서 온 경우 혼자 속 터진다.

- 국제회의, 지역회의, 워크숍, 포럼, 훈련 등의 목적으로 여러 회의를 개최하는데, 그 비용이 적게는 몇 만 달러에서 몇 십만 달러로 상당하다. 가끔은 그냥 그 돈을 모아 가난한 개발도상

국에 주면 어떨까 하는 생각을 해본다.

- 출장시 현지 음식이나 물이 안 맞을 경우도 있다. 오지에서 이 상한 음식으로 인해 고생스러울 수도 있다.

- 다른 문화의 사람들과 함께 지내는 것이 불편하고 어려울 수 도 있다. 실제로 유엔에서 문화적 갈등은 심각한 문제 중 하나 이다.

- 부모 및 형제들과 떨어져 살아야 하는 것도 쉽지 않다. 친구들 을 자주 만날 수 없어서 친구들이 서서히 없어져 간다. 은퇴 후 어디서 살아야 하나 하는 쓸데없는 고민도 하게 된다.

- 자녀들의 한국인으로서의 정체성 결여, 한국어 및 한국에 대한 자녀교육에 대해 걱정하게 된다.

위의 내용들은 필자 개인 경험에 기초한 지극히 주관적인 내용으로, 유엔 직원마다 생각이 다를 수 있고, 유엔 생활을 이해하는데 조금이나마 도움이 되기를 바라는 마음에서 쓴 것이니 참고만 해주기 바란다.

26

유엔에서 잡(Job) 잡기

　유엔 안에서도 다양한 전문기구, 프로그램 및 사무소 등이 있기에 그만큼 유엔에서 잡(Job)을 얻는 방법도 다양하다. 그래서 유엔에서 일하기를 희망하는 사람들을 위해 유엔 내 일자리 구조가 어떻게 되어 있는지, 간략히 어떤 절차를 통해 들어가는지, 각 절차에서 무엇이 중요한지 등 응시 준비에 도움이 될 것이라 생각되는 몇 가지를 설명하고자 한다.

　유엔의 일자리는 크게 2가지로 나뉜다. 이해를 돕기 위해 쉽게 비유하자면 정규직과 비정규직이다(실제로는 유엔 내에서는 정규직, 비정규직 용어를 쓰지 않는다). 정규직(Professional Officer)이라 함은 3종류인데 2년 단위(2 year fixed -term)의 지속적인 계약을 통해 정년까지 일을 하는 무기계약직과, 무기계약직으로 5년이 경과하면 지속계약(continuing contract) 자격을 받아 65세 정년까지 계약이 자동 연장되는 경우, 그리고 10년 이상 경과하면 심사 등을 통해 우리가 말하는

정년까지 완전히 보장되는 영구직원(permanent staff)으로 대별된다.[90]

정규직과 비정규직의 큰 구분 기준은 급여 소스(salary source)에서 오는데, 정규직의 급여 및 보조금은 유엔 회원국이 매년 내는 멤버십(분담금) 예산으로, 뉴욕의 유엔 본부에서 정기적으로 배정되어 지급된다. 반면 비정규직의 급여는 주로 프로그램 예산 소스에서 오는데, 1~3년 프로젝트가 있으면 그 프로젝트 예산을 이용하여 자리가 존재하고, 그 프로그램이 끝나면 자리도 없어지는 형태이다. 하지만 프로그램이나 프로젝트가 많기 때문에 한 프로젝트가 끝나면 곧바로 다른 프로젝트 담당자로 계속적으로 일하는 경우가 대부분이다.

한편, 회사의 신규 직원을 뽑는 것처럼 Young Professionals Programme(YPP)[91] 시험이 있다. 시험에 통과하면 합격자 명단(Pool)에 들어가고 1~2년에 걸쳐 유엔 조직 중 하나의 자리에 P1이나 P2 지위로 가게 된다. 이전에는 합격자에게 영구직원(permanent staff) 지위를 부여했지만 지금은 지속계약(continuing contract) 지위를 부여한다. 다만 시험 합격이 곧바로 자리를 보장하는 것은 아니며, 유엔 기관장들이 각 이력서를 보고 나서 필요시 뽑기 때문에 최종자리를 오퍼 받기까지 시간이 걸릴 수도 있다. 시험자격 요건은 32세 이하, 학사 이상 자격 등이다. 구체적인 내용은 사이트 정보(https://careers.un.org/lbw/home.aspx?viewtype=NCE&lang=en-US)를 참고하기 바란다.

비정규직의 종류는 1~3년 정도의 단기 프로젝트를 집행해야 할 필요가 있을 때 등의 사유로 통상 2년 이하 기간으로 계약을 통해 고용하는 경우이다. 이는 회원국이 자국 사람들에게 유엔에서 일할 기회를 제공하기 위해 인건비 등을 부담해서 고용하는 경우[92], 회원국이 자국 젊은이들에게 일할 기회를 제공하기 위해 비용을 부담하는 주니어 직원(Junior Professional Officer: JPO), 컨설턴트 등을 의미한다. 이들은 계약 만료 후 유엔이 지속적인 고용을 보장하지 않기 때문에, 쉽게 설명하기 위해 비정규직이라 명칭을 붙였다(유엔에서는 정규직, 비정규직 명칭을 사용하지 않는다).

한편 회원국이 유엔 기관에서 일하는 자국민에게 직접 급여를 제공하면서 파견하는 경우가 있다. 이 경우 급여 등 예산이 유엔 계정을 통하지 않기 때문에 비정규직 유엔 직원이라 하기 어렵고, 일종의 다른 기관으로의 파견자의 지위를 갖는다고 보아야 할 것이다.

유엔의 일자리는 유엔 사무국(UN Secretariat)과 그 외 유엔 펀드(UN Fund), 유엔 프로그램(UN Programme), 유엔 전문기구(UN Specialized Agencies)[93] 일자리로 크게 2가지로 나눌 수 있다. 유엔 사무국 소속인 경우 통상 총 인력의 80~90%가 정규직으로 분류되며, 급여 소스는 거의 100% 유엔 회원국 분담금에서 지불된다(뉴욕의 유엔 본부에서 각 사무국 기관에 정규적으로 할당한다).

유엔 펀드, 유엔 프로그램, 유엔 전문기구는 자체 이사회(governing council)를 가지고 있으며, 독립적인 예산편성을 하며, 대부분의 예산은 각각의 전문기구에 별도로 가입한 회원국들의 (추가)분담금으로 충당한다. 뉴욕의 유엔 본부에서는 이들에게 약 0~10% 정도의 예산만 지원한다. 이 기구들의 로고(logo)도 유엔의 대표 로고와 다른 것을 사용하는데, 예를 들어 UNICEF, WHO 등은 다른 모양의 유엔 로고를 사용한다. 따라서 이러한 유엔 펀드, 유엔 프로그램, 유엔 전문기구는 회원국의 분담금 및 자발적 기여금, 충성도에 따라 부자인 전문기구, 또는 가난한 전문기구가 존재한다.

일자리의 안정성 측면에서 사무국은 급여가 뉴욕의 유엔 본부로부터 정기적으로 배정되어 지급되기 때문에 다른 유엔 전문기구보다는 더 낫다. 하지만 적극적인 활동을 통해 조직 운영비 및 직원 급여를 확보해야 하는 유엔 프로그램 및 유엔 전문기구가 더 역동적이다. 따라서 젊은 나이에는 전문성의 제고 또는 일의 역동성 등을 고려하면 UNDP, UNEP, UNICEF, UNESCO, ILO 등의 유엔 전문기구나 유엔 프로그램을 추천하고 싶다. 아울러 사무국은 일자리 오픈이 약간 정체되어 있는데 비해 전문기구 및 프로그램은 자리가 자주 오픈되는 편이다. 각 전문기구 및 프로그램은 각각의 홈페이지를 가지고 독자적으로 자리 공고를 하니 자주 살펴보되 UNDP와 ILO를 우선 살펴보라고 추천하고 싶다.

아울러 유엔 전문기구 및 프로그램 중에서도 규모가 크고 예산 규모가 큰 기관을 우선 지원할 필요가 있는데, 우선 공석 가능성이 높고, 예산 유연성이 많아서 보스가 정말로 고용하고 싶다면 상대적으로 예산을 다른 곳에서 가져올 수 있는 가능성이 조금이라도 더 있기 때문이다. 유엔 직원의 처우 관점에서는 다른 유엔 기관보다 국제노동기구(ILO)를 추천하고 싶다. 직원에 대한 처우, 근무조건, 문화 등이 가장 좋은 곳이다. 국제노동기구는 거의 강제적으로 5년 정도마다 지역을 바꾸어 이동해야 한다(mobility).

다음으로, 컨설턴트로 일을 시작해서 정규직으로 전환하는 것은 가능한지 여부인데, 결론부터 말하자면 가능은 하지만 그 가능성은 매우 낮고, 운도 좋아야 한다. 우선 사무국은 어렵고, 유엔 전문기구에서는 가능하다. 곧바로 자동적으로 유엔 직으로 전환되는 것은 아니고 시험을 거쳐야 하는 것은 마찬가지이다. 운이 좋아야 한다는 말은 아무리 후보자가 능력이 있고, 성격도 좋아서 매니저들이 함께 같이 일하고 싶어 해도 그 후보자를 고용할 자리가 적절한 시기에 비어야 하고, 또 급여 관련 예산도 확보되어 있어야 하기 때문이다. 내부에서 평이 아주 좋았지만, 채용할 만한 자리가 없거나 예산이 없어서 컨설턴트 업무가 끝난 후 떠나야만 하는 경우를 많이 보곤 했다. 한 예로 유엔 에스캅에서 경험을 쌓던 컨설턴트가 UNDP 베트남 사무소 P3 지위로 자리를 옮기는 사례를 본 적이 있다.

유엔 컨설턴트 경험이 다른 회사 입사나 업무에 도움이 될 것이냐에 대해서는 경험이나 업무지식이 도움이 된다고 생각된다. 다만 함께 일할 컨설턴트의 담당직원(supervisor or project officer라고 부른다)을 잘 만나야 한다. 지식과 경험이 많은 담당직원을 만나게 되면 여러 가지 배우는 점이 많다.

참고로 컨설턴트 계약은 2개의 계약 형태로 나누어지는데, 내부적으로 단기 6개월 이내에서 개인적 계약(individual contract)이라는 명칭 하에 같은 사무실 내에서 일하면서 업무지원 등을 수행해 컨설턴트인 경우와, 독립적으로 외부에서(또는 같은 사무실 내에서) 어떤 특정한 산출물(output) 또는 서비스를 제공하는 컨설턴트가 있다. 후자인 컨설턴트는 통상 5~10년 이상의 경험자를 뽑으므로 이제 막 대학원을 졸업한 또는 사회 경험이 적은 젊은이라면 선발되기가 쉽지 않기 때문에 첫 번째 형태의 컨설턴트로 시작하는 것이 일반적이다.

현재 대학원에 다니는 학생처럼 사회 및 직무 경험이 없는 경우는 컨설턴트로도 채용되는 것이 쉽지 않다. 그럴 경우 인턴십을 생각해 보라고 권하고 싶다. 인턴십도 경쟁이 없지는 않지만 2~6개월간 인턴십에서 능력과 성실성을 보여준다면 컨설턴트로 고용되는 경우가 종종 있다. 솔직히 한국인은 다른 국가 사람들보다 성실하고 공손하며, 열심히 일하는 편이어서 항상 내부적으로 평가가 좋은 편이다. 인턴십의 문제는 유엔에서 전혀 경비 지원이 없다는 점이다. 이에 비해 국제노동기구, 세계은행, 아시아개발은행 등은 인턴에게도 경비를 지원해준다.

유엔의 정규직원[94]은 통상 전문가 직원(professional staff)이라 부르고 P1~P5까지의 직급으로 나뉜다. 그 위로는 국장(Director)급이다. 전문가 직원을 예시로 들어 설명하면, 시험은 '서류전형-에세이 시험-전화 인터뷰-사무총장의 최종 선발' 순서로 진행된다. 공석은 전 세계 모든 사람에게 홈페이지를 통해 공고되고, 분야마다 다르지만 보통 적게는 200명에서 많게는 700명 정도가 한 자리를 보고 응시를 한다고 한다. 사무국과 유엔 전문기구, 유엔 프로그램 등은 다음 페이지에 안내한 것처럼 각 기구별 개별적인 공고 및 선발 시스템을 가지고 있으니 각각을 모두 찾아보아야 한다. 사무국의 경우는 인

스피라(Inspira)라는 명칭의 직원 선발 시스템을 가지고 있다.

사무국: https://careers.un.org/lbw/home.aspx?viewtype=

      SJ&vacancy=All

유엔개발프로그램: https://jobs.undp.org/

유네스코: http://en.unesco.org/careers/

1차 서류전형에서 20~40명 정도를 선발한다. 온라인 형태로 응시를 하기 위해서는 유엔 양식의 개인정보 파일(Personal History Profile: PHP-이력서)을 온라인으로 작성해야 한다. 이 개인정보 파일(PHP)을 이용해 유엔 직무신청서(application form)[95]를 작성하는데 직무신청서는 PHP와 커버 레터(cover letter)로 구성되는 경우가 일반적이다. 이들은 서류전형에서 가장 중요하게 검토되는 기본적인 문서이므로 충실히 적어야 한다. 이 PHP 파일은 한 번 작성하면 불변하는 것이 아니라, 경력이 변함에 따라 언제든지 수정이 가능하다.

본인의 능력을 잘 요약할 수 있는 커버 레터와 PHP를 어떻게 잘 쓰느냐가 유엔으로 가는 가장 중요한 첫걸음이다. 한국의 교육과정은 커버 레터와 이력서(PHP)를 어떻게 잘 쓰는지 훈련해주지 않는데, 한국 대학 등에서 이러한 이력서 쓰는 방법에 대해서도 훈련이 이루어졌으면 한다.

직무신청서 작성과 관련해 조언(팁)을 제공하자면 (1) 한국인들이 많이 실수하는 것은 직무신청서 작성시 과거에 했던 일에 대한 경험,

인턴십, 회의 참석, 심지어 개인이 자라온 짧은 역사 등에 대해 자세히 쓴다는 점이다. 그러나 개인정보 파일(PHP)이나 커버 레터에 자세히 써야 할 사항은 이러한 경험이나 지식 등을 통해 본인이 현재 어떠한 업무 역량을 가지고 있는지, 그래서 공석 공고 안내문에서 요구한 업무들을 훌륭하게 처리할 수 있는 능력이 있다는 점을 보여주는 것이다. 직원 채용시 가장 중요하게 보는 것은 지금 채용하려는 시점에 후보자가 "어느 분야에서 어떠한 업무 역량"을 가지고 있느냐 하는 기준이다.

(2) 또 하나의 실수는 이력서에 다양한, 즉 현재 공석으로 공고된 직무와 전혀 관련 없는 경험을 장황하게 설명하는 것인데, 이는 본인이 지원하려는 분야의 전문가가 아니라는 이미지를 줄 수 있어서 오히려 마이너스 효과를 낼 수도 있다.

(3) 각 공석 공고시 공고문에는 앞으로 수행하게 될 직무 내용(job description: JD)과 자격 요건(qualification)이 공시되는데, 이 JD에서 표현한 용어를 그대로 사용하는 것이 좋다. 1차 서류신청시 매우 많은 신청서를 검토해야 하는 직원 입장에서는 몇 백 장의 신청서를 봐야 하고, 아무래도 공고 때 언급했던 JD에 대한 내용(단어) 등이 있는지를 기계적으로 체크해서 1차 통과 여부를 결정할 수 있기 때문이다.

(4) 영어 조건을 예를 들어보자. 대부분의 공고문에서 "영어는 능숙하게 할 수 있을 것"이란 자격조건을 제시한다. 한국인의 경우 다른 외국인들에 비해 겸손해서 영어 능숙도에 '중간'이라고 마크하는 경우가 많다. 그런데 문제는 서류심사 직원이 이 겸손을 보지 못한다

는 것이고, 이 신청자는 영어 실력이 중간이구나 하고 탈락시킨다는 것이다. 약간의 과장이 필요한 부분이다.

　1차 서류전형을 통화한 후보자를 대상으로 직무지식과 영어 실력 체크를 위해 에세이(Essay)를 보며 이때 5~7명 정도를 선발한다. 에세이는 보통 이메일로 2개의 주제를 주고, 2시간 이내에 작성해서 이메일로 다시 시험관에게 보내주는 것이다. 인터넷이 연결되지 않는다든가 늦게 제출하는 것은 모두 본인의 책임으로 돌리기 때문에 인터넷이 상시 연결된 위치에서 시험을 보는 것이 필요하며, 반드시 요구한 시간 내에 보내야 한다. 에세이를 쓸 때 인터넷상의 자료를 참고해도 좋다는 경우와 전혀 사용하지 말라는 경우가 있는데, 인터넷 자료를 사용하지 말라는 경우는 나중에 표절 프로그램으로 검사를 하기 때문에 사용하지 않는 것이 바람직하다.

　에세이 주제가 무엇이냐는 시험관(보통 해당 국의 국장)의 견해가 많이 반영된다. 즉 현재 공고된 자리가 속한 국의 국장이 어떤 주제에 관심이 있는지, 국장이 논리적 전개를 좋아하는지, 아니면 상세내용의 기술적인 내용을 선호하는지는 국장의 개인 성향에 많이 좌우된다. 일반적으로는 영어 작문(writing)이 좋아야 하지만, 간결한 핵심 용어를 사용하면서 논리적인 전개도 매우 중요한 결정요인이다. 에세이를 쓰기 선에 관련 국(局) 홈페이지를 반드시 읽어서 주요 핵심 단어 및 관심 주제에 대해 숙지를 해야 한다.

　에세이를 통과하면 전화로 약 2시간 정도 인터뷰를 본다. 통상 5~7개 주제를 물어보는데, 환경개발국에 지원한 본인의 경우 인상적인 주제로 기억나는 것이 "본인이 세상에 기여했다고 생각하는 것 3가지는 무엇이냐?", "지속가능발전이 20여 년 전에 제시되었는데 아 · 태 지역에서 성공적이라 생각하느냐, 성공적이 아니라고 생각하느냐? 본인의 대안은 무엇이냐?", "아 · 태 지역의 수자원과 관련해 가장 중요한 문제 3가지는 무엇이라 생각하느냐?"와 같은 주제였다. 미리 여러 주제에 대해 생각해두지 않으면 전화상에서 버버버 하면서 당황하게 될 수 있는 주제들이었다.

전화 인터뷰를 위한 팁을 제시한다면, 전화 인터뷰는 얼굴을 보지 않기 때문에 전화 인터뷰시 참고자료를 옆에 놓고 잠깐 잠깐 참고할 수 있다. 다만 인터뷰 하는 도중에 참고자료를 자세히 읽어볼 시간이 없기 때문에 여러 예상 주제들을 키워드(key words) 중심으로 1장씩 정리를 해놓고, 이를 프린트해서 주위에 놓아두는 것이 도움이 될 수 있다. 특히 키워드는 눈에 잘 띄게 색깔로 표시해서, 질문에 대한 답이 생각나지 않을 때 키워드를 보면서 대답이 연상될 수 있도록 하는 것이 도움이 된다.

인터뷰 질문에 대한 정답은 없는 편이다. 후보자의 논리적 전개를 듣고 싶어 하는 것이며, 전화 인터뷰시 당황하지 않는 것이 매우 중요하다. 어차피 자신이 완벽하게 답을 하지 않았다 하더라도 다른 후보자들도 마찬가지이며, 경쟁이란 상대적인 것이어서 상대방이 더 못하면 선발되는 것이다.

또 하나의 팁은 2시간 정도를 전화 인터뷰하면 전화기를 쥔 팔이 저리게 되며, 전화기에서 들려오는 목소리에도 집중이 어렵게 된다.

그래서 한 가지 방법은 텔레마케터들이 머리에 쓰는 전화기를 하나 구입하는 것이 좋다. 팔이 편하게 인터뷰를 할 수 있을 뿐만 아니라 양손을 자유롭게 사용할 수 있어 인터뷰 동안에 키워드 자료를 보는 데 도움이 된다. 전화 인터뷰 후에는 기다리는 것이 일이다. 유엔 프로세스는 좀 느린 편이어서 통상 6개월 이상이 걸린다.

인터뷰를 통해 3명 정도를 선발하는데 해당 유엔 기관의 장(에스캅의 경우 사무총장Executive Secretary)에게 최종 승인을 위해 제출한다. 사무총장은 3명 후보 중 최종 1인을 선발하는데, 여성이나 국가 대표 비율 등을 사유로 3등이라도 그 후보자를 선발할 수도 있다.

몇 가지 팁을 더 보태면, 명확한 메시지 전달이 가능한 수준의 영어 말하기는 당연히 필수이고, 영어 작문 또한 매우 중요하다. 혹시 유엔 잡에 관심이 있는 대학생은 영어 작문 실력을 향상시키기 위해 많은 노력을 하기 바란다. 유엔 시험뿐만 아니라 유엔에 들어온 후 업무에도 크게 도움이 된다.

한편, 관심이 있는 자리의 공석 공고가 나면 담당과장에게 전화를 하거나 이메일을 보내서 본인을 소개하고 적극적으로 일하고 싶다는 의사를 밝히는 것도 도움이 된다. 한국인들은 이러한 것이 무례하거나 나를 어떻게 볼까 하는 우려를 하겠지만, 보통의 경우는 긍정적으로 받아들이는 것 같다. 적어도 담당과장이나 국장이 자신의 이름을 기억하게 할 수 있으면 역시 도움이 된다.

후학들에게 조금이나마 도움이 되었기를 바란다.

27
이력서 쓰는 법

많은 학생들이 여름이나 겨울방학을 이용하여 유엔 에스캅에서 인턴으로 일하고 싶어한다. 유엔에서 인턴으로 일하는 동안 국제회의 준비과정에 일원으로 참여하거나, 국제기구에서의 업무 등 유엔에서의 경험이 많은 도움이 될 것이라 생각하고 있으며, 실제로도 유엔에서의 짧은 기간의 인턴십은 많은 경험과 새로운 시각을 갖게 해주는 좋은 기회라고 평가하고 있다. 그러한 인턴 선발과정에서 한국 학생들이 이력서나 표지편지(cover letter)를 쓰는 방법에 대한 훈련이 대학 등에서 있으면 더 좋겠다는 생각을 하곤 했다. 사실 나도 대학을 다니면서 이력서 쓰는 법을 체계적으로 배운 적은 없고, 훈련한 경우도 없었다. 유엔에 들어와서 많은 신청서를 보면서 선발하는 입장에서 이력서는 이렇게 써야 하는구나 하고 깨달은 점이 많았다.

물론 이력서를 잘 쓰는 학생들도 많겠지만 이력서를 잘 쓰기를 희망하는 후학들에게 이력서 쓰는 큰 방향에 대해 몇 가지 조언을 하고

자 한다.

1. 이력서는 본인의 능력을 쓰는 것

많은 사람들이 무의식적으로 이력서에 본인의 과거 경험이나 직장 이력을 주로 많이 쓴다. 직장이나 인턴 경험보다 더 중요한 것은 과거 경험이나 학습을 통해 본인이 어떤 능력을 갖추게 되었는가 하는 것이다. 즉 읽는 사람(선발기관)이 필요한 능력을 갖춘 사람이구나 하는 방향으로 이력서를 써야 한다.

예를 들어, "나는 서울시청에서 인턴을 했는데"까지는 기술을 하고 나서, 그래서 "인턴을 했는데 … 본인이 어떻게 변화되었다"는 것에 대한 설명이 없다. 이력서는 본인의 경험보다는 본인의 능력을 말하는 곳이다. 학력이나 인턴십 경험 등을 기술하는 주된 이유는 응시자 본인이 이러한 것을 통해 어떠한 능력을 가지고 있다는 것을 증명하려는 것이다. 직원이나 컨설턴트를 채용하려는 채용기관은 응시자가 과거에 무엇을 했는지 이외에도, 맡기고자 하는 일을 수행할 능력이 있는지 여부를 더 중시한다. 물론 경험이 많으면 능력이 더 많겠지만 반드시 그런 것은 아니다.

따라서 과거의 경험에 대한 설명에서 한 걸음 더 나아가, 내가 무엇을 잘 할 수 있는지를 강조해서 설명해야 한다.

2. 이력서는 감정을 호소하는 곳이 아니다

민간기업의 경우 열정어린 이력서가 애사심으로 비추어져 심사자에게 강한 호소력을 가질 수도 있지만, 유엔은 이력서에서 응시자의 열정, 인간성, 친화력 등의 인간적 호소를 보지 않는다. 즉 전문성이 중시되지, 인간성은 거의 고려되지 않는다. 친화력 및 인간성 등은 전화 인터뷰를 통해서 체크한다. 따라서 이력서에 "열심히 하겠다", "유엔을 꿈꾸어 왔다" 등의 문구는 전혀 도움이 되지 않는다. 내가 무엇을 할 수 있는지를 한 자라도 더 써야 한다.

3. 전문성과 해당 분야 경험이 학력을 이긴다

앞장에서 설명한 바와 같이 유엔은 공식적으로 박사 호칭을 문서에 쓰지 못한다. Mr.아니면 Ms.이다. 자리를 응모할 때 박사학위가 중요하지 않다는 것이 아니다. 같은 조건이라면 당연히 박사학위가 더 선호된다. 그러나 유엔 문화는 직무 경험과 업무 수행능력을 더 중요시하고 해당 분야에서 얼마나 경험을 쌓았는지를 더 중시한다. 당연히 이력서에는 학위보다 업무 능력에 대해 자세히 써야 한다.

사족으로 본인 생각에 유엔에서 박사학위가 가장 중요한 요소로 작용하지 않는 것은 우선 유엔이 연구기관이 아니라는 점, 오랜 경험으로 학위보다는 경험이나 능력이 더 중요하다는 것을 인식하게 된 것, 그리고 세계의 대학이 너무 많아 (예를 들어 한국 사람에게는 동유럽의 어느 대학에 대한 인지도가 거의 전무하기에) 이에 대한 평가의 어려움 등에서 온 것이 아닐까 생각해본다.

4. 선발자의 시각에서 내 능력이나 인생을 요약해야 한다

본인의 능력이나 인생관은 본인이 가장 잘 알고 있다. 그래서 우리 대부분은 우리의 시각에서 자신이 살아온 경험이나 능력에 대해 자신의 시각으로 자세히 쓰려고 한다. 그런데 다른 사람들은 너무 자기 일에 바쁜 사유로 응시자의 상세한 경험이나 능력을 파악하는데 시간을 소요하고 싶어 하지 않는다. 유엔에서 자리를 공모하면 보통 200~700명이 한 자리에 지원한다. 선발자는 많은 이력서를 읽고 평가하는 것이 쉬운 일이 아니다. 따라서 선발자의 시각에서 내 경험이나 능력을 깔끔하게 한눈에 들어오도록 요약하는 것이 매우 중요하다.

세상에는 다양한 형태의 이력서가 존재하지만, 유엔 이력서는 본인의 경험과 능력을 중점으로 써야 한다. 다음 페이지에 샘플 이력서를 소개했는데, 이 샘플이 후학들의 이력서 구상에 한 아이디어를 제공해주기를 희망한다. 반드시 이러한 형태로 작성할 필요는 없다.

Curriculum Vitae

Personal Information

Name	Tae KIM (Mr/Ph.D)
Birth date	Date Month Year
Nationality	Korean (Republic of Korea)
Address	XXXXXX
Tel	(+82) XXXXX (M); (+82) XXXXXX (O)
Email	XXXXXXX. 이메일은 2개를 쓰는 것이 좋다

Photo

Key Capacity (본인의 능력을 요약해서 보여주는 것이 좋다)

(1) Managing Capacity: I possess good managerial capacity and experience as evidenced by my past work as director …
이 경우는 본인이 매니저급 자리에 지원할 경우

(2) Analytical Capacity: I have a good understanding of both theoretical underpinnings of development issues and at the national, …

(3) Research Capacity: I am able to conduct independent

quantitative economic analysis ⋯

research paper가 있으면 이름을 써주면 좋다

(4) Planning and Managing Capacity of Programmes: I have in-depth knowledge and wide experience in ⋯

(5) Implementing Capacity of Programmes: I am well versed in preparing strategy and detailed implementation plans for sustainable economic growth by fostering internal alliances/supporting groups of the LDCs, LLDCs and SIDS ⋯

(6) Life Experience on Development: I have real and vivid development experiences through experiencing first-hand Korea's development stages from 1960s to 2010s ⋯

(7) Good Common Sense: I have good common sense in accommodating cultural difference and surrounding conditions. I can assist the senior officers well ⋯

Work Experience

February 2010 – April 2013   **Environmental Affairs Officer, Asia Office, UNDP, Geneva**

- Develop regional policy agendas and capacity building⋯;
- Organize and support ESCAP and division-

wide events such as organization;

• xxxx

• xxxx

⟨Key Projects Implemented⟩

• Application of sustainable designs for green school buildings in Cebu, Philippines
• Paradigm change of water—energy structure for urban industries in Mongolia
• xxxxx

December 1994 - August 2004	**Director, Korea International Cooperation Agency (KOICA), Republic of Korea**

As a director for project planning and implementation at the Korea government donor agency, I supervised staff to carry out ⋯ the assigned projects and create expected outcomes as below:

⟨Project on environment, resources and disaster⟩
• Designed and managed the resource management projects including Project for the

Development of Groundwater in

Education

Mar 2003 – Aug 2010	Ph. D in Economics – Thesis title: XXXXX. Graduate School of International Studies, Korea University, Republic of Korea
March 1993 – Feb 1996	Master degree in Public Administration (Major: Public Policy), Graduate School of Public Administration, Wisconsin–Madison, USA
Mar 1984 – Feb 1988	Bachelor degree in Economics, Yonsei University, Republic of Korea

Publications and Papers

Dec 2014	Technical Paper on Disaster Risk Management in the context of SDGs
Aug 2011	How Can We Develop Eco–efficient Infrastructure
Aug 2010	XXXXX
Mar 2010	XXXX

Others

| 1984–1987 | Four–Year Full Scholarship in Korea University |

1995	KOICA President's Award
1999	Minister's Award

Skills

Proficient in MS—Word, Excel & PowerPoint

Proficient on SPSS and Stata statistics programme

– End –

주석

1. 영어로 development인데 개발 또는 발전으로 해석하며, 이 책에서는 동일어로 사용한다.
2. 뮈르달(Karl G. Myrdal)은 스웨덴의 경제학자 및 사회학자이며, 스톡홀름 대학 교수 및 무역부장관을 역임했다. 1974년 영국의 프리드리히 하이에크(Friedrich Hayek)와 함께 노벨 경제학상을 수상했다.
3. 제2차 세계대전 직후 미국 국무장관으로 유럽개발부흥 프로그램의 구상 및 집행을 주도했다.
4. 미국 국무장관 조지 마샬(George C. Marshall, Jr)은 1947년 6월 5일 하버드대학 연설에서 마샬 플랜을 발표한다. 이어 1949년 트루먼 대통령이 북대서양조약기구(NATO)의 창설 기념식에서 과학진보 및 산업의 발전을 경제발전을 위한 주요한 요소로 언급한다.
5. 규모의 경제란 대량 생산으로 인해 단위당 생산비가 절감되는 현상을 말한다.
6. 아담 스미스는 1776년 〈국부론(An Inquiry into the Nature and Causes of the Wealth of Nations)〉에서 핀 생산의 예를 통해 분업의 생산성 향상을 강조하고 있다.
7. 슘페터가 "경제원리와 정책에 관한 … 수학적 논문을 쓴 최초의 인물"이라고 인용했다.
8. 범용기술이란 1800년대의 증기기관, 1900년대의 전기, 그리고 20세기 컴퓨터와 같이 사회 전반에 영향을 미치는 기술로서, 이것이 중요한 이유는 혁신을 가져와 사회 전반적으로 생산성을 크게 증가시킬 수 있는 기반이 되기 때문이다.

9. 농업 중 기계화가 가능한 밀과 귀리를 수확하는 생산 공정은 미국에서, 기계화가 어려운 딸기나 시트론, 오이, 토마토의 생산은 멕시코가 담당한다는 사실은 제조업에 기반한 농업만이 높은 생산성 향상 및 생산비 절감이 가능하다는 것을 보여준다.

10. 독일 경제학의 기초를 세운 사람으로, 유럽의 30년 전쟁(1618~1648)을 거치고 당시 부국이던 네덜란드를 여행한 후에 1656년 〈독일 공국(The German Principality)〉이라는 저서를 남겼다.

11. 이탈리아의 토마소 캄파넬라(Tommaso Campanella)와 제노베시, 스페인의 에로니모 데 우스타리스(Geronimo de Uztaris), 스웨덴의 안데르스 베르시(Anders Berch) 등이 예시될 수 있다.

12. 영국 및 미국의 예와 같이 한 국가의 혁신적 기술이나 기술집약적 전략산업(반도체, 자동차, 전자, 의학, 조선, 화학 등)이 성숙하지 못할 경우에는 일정 기간 기술집약적 전략산업이 성장할 수 있도록 국가정책(관세, 보조금 등)을 통해 보호할 필요가 있다. 이를 유치산업 보호론이라고 한다.

13. 수확체감이란 자본과 노동력이 투입될 때마다 단위생산량이 줄어드는 현상 (decreasing returns of economic inputs)을 의미한다.

14. 에릭 라이너트(Erik Reinert) 교수는 〈수확체감과 경제적 지속가능성 (Diminishing Returns and Economic Sustainability: The Dilemma of Resource-based Economies under a Free Trade Regime)〉에서 가난한 개발도상국들이 어업이나 광업 등 수확체감 분야에 특화함으로써 심각한 생태계 및 환경문제를 초래하게 된다고 지적했다.

15. 영국의 경제학자 한스 싱거(Hans Singer)는 슘페터의 제자로서, 개발경제학에 큰 기여를 했다. 출처: "The Distribution of Gains between Investing and Borrowing Countries" in American Economic Review, 40, 1950, pp. 473~485.

16. 네덜란드 델프트 시의 현미경 제작자이자 과학자인 레벤후크(Anton van Leeuwenhoek)는 유리 렌즈를 중심으로 직물산업과 현미경, 그리고 자연과학 간의 시너지를 창출했다.

17. 모방이란 옥스퍼드 사전에 따르면 "어떤 성취나 자질 면에서 다른 사람들과 동

이라고 정의한다. 모방과 비슷한 용어로는 아브라모비츠(Moses Abramovitz)가 사용한 '따라잡기'와 '앞으로 나아가기'가 있다(에릭 라이너트, Erik Reinert).

18. 1800~1850년대까지는 임금이 매우 낮은 수준에 있었지만, 19세기 후반부에 와서는 기술발전으로 인한 토지 및 농업의 생산성 증가를 가져오고, 제조업 부문에서 급격한 생산성 증가로 실질임금의 의미 있는 상승이 이루어졌다.

19. 1700~2012년의 실질 GDP 성장률은 1.6%이다. 이를 자세히 살펴보면 1700~ 1820년 0.5%, 1820~1913년 1.5%, 1913~2012년 3.0%이다. 1913~2012년의 성장률 3.0%는 세계 인구증가율에 의한 1.4%와 1인당 실질 GDP 성장률 1.6% 의 각각의 기여로 나눌 수 있다(토마 피케티, Thomas Piketty, 〈21세기 자본〉)

20. 1995~2000년 미국의 평균 생산성 증가는 2%인데 비해 프랑스 1.1%, 독일은 1.5%에 머물렀다.

21. 영국의 일간 텔레그래프(2014. 11. 10)

22. 새천년개발목표(MDGs)의 첫 번째 목표가 빈곤 퇴치(Eradicate extreme poverty and hunger)이다.

23. 세계은행이 만들어 세계적으로 널리 쓰이는 절대적 빈곤선이란 1일 1.25달러 이하의 소득을 기준으로 한다.

24. 이 선거에서 미국 공화당은 Governors 62%, House 56%, Senate 52%를 차지 했다.

25. 경제성장이 바람직한 사회 내의 평등을 보장해준다는 경험적 근거는 없다. 그 러나 장기적 경제성장이 한 국가 내의 절대적 빈곤을 개선하는 것은 맞다.

26. 스웨덴 사회민주당 정부 하에서 1924~25년, 1932~49년 재정부장관을 지냈 으며, 존 메이너드 케인즈의 저서 〈고용 · 이자 및 화폐의 일반이론〉 발간 이 전부터 경기 역행적 경제이론을 주창하고 실천했다.

27. 영국 노팅엄대학 교수로서 30년 넘게 사회구조와 공공의 건강이 갖는 관계를 추적하면서 "평등해야 건강하다"는 해법을 제시해왔다. 그의 저서 〈평등해야 건강하다(The impact of inequality, 2006)〉가 있다.

28. 에릭 비욘욜프슨(Erik Brynjolfsson)은 미국 MIT 교수로 Center for eBusiness 소장을 역임하고 있다.

29. 2010년을 생산성 100 기준으로 설정하고 비교한 분석이다.

30. 1인당 국민소득(GDP per capita US$ / year)

31. 국민총생산 중 교육에 대한 공공투자 비율(Public expenditure on education as % of GDP)

32. 출처: 국제경쟁력 보고서(Global Competitiveness report) 2001~2004, 세계 경제포럼(World Economic Forum)

33. 출처: IMD 세계경쟁력 연례보고서(World Competitiveness Yearbook) 2014

34. 출처: 국제경쟁력 보고서(Global Competitiveness report) 2001~2004, 세계경제포럼(World Economic Forum)

35. 출처: IMD 세계경쟁력 연례보고서(World Competitiveness Yearbook) 2014.

36. 출처: 스위스(Switzerland Education Stats): http://www.nationmaster.com/country-info/profiles/Switzerland/Education

37. 대학 등록률(School enrollment, tertiary) (전체 등록 중 비율, % of gross total enrollment)

38. 삼성경제연구소, 인프라 확충을 위한 재원조달 및 민간 참여방안(1993. 12).

39. 앤드류 워너(Andrew Warner)의 페이퍼에서 제기된 여러 주장이 IMF의 공식 입장을 나타내는 것은 아니다.

40. 자발적 감축노력(Intended Nationally Determined Contributions: INDC)

41. 오바마 대통령의 경우 기후변화 및 온실가스 규제에 적극적이나, 미국 의회나 공화당은 산업 위축 등의 우려로 부정적인 입장을 견지하고 있다.

42. 1인당 탄소 배출량은 중국 7.2톤, 인도 1.9톤이며, 세계 평균은 5톤 정도이다 (Wall Street Journal).

43. 어떤 한 시대 사람들의 견해나 사고를 근본적으로 규정하고 있는 테두리로서 인식의 체계, 또는 사물에 대한 이론적인 틀이나 체계를 의미한다.

44. 대체에너지 기술향상, 친환경적 농업기술개발, 값싼 담수화 기술개발 등.

45. 미국의 저명한 기후학자인 주디스 커리(Judith Curry)는 미국 조지아 공대 교수이다.
http://www.wsj.com/articles/judith-curry-the-global-warming-statistical-meltdown-1412901060

46. 슈미트(Harrison H. Schmitt)는 미국 위스콘신 매디슨대학 엔지니어링 겸임교수이며, 미 상원의원을 지냈다. 하퍼(William Happer)는 프린스턴대학 물리학 교수이며, 전 미국 에너지부 에너지연구소 소장을 역임했다 (http://www.wsj.com/articles/SB1000142412788732352840457845248365606719 0, 8 May 2013)

47. 구닌(Steven E. Koonin)은 오바마 정부 첫 내각의 에너지국 과학담당 차관과 캘리포니아 공대 교수를 역임했으며, 현재 뉴욕대(New York University) "도시과학 및 행동연구센터(the Center for Urban Science and Progress)" 소장으로 있다.

48. 미국 노동통계국(The Bureau of Labor Statistics)은 2011년 친환경 에너지 부분보다 전통적인 오일과 가스 생산 분야에서 신규 일자리가 더 많이 창출되었으며, 2003년 이후 20만 개의 신규 일자리를 만들었는데 이는 신규 5개 일자리 중 1개라고 보고했다.
http://www.wsj.com/articles/SB1000142405297020419070457702451008 7261078, http://www.forbes.com/sites/joelkotkin/2011/09/27/gassing-up-why-americas-future-job-growth-lies-in-traditional-energy-industries/

49. 필리핀 인구는 1990년 약 6,000만 명에서 2000년에는 7,800만 명, 2012년에는 거의 1억 명에 육박한다.

50. 여기서 물 공급 기준은 가정집 내 수도관과 우물, 그리고 공용 수도관, 빗물 활용 등을 포함한 개념이다.

51. 이 회의에서 유엔환경계획(UNEP: United Nations Environment Programme)이 창립되었다.

52. 세계환경개발위원회 위원장이었던 노르웨이 총리 브룬트란트(Gro Harlem Brundtland)의 이름에서 비롯되었다.

53. 유엔 경제사회이사회(ECOSOC) 산하 지속가능발전위원회(UNCSD: Commission on Sustainable Development) 설립이 결정되었다.

54. Green economy in the context of sustainable development and poverty eradication.

55. Institutional framework for sustainable development.

56. IUCN, UNEP, WWF의 정의에 따르면 "지속가능발전이란 인류의 삶의 질을 증진하되 생태계가 지탱할 수 있는 수준 안에서 살아가는 것"이라고 정의했다 (하수정, 2012).

57. 탄소배출권 등의 제도를 통해 국가나 기업이 탄소배출을 억제할 수 있는 물품이나 생산 시스템으로 전환토록 하고, 효율적이면서 친환경적인 새로운 녹색 기술을 개발하도록 장려한다는 것이다.

58. 유엔개발프로그램(UNDP)에서 사용하는 인간개발지수는 소득, 유아사망률, 초등학교 진학률이라는 3가지 지표만을 사용함으로써 정책결정자들이 직관적으로 이해하기 쉽고 강력한 호소력을 가졌다.

59. The development of these goals should not divert focus or effort from the achievement of the Millennium Development Goals (The Future We Want, paragraph 246).

60. 녹색성장이라는 단어는 이 회의문서에는 나오지 않는다. 그러나 녹색경제와 녹색성장의 목표가 거의 일치하며, 서로 다른 면이 있다 하더라도 녹색경제의 채택이 녹색성장을 하지 말아야 한다는 배제적인 의미는 아니다. 각국은 적절한 용어를 사용해서 추진할 수 있다고 본다.

61. http://sustainabledevelopment.un.org/index.php?page=view&type=400&nr =1579&menu=1300.

62. 2012년 UNCSD Rio+20 이후에 반기문 사무총장 산하에 오픈 워킹 그룹(Open Working Group)을 구성하고, 2014년 7월 17개 항에 달하는 SDGs 초안을 발표했다.

63. 공공사회복지지출은 정부의 주요 복지 관련 예산과 사회보험을 더한 비용으로 전체 사회복지지출에서 민간 부문을 뺀 지표다. OECD 회원국 가운데 공공사회복지지출 비율이 가장 높은 나라는 프랑스(31.9%)이고, 핀란드(31%)가 그 뒤를 이었다.

64. 당시 공산주의 이론가였던 엥겔스(Friedrich Engels)는 극우파와 함께 비스마르크 수상의 사회보험제도 실시를 반대했는데, 그 이유가 공산주의를 통해 노동자사회를 구축해야 하는데 사회복지제도는 장기적으로 노동자의 힘을 약화시킨다고 보았기 때문이다.

65. 선진국은 대략 정부지출의 30%를 복지비용으로 사용하는데, 한국은 2014년 기준으로 정부지출 중 약 13.1%를 사용했다.

66. 전체 인구의 20%가 60세 이상인 사회를 초노령화사회라고 한다. 일본이 대표적이다.

67. 이탈리아는 사회복지 정부지출 중 약 14%를 연금예산으로 사용하는 연금국가이다.

68. 일본은 65세 이상 노인이 전체 인구의 23%를 차지하는데, 전체 사회복지지출의 약 68%를 노인복지에 사용함으로써 재정적자(GDP의 250%)의 주범으로 등장했다. 2014년 5%에서 8%로의 소비세 인상도 사회보장실현과 안정화 그리고 재정적자 감소를 위한 목적이었다.

69. 한국국제협력단(KOICA)은 무상개발원조를, 한국수출입은행은 유상원조 집행을 담당하고 있다.

70. 세계은행에 따르면 시에라리온(59%), 라이베리아(58%), 중앙아프리카공화국(57%), 에티오피아(51%) 등의 순으로 총생산량 중 농업 부문이 차지한다(장하준, 〈경제학강의〉).

71. 이들 국가들은 농민들에게 대규모 보조금을 지불해 농업을 유지한다.

72. 반기문 유엔 사무총장이 2015년 직원들에게 보낸 신년 스피치에서 발췌.

73. ODA 국제목표로서 GNP 대비 0.7%라는 수준은 세계은행이 의뢰한 1969년 작성된 피어슨위원회(Pearson Commission)의 "개발에 있어서 파트너(Partners in Development)"라는 보고서에서 제안되었다.

74. 개발원조위원회(Development Assistance Committee: DAC) 통계 사이트. http://www.oecd.org/dac/stats/

75. 2008년 ODA는 7.97억 달러.

76. 이곳에서의 국제개발협력은 주로 정부 예산으로 수행하는 공적개발원조 또는 대외개발원조와 동의어로 사용했다.

77. 수확체증이란 기술변화가 없더라도 생산이 확대될 때 생산비용이 줄어드는 것을 말한다. 가장 대표적인 것이 규모의 경제를 통한 수확체증인데, 규모의 경제가 이루어지면 자연스럽게 생산비의 감소가 일어난다.

78. 조직능력(organizational capability)이란 인력 및 재원을 적절히 동원, 조직화하

고 작동할 수 있도록 하는 능력을 의미한다.

79. 〈한겨레신문〉 2013년 3월 22일자

80. 정기환 등(1998) 연구에 따르면, 주민들의 새마을운동 참여는 이웃마을보다 뒤떨어지지 않기 위해 마을의 명예를 위해 참여했다는 응답이 전체의 79.2%에 달했다고 한다.

81. 더블딥(Double dip) 혹은 W형 불황(W-shaped recession)은 경제가 불황으로부터 벗어나 짧은 기간의 성장을 기록한 후 얼마 지나지 않아 다시 불황에 빠지는 현상이다.

82. 2014년 12월 12일 한국은행에 따르면 GNI 기준 무역의존도는 지난 2011년 역대 최고인 113.5%로 치솟은 후 2012년 112.8%, 2013년 105.9% 등 3년 연속 100%를 웃돌았다.

83. 무하마드 유누스(Muhammad Yunus)에 의해 1976년 시작된 방글라데시의 그라민은행 무담보 소액금융(micro-credit) 제도임. 소액금융을 통해 빈곤, 특히 여성 빈곤을 퇴치하는 모델로 각광을 받았다.

84. 예를 들어, 미국 NGO 중 하나인 AIDSRideUSA는 간접비를 조금 증액해 많은 사람들이 참가하는 도보대회 및 자전거대회 등을 개최해 획기적으로 펀딩을 증액했다. 펀딩 금액은 2002년 470만 달러에서 2014년 1,500만 달러로 증액되었다.

85. 장하준 교수의 정의에 따름.

86. 이는 각국 정부가 자국 정부의 비용 부담 하에 국제기구에 1~2년간 수습직원으로 파견하는 것을 말하며, 2년의 기간이 종료된 후 정규직으로 채용이 보장되는 것은 아니다.

87. 유엔 사무국은 뉴욕, 제네바, 비엔나, 나이로비에 소재한 유엔 본부 직원과, 5개 대륙별 지역 이사회(regional commission - 지역 본부라 이해하는 것이 더 편하다)를 의미한다. 5개 지역 이사회는 아시아는 태국 방콕, 남미는 칠레 산티아고, 중동은 레바논 베이루트, 아프리카는 에티오피아 아디스아바바, 유럽은 제네바에 있다.

88. 유엔 펀드, 유엔 프로그램, 유엔 전문기구는 그 법적 지위나 역할이 약간 다르지만, 사무국에 대칭해서 유엔 전문기구라 칭하고 설명한다.

89. 회원국이 자발적으로 제공하는 기여금은 그 총액의 약 13%를 기관운영비 (overhead cost)로 유엔 전문기구가 가져가서 직원의 급여 및 사무실 운영비로 사용한다.

90. 여기서는 위의 3가지를 모두 정규직으로 보며, permanent staff의 경우 일정 기간이 지났다고 해서 항상 자동으로 일자리 제공이 보장되는 것은 아니다.

91. 관련 사이트는 https://careers.un.org/lbw/home.aspx?viewtype=GP.

92. 이 경우는 해당 국가가 유엔에서 일하는 자국민에게 급여를 직접 주는 방식이 아니라, 유엔 신탁기금(trust fund)으로 기탁한 다음, 유엔 계정에서 급여가 지불된다.

93. 유엔 전문기구에는 식량농업기구(FAO), 국제민간항공기구(ICAO), 국제농업개발기금(IFAD), 국제노동기구(ILO), 국제해사기구(IMO), 국제전기통신연합(ITU), 유엔교육과학문화기구(UNESCO), 유엔공업개발기구(UNIDO), 만국우편연합(UPU), 세계보건기구(WHO), 세계기상기구(WMO). 유엔 프로그램에는 유엔개발프로그램(UN Development Programme: UNDP)과 유엔환경프로그램(UN Environment Programme: UNEP) 등이 있다.

94. 유엔 공식 정보 사이트: https://careers.un.org/lbw/home.aspx?viewtype =SC.

95. 이 직무신청서는 보통 PHP 파일에 커버 레터가 더해지는 형태이다.

참고문헌

Anthony Kubek, 1989, "The Morgenthau Plan and the Problem of Policy Perversion", presentation at the Ninth IHR Conference, February 1989, in Huntington Beach, California, USA

Andrew Warner, August 2014, "Public Investment as an Engine of Growth", the IMF Working Paper, the International Monetary Fund

Berman Craighton, 2011, "Sketchnotes of Ezio Manzini at School of the Art Institute of Chicago", Core77, http://www.core77.com/blog/sketchnotes/sketchnotes_of_ezio_manzini_at_school_of_the_art_institute_of_chicago_21109.asp, 11/7.

Calderón, C., Moral-Benito, E., and Servén, L., 2011, 'Is Infrastructure Capital Productive? A Dynamic Heterogeneous Approach.", Policy Research Working Paper 5682, World Bank, Washington, DC. USA

Chia Siow Yue, 2005, "The Singapore Model of Industrial Policy: Past Evolution And Current Thinking", Singapore Institute of International Affairs, Singapore

David Aschauer, 1989, 'Is Public Expenditure Productive?', Journal of Monetary Economics 23: 177-200

Davis Newbery, 2012, 'Energy and Infrastructure', Submission to the LSE Growth Commission, the United Kingdom

Erik Brynjolfsson and Andrew McAfee, 2014, "The Second Machine Age", W.

W. Norton & Company, MIT, USA

Erik S. Reinert, 2008, "How rich countries got rich and why poor countries stay poor", Constable & Robinson Ltd, the United Kingdom.

Gunnar Myrdal, 1974, "What is development?", Journal of Economic Issues Vol. 8, 4 December 1974

Hans W Singer, 1950, "The Distribution of Gains between Investing and Borrowing Countries", American Economic Review 40, pp. 473−85

International Institute for Sustainable Development 2011, Sustainable Development Timeline, http://www.iisd.org/rio+5/timeline/sdtimeline.htm, 2011/12/2

Kunibert Raffer, "Sir Hans Singer: Advocating a Fair Distribution of the Fruits of Progress", http://www.networkideas.org/featart/mar2006/hans_singer.pdf

Milford Bateman and Ha Joon Chang, "The Microfiance Illusion", University of Juraj Dobrila Pula, Croatia and University of Cambridge, the United Kingdom

Philip Evans and Thomas Wurster, 2009, "Strategy and the New Economics of Information", USA

STEP 2015: Science, Technology & Enterprise Plan 2015, 2011, Agency for Science, Technology and Research (A*STAR), Singapore

Tae Hyung KIM, 2010, "An Empirical Study on the Effectiveness of ODA from the Perspective of Human Development", P38, Korea University, Republic of Korea

The Global Competitiveness Report 2001 − 2002, World Economic Forum, Geneva, Switzerland

The Global Competitiveness Report 2014 − 2015, World Economic Forum, Geneva, Switzerland

UNCTAD, "The least developed countries report 2006: Developing productive capacities", 2006, United Nations

William Easterly, 2003, "Can Foreign Aid Buy Growth?", The Journal of Economic Perspectives, Vol. 17, No. 3. (Summer, 2003), pp. 23–48., USA

William Ryan Aven, 2014, Economist지 (Economist: William A Galston – Countering Tech's damaging effect on jobs, 14 Oct 2014)

김형태와 안상훈, 2013, "교통 인프라 투자가 제조업체 생산성에 미치는 영향", 한국개발연구원, 한국

장하준, 나쁜 사마리아인들, 2007, 부키출판사, 한국

장하준, 그들이 말하지 않는 23가지, 2010, 부키출판사, 한국

장하준, 경제학강의, 2014, 부키출판사, 한국

정기환, 오내원, 허 장, 민상기, 1998, "한국농촌사회경제의 장기 변화와 발전 – 근교마을의 사회경제구조", 한국농촌경제연구원, 한국

정지원과 박수경, "Rio+20의 주요결과와 정책적 시사점", 오늘의 세계경제 Vol 12 No 13, 2012년 7월, 대외경제연구원, 한국

하수정, "지속가능의 오남용", HERI Insight 연구보고서 중 6호, 2012년 5월, 한겨레경제연구소, 한국

유엔에서 바라본 개발협력

지은이 | 김태형
펴낸이 | 박영발
펴낸곳 | W미디어
등록| 제2005-000030호
1쇄 발행 | 2015년 7월 29일
주소 | 서울 양천구 목동서로 77 현대월드타워 1905호
전화 | 02-66/8-0708
e-메일 | wmedia@naver.com

ISBN 978-89-91761-84-1 03300

값 13,800원